Luuk de Winter

Band 1
Jörg Olbrich - Das Geheimnis der Ronneburg

In Vorbereitung:

Band 2
Timo Bader und Hannah Steenbock -
Der Mannwolf von Königsberg

Band 3
Michael Buttler - Die Bestie von Weimar

Jörg Olbrich

Luuk de Winter
1

Das Geheimnis der Ronneburg

Roman

Saphir im Stahl

Buch 005 Luuk de Winter 1 - erste Auflage 01.10.2011

Verlag Erik Schreiber
An der Laut 14
64404 Bickenbach

www.saphir-im-stahl.de

Titelbild: Reiner Erdt

Lektorat: Christine Rix

Druck: AALEXX Buchproduktion GmbH, Großbuchwedel

ISBN: 978-3-9813823-4-1

Danksagung

Ich möchte die Gelegenheit nutzen und mich an dieser Stelle beim Autorenforum „Geschichtenweber" bedanken. Die Idee zu den drei Bänden um Luuk de Winter ist innerhalb der Geschichtenweber entstanden und umgesetzt. Ganz besonders danke ich Michael Buttler, mit dem ich von Beginn des Projektes an sehr eng zusammengearbeitet habe.

Ich danke Ferdinand Graef vom Geschichts- und Heimatverein Ronneburg für die Führung in der Burg und die zahlreichen Informationen dazu.

Es gibt eine ganze Reihe an Personen, die das Manuskript gelesen und mir wichtige Hinweise zur Überarbeitung der Story gegeben haben. Ich danke an dieser Stelle Benjamin Dämon, Björn Kaps und Christine Rix.

Mein ganz besonderer Dank gilt dem Verleger Erik Schreiber dafür, dass er sich der Reihe um Luuk de Winter angenommen hat und sie im Programm des Verlages unterbrachte.

Zum Abschluss danke ich meiner Familie dafür, dass sie mir die Freiräume geben, die ich benötige, um mich mit neuen Ideen zu befassen und diese in Geschichten umzusetzen.

1

Julius Meyer zog die Wirtshaustür auf und kam sich auf einmal klein wie ein Zwerg vor.

„Was willst du?“, brummte der Koloss, der vor ihm stand, und verschränkte die Arme vor der Brust.

„Ich suche ein Quartier für die Nacht.“ Hatte Julius gerade noch ein Durcheinander von Stimmen gehört, so sprach jetzt keiner der Anwesenden mehr ein Wort.

„Wir haben geschlossen“, sagte der Wirt. Die Männer standen so nahe beieinander, dass sie sich fast berührten.

„Der Raum ist voller Gäste. Wie kann da geschlossen sein? Ich bin gerade hier angekommen und möchte die Nacht nicht draußen im Nebel verbringen.“

„Das ist dein Problem. Für Fremde haben wir keinen Platz.“ Der Wirt stank nach Alkohol und Schweiß. Er wich keinen Millimeter von seinem Platz, sodass Julius nicht einmal in den Raum sehen konnte.

Julius erinnerte sich an die Reaktion des Leichenwagenkutschers, der ihn hier abgesetzt hatte. Als er ihm sagte, dass er im Gasthaus „Zur Krone“ übernachten wollte, hatte der nur gelacht, sich umgedreht, war weggefahren und hatte ihn alleine auf der Straße zurückgelassen.

„Was ist denn das für ein Wirtshaus, in dem Reisende nicht bewirtet werden?“

„Schmeiß den Kerl endlich auf die Straße, dann ist Ruhe“, ertönte eine Männerstimme aus dem Schankraum.

„Ja, Josef“, rief ein Zweiter. „Du redest doch sonst nicht rum. Zeig dem Bürschchen, wer der Herr des Hauses ist.“

„Raus!“, sagte Josef. „Und zwar augenblicklich.“

Der Wirt trat einen Schritt vor, und Julius wich zurück.

„Könnt Ihr mir bitte erklären, was das soll?“

Ohne zu antworten, zog Josef die Tür ins Schloss und verriegelte sie von innen.

„Sind denn alle hier verrückt?“ Julius ging auf ein Fenster des Wirtshauses zu, das zur Straße zeigte. Bevor er aber einen Blick in den Schankraum werfen konnte, wurden die Vorhänge zugezogen. Er drehte sich um. Der Ort wirkte wie ausgestorben. Nur im Wirtshaus brannte Licht. Es war still. Ungewöhnlich still.

Ärgerlich wischte sich Julius einen Regentropfen von der Nase. Er ging ein paar Schritte, und als er gerade die Hausecke erreichte, hörte er ein Geräusch von der anderen Straßenseite. Eine Gestalt kam auf das Wirtshaus zu. Gehörte sie zu den Männern im Schankraum? War es möglich, dass der Wirt ihn beim Aussteigen aus dem Leichenwagen beobachtet hatte, und deshalb so schnell an der Tür gewesen war? Anders konnte es sich Julius nicht erklären, dass ihn der Koloss direkt an der Tür abgefangen hatte. Kam jetzt die Person, die Josef und die anderen eigentlich erwartet hatten?

Der Schatten erreichte die Eingangstür und klopfte.

„Ich habe dir doch gesagt, dass du verschwinden sollst!", hörte Julius von innen.

Er konnte sich ein Grinsen nicht verkneifen. Josef glaubte offenbar, dass er einen zweiten Versuch unternehmen würde, ins Gasthaus zu kommen.

„Ich bin es, Eva."

Was macht eine Frau alleine mitten in der Nacht vor einem Wirtshaus? Die Situation wurde immer verwirrender. Julius hörte, wie sich die Tür öffnete.

„Was willst du?"

„Lass mich rein, Josef."

„Verschwinde. Das hier ist nichts für Frauen und besonders nichts für dich. Ich habe dir gestern schon gesagt, dass ich mich um alles kümmern werde. Hör endlich damit auf, dich einzumischen."

„Die Sache geht mich genauso viel an wie euch. Lass mich rein."

„Nein. Es gibt nichts, was du jetzt tun kannst. Denk daran, was mit deinen Eltern geschehen ist. Geh nach Hause." Hatte die Stimme von Josef gerade noch ärgerlich geklungen, so hörte er sich jetzt an, als würde er mit einem kleinen Kind sprechen.

„Ich denke an nichts anderes", zischte Eva. „Und ich habe ein Recht darauf zu erfahren, was ihr da drinnen plant."

„Mach, dass du verschwindest. Noch einmal warne ich dich nicht." Wieder fiel die Tür ins Schloss. Eva blieb im Regen zurück und hämmerte noch einmal mit beiden Fäusten gegen das Holz. Vergeblich.

2

„Bist du sicher, dass es richtig war, die Kleine wegzuschicken, Josef?"

„Ja. Was wir vorhaben, ist nichts für Frauen."

„Eva ist ein Hitzkopf", entgegnete der Pfarrer. „Ich bezweifle, dass sie brav zu Hause sitzen bleibt."

„Hätte ich sie etwa hereinbitten sollen?"

Die Männer im Schankraum richteten ihre Blicke gespannt auf die beiden. Nur einer von ihnen löffelte weiter seine Suppe, als ginge ihn das alles nichts an.

„Du hättest ihr sagen können, dass sie morgen mit uns gehen kann, Josef."

„Unsinn", lallte einer der Männer. „Weiber gehören an den Herd." Er nahm einen kräftigen Schluck aus seinem Krug. Bier schwappte auf den Tisch, als er ihn zurückstellte. Er rülpste leise und richtete seinen Blick wieder auf Josef.

„Richard, trink dein Bier und halt's Maul!" Josef hatte rote Flecken im Gesicht, wie immer, wenn er sich aufregte. „Ganz unrecht hat der alte Suffkopf nicht", sagte er dann. „Es ist einfach zu gefährlich, die Kleine mitzunehmen. Außerdem hat sie in den letzten Tagen genug durchgemacht."

„Sie ist stark genug, das zu verkraften", entgegnete der Pfarrer. „In ihr brodelt der Zorn, und ich befürchte, sie wird sich nicht an deine Anweisung halten und alleine etwas unternehmen. Wenn sie bei uns wäre, hätten wir sie wenigstens unter Kontrolle."

„Kommt endlich zur Sache und redet nicht nur um den heißen Brei herum."

„Richard ..."

„Lass ihn", sagte der Pfarrer. „Wir sind tatsächlich nicht hier, um über Eva Sangwald zu diskutieren."

„Genau!" Richard grinste triumphierend.

Josef wandte sich an die Männer im Raum, in dem eine Wolke aus Qualm hing. An diesem Abend störte niemanden die stickige Luft. Alle warteten gespannt darauf, was Josef Steger, der fast alle Einwohner des Ortes in seinem Wirtshaus versammelt hatte, ihnen mitteilen wollte.

„Wir sind heute hier zusammengekommen, um einen Schlussstrich unter das Treiben einer Bestie zu ziehen, die uns seit Jahrzehnten heimsucht. Sie hat genug Unheil über uns gebracht. Zu viele von uns haben Opfer zu beklagen. Erst waren es nur unsere Tiere. Jetzt aber sind auch Menschen von diesem Monstrum angefallen und getötet worden. Es ist an der Zeit, endlich etwas zu unternehmen. Gemeinsam können wir es schaffen, unser Land von dieser Plage zu befreien."

Beifall und Jubelrufe dröhnten durch den Raum. Bierkrüge klirrten gegeneinander. Josefs Worte hatten zielgenau den richtigen Nerv der Männer getroffen. Dass er den Pfarrer auf seiner Seite hatte, den er sonst lieber von hinten als von vorne sah, überzeugte auch den letzten Zweifler im Raum. Alle schienen sich so einig zu sein wie noch niemals zuvor. Es musste etwas passieren.

„Ihr nehmt die Sache zu sehr auf die leichte Schulter", sagte der Mann, der bisher unbeteiligt seine Suppe gelöffelt und sich scheinbar nicht für die Probleme der anderen interessiert hatte, ins Stimmengewirr. Schlagartig war es totenstill. Alle Blicke richteten sich auf die einzige Person im Raum, die nicht aus dem Ronneburger Hügelland stammte. „Es ist kein Wolf, den ihr jagen wollt. Mit euren Mistgabeln und Dreschflegeln werdet ihr nicht viel erreichen."

„Denkst du, das wissen wir nicht?", maulte Richard. Er nahm noch einen Schluck Bier und sah sich im Raum um, als erwartete er, dass die anderen ihm anerkennend zunickten.

„Ohne Hilfe werdet ihr das Biest niemals erlegen können."

„Und weil du der große Luuk de Winter bist, gibt es keinen anderen, der es zur Strecke bringen kann?"

„Richard! Noch ein Wort und ich werfe dich raus." Josef machte einen Schritt auf den Bauern zu.

„Ihr verkennt den Ernst der Situation. Wenn ihr meine Hilfe nicht wollt, ziehe ich morgen weiter. Ich bin es nicht, der ein Problem mit einer mordenden Bestie hat." De Winter stand auf, zog seinen Mantel an, schulterte seine Doppelbüchse und schob den Stuhl zurück an den Tisch. Er überragte sogar Josef noch um einen halben Kopf, war aber gertenschlank.

„Wartet", sagte der Pfarrer. „So war das nicht gemeint. Richard hat wieder einmal ein paar Bier zu viel. Er spricht nicht für die anderen Männer hier."

„Wirklich?", fragte der Jäger in die Runde und erntete zustimmendes Nicken. „Gut. Dann ruht euch heute Nacht noch aus. Morgen kann ein sehr harter und langer Tag werden." Ohne ein weiteres Wort drehte er den Männern den Rücken zu und ging die Treppe hinauf in sein Zimmer.

3

„Warten Sie einen Moment", sprach Julius die Fremde an, als sie sich von der Tür abwandte, und trat hinter der Ecke hervor.

„Was wollen Sie von mir?", antwortete Eva und wich zurück.

„Bleiben Sie stehen. Ich will Ihnen nichts tun. Ich bin fremd hier im Ort." Julius ging zwei Schritte auf die Frau zu, damit sie ihn besser erkennen konnte.

„Wenn Sie noch einen Schritt weiter gehen, schreie ich."

Bloß das nicht, dachte Julius und blieb stehen. Wenn die Männer im Schankraum aufmerksam würden, kämen sie sicher heraus, um nachzusehen, was los war. Auf eine Auseinandersetzung mit Josef und seinen Männern konnte er gerne verzichten.

„Ich möchte doch nur mit Ihnen reden, Eva."

„Woher kennen Sie meinen Namen?"

„Der Wirt hat nicht gerade leise gesprochen."

„Dann haben Sie uns belauscht?"

„Das war wirklich keine Absicht. Ich wollte in der Krone übernachten und wurde gar nicht erst reingelassen. Und dann kamen Sie auch schon."

„Das sieht Josef ähnlich."

„Was?"

„Dass er kurzen Prozess macht und Sie einfach vor die Tür setzt. In Hüttengesäß werden Sie heute keinen Platz zum Übernachten finden."

„Warum denn nicht? Was geht hier vor?"

„Das geht Sie nichts an."

„Weil ich ein Fremder bin?"

Eva blieb ihm die Antwort schuldig. Die beiden standen etwa fünf Meter von der Wirtshaustür entfernt. Mit Ausnahme von Eva und Julius befand sich niemand auf der Straße. Die Frau war etwa einen Kopf kleiner als Julius. Sie trug einen Fellmantel, dessen Mütze sie wegen des Regens über den Kopf gestreift hatte. Ihr Gesicht konnte er nicht genau erkennen.

„Das ist unglaublich. Wir leben im 19. Jahrhundert, nicht mehr im Mittelalter. Was treiben die Männer da drin?"

„Es ist wirklich besser, wenn Sie so schnell wie möglich verschwinden", sagte Eva. „Kümmern Sie sich nicht um Dinge, mit denen Sie nichts zu tun haben."

„Ich würde den Ort verlassen, wenn ich könnte." Julius ging ein Stück auf Eva zu, damit er nicht so laut sprechen musste.

„Und wieso können Sie ihn nicht verlassen?"

„Soll ich nachts im Nebel alleine durch die Felder laufen? Ich kenne mich hier nicht aus und würde mich hoffnungslos verirren."

„Da haben Sie tatsächlich ein Problem. Die Krone ist das einzige Gasthaus im Ort."

„Ich weiß. Das hat mir der Kutscher schon gesagt."

„Was haben Sie jetzt vor?"

„Das weiß ich nicht."

Eva sah Julius prüfend an. Er vermutete, dass die junge Frau eine Lösung für ihn hatte und jetzt überlegte, ob sie ihm trauen konnte.

Plötzlich war aus dem Schankraum lautes Gejohle zu hören. Danach wurde es wieder ruhiger, und sie konnten nicht verstehen, was gesprochen wurde. Julius spürte mittlerweile, wie sein Mantel langsam aufweichte. Lange konnte er sich nicht mehr im Freien aufhalten, wenn er sich keine Lungenentzündung holen wollte.

„Sie können in meiner Scheune übernachten, wenn Sie wollen."

„Das ist sehr ..."

„Aber morgen früh müssen Sie aus Hüttengesäß verschwinden. Kommen Sie. Es ist nicht weit."

Sie gingen die Straße entlang bis zum Ende des Ortes und dann über einen Weg an der rechten Seite auf einen Bauernhof zu. Eva öffnete die Scheunentür, nahm eine Öllampe von der Wand und entzündete sie. „Es ist zwar nicht sehr gemütlich, wird aber für ein paar Stunden ausreichend sein."

„Ich bin Ihnen sehr dankbar, dass Sie mir helfen. Ich hätte sonst nicht gewusst, wohin ich gehen sollte."

„Es ist in diesem Ort in den letzten Tagen genug Unheil passiert. Da brauchen wir nicht auch noch einen Fremden, der erfroren in der Gosse liegt. Das hätte auch Josef klar sein müssen. Manchmal verstehe ich ihn nicht."

Eva holte eine Pferdedecke aus dem Regal und drückte sie Julius in die Hand. „Was wollen Sie eigentlich hier?"

Julius hatte die Frage schon viel früher erwartet und sich eine Ausrede parat gelegt. Wenn er jetzt die Wahrheit sagte, würde ihn Eva vielleicht doch noch vor die Tür setzen.

„Ich bin auf der Suche nach Arbeit."

„Und das ausgerechnet hier?" Eva schüttelte den Kopf. „Vergessen Sie es und verlassen Sie Hüttengesäß, wenn es hell wird. Gute Nacht."

„Ja. Gute Nacht."

Eva verließ die Scheune. Julius machte es sich auf dem Stroh so bequem wie möglich und dachte über seine Erlebnisse nach. Seine Ankunft in Hüttengesäß hatte er sich ganz anders vorgestellt. Er hatte aber nicht vor, den Ort so schnell wieder zu verlassen.

4

„Sie sind ja immer noch hier", sagte Eva und warf die Scheunentür zu.

Julius schreckte aus seinen Gedanken und setzte sich auf. „Guten Morgen", antwortete er und zog sich ein paar Strohhalme aus den dunklen Haaren.

„Ja. Guten Morgen. Entschuldigung, dass ich hier so rein platze, aber Sie sollten wirklich so schnell wie möglich von hier verschwinden."

„Warum denn? Ich störe doch niemanden."

Eva antwortete nicht und sah Julius nur ernst an. Der hatte nun zum ersten Mal Gelegenheit, sich seine Gastgeberin genauer anzuschauen. Sie war etwa so alt wie er. Vielleicht ein oder zwei Jahre jünger. Ihre schwarzen Haare hatte sie zum Pferdeschwanz zusammengebunden. *Wenn sie nicht so finster schauen würde, wäre Eva sicher ein hübsches Mädchen.* Julius stand auf und klopfte den Staub von Jacke und Hose. „Ist es normal, dass man hier so mit Fremden umgeht?"

„Nein. Aber Sie haben sich einen sehr schlechten Zeitpunkt

ausgesucht, um unseren Ort zu besuchen. Was wollen Sie eigentlich hier?"

„Das habe ich Ihnen doch gestern Abend schon gesagt."

„Ich glaube Ihnen nicht, dass Sie nach Arbeit suchen. Zumindest nicht hier. Wir sind kein reicher Ort und Büdingen liegt nur wenige Kilometer entfernt und ist viel größer als Hüttengesäß."

„Gibt es hier einen Gutsherren?"

„Ja. Der Wirt regelt die Amtsgeschäfte."

Das hat mir gerade noch gefehlt, dachte Julius.

„Sagen Sie mir nun, was Sie hier wollen, oder nicht?"

„Ich muss mit diesem Josef sprechen."

„Das wird im Moment nicht gehen."

„Dann muss ich eben warten."

„Warum?"

Julius sah seine Gastgeberin an. Er musste ihr jetzt eine vernünftige Erklärung geben, sonst würde sie ihn vor die Tür setzen. Dann hätte er niemanden mehr im Ort, der ihm helfen würde. „Ich komme aus Frankfurt."

„Was wollen Sie dann hier? In der Stadt bekommt man doch eher Arbeit als bei uns auf dem Land."

Eva sah Julius verwundert an. Sicher glaubte sie ihm jetzt noch weniger, selbst wenn er ihr die Wahrheit sagte. Es konnte alles nur noch schlimmer machen, wenn Julius dem Mädchen verriet, warum er die weite Reise auf sich genommen hatte.

„So einfach ist es in Frankfurt auch nicht. Es leben dort sehr viele Menschen in Armut. Meine Mutter ist vor ein paar Tagen gestorben. Sie hat vor meiner Geburt hier gelebt und mir einmal erzählt, dass sie den Gutsherren gut kannte. Mehr weiß ich leider auch nicht."

„Das tut mir leid."

Julius sah eine Träne in Evas Augen. Hatte der Wirt gestern nicht erwähnt, dass auch ihren Eltern etwas passiert war? Er traute sich nicht, das Mädchen danach zu fragen. Sie standen sich schweigend gegenüber. Eva schien zu überlegen, was sie nun mit ihm anfangen sollte, und Julius dachte an seine Mutter, die ihn vor ihrem Tod vor der Reise nach Hüttengesäß gewarnt hatte. Leider war sie dabei nie konkret geworden und hatte immer nur gesagt, dass sich ein dunkles Gehcimnis um den Ort rankte. Als sie dann schließlich an ihrer Lungenentzündung verstorben war, gab es nichts mehr, was

Julius in Frankfurt gehalten hätte.

„Sie haben sicher Hunger", sagte Eva nach einer Weile und lächelte zum ersten Mal an diesem Morgen.

„Wie ein Wolf", antwortete der und ging einen Schritt auf die Scheunentür zu.

Evas Gesicht wurde kreidebleich und sie sah ihren Gast entsetzt an.

„Was ist los? Habe ich etwas Falsches gesagt?"

„Es ist nichts", antwortete Eva zögerlich. „Kommen Sie mit."

Julius folgte dem Mädchen ins Haus. Durch einen Flur gelangten sie in die Küche. Eva schnitt zwei Scheiben Brot ab und reichte ihm eine davon. Dazu gab es Käse und ein Glas Milch.

„Kaffee habe ich leider nicht."

„Das macht nichts. Ich mag die Brühe sowieso nicht." Julius lächelte das Mädchen an. Sie schien zwar keine Angst vor ihm zu haben, war sich aber offensichtlich noch nicht ganz sicher, was sie von dem jungen Mann aus Frankfurt halten sollte. Er hoffte, dass Eva schnell Vertrauen zu ihm fasste. Vielleicht konnte er von ihr ja doch erfahren, was in dem Ort vor sich ging.

Plötzlich drang das Geschrei mehrerer Männer durch das offene Fenster.

„Was ist da los?"

„Ich weiß es nicht. Aber es kommt vom Marktplatz."

„Lassen Sie uns nachschauen."

„Ich halte das für keine gute Idee", sagte Eva, doch Julius war bereits aufgestanden.

5

„Sind jetzt endlich alle Männer hier?", fragte de Winter mürrisch. Er schaute sich auf dem Markplatz um, auf dem sich über zwanzig Männer aus dem Ort versammelt hatten und wild durcheinander riefen. Der Frühnebel hatte sich verzogen, und die ersten Sonnenstrahlen fielen auf den vom Regen der letzten Tage durchweichten Boden.

„Wie es aussieht, fehlt nur noch Richard Wagner." Josef war gerade mit einem Handwagen angekommen und blieb bei de Winter stehen.

„Du meinst den Säufer von gestern Abend? Den brauchen wir nicht. Wenn ansonsten alle da sind, gehen wir los."

„Es ist dennoch seltsam, dass Richard nicht hier ist. Sonst lässt er sich so etwas nicht entgehen."

„Ich werde nicht auf ihn warten. Es geht hier nicht darum, ein Abenteuer zu erleben. Hast du das immer noch nicht verstanden?"

„Doch, natürlich", sagte Josef. Der Wirt war es langsam leid von de Winter wie ein Bauernjunge behandelt zu werden. „Wir sind bereit und können gehen."

„Wollt ihr die Bestie erwürgen?", fragte der Jäger und deutete auf die unbewaffneten Männer.

„Natürlich nicht", entgegnete Josef säuerlich. Er griff nach der Decke auf dem Handwagen und zog sie weg. Es kamen etwa zwei Dutzend doppelläufige Jagdflinten zum Vorschein. „Ich denke, das wird reichen."

„Woher hast du das Zeug?"

„Ein Freund von mir ist Händler."

„Gut. Ich verlasse mich darauf, dass die Gewehre auch funktionieren. Können deine Männer damit umgehen?"

„Die meisten von ihnen haben noch nie in ihrem Leben eine Waffe in der Hand gehabt. Aber wenn wir es ihnen kurz zeigen, werden sie schon damit klarkommen."

„Das bezweifle ich", sagte de Winter.

„Was soll das schon wieder heißen?"

„Dass wir Übungen machen werden. Es ist mir zu riskant, mit Männern auf die Jagd zu gehen, die vorher noch nie einen Schuss abgefeuert haben. Sie sollen vorher wenigstens lernen, in welche Richtung sie den Lauf halten müssen."

„Wenn du so wenig von unseren Fähigkeiten hältst, warum nimmst du uns dann mit?"

„Weil es eure Bestie ist."

Josef spürte, wie der Zorn in ihm stärker wurde. Es war ungeheuerlich, wie sich der Belgier aufführte. Er selbst war der mächtigste Mann im Ort. Er musste auf sein Ansehen im Dorf achten und durfte sich nicht alles gefallen lassen. Auch wenn er es selbst gewesen war, der de Winter beauftragt hatte, sie bei der Jagd nach der Bestie zu unterstützen. Er musste ihm zeigen, wer der Anführer der Männer von Hüttengesäß war.

„Da kommt noch jemand, der unbedingt jagen will“, sagte de Winter und deutete auf zwei Personen, die eilig näher kamen.
„Was willst du denn schon wieder hier?“, fluchte Josef Steger, als Julius und Eva ihn fast erreicht hatten. „Ich habe dir gestern schon gesagt, dass wir uns um alles kümmern. Und dir, dass du hier verschwinden sollst.“

„Ich wollte nur nachschauen, warum ihr mit eurem Geschrei die ganze Gegend aufscheucht“, sagte Eva.

„Tu nicht so unschuldig. Du weißt genau, was wir vorhaben.“

„Ja. Und ich werde dabei sein.“

„Nein, das wirst du nicht. Verschwindet! Beide.“

„Kannst du mit einer Jagdflinte umgehen, Junge?“, mischte sich de Winter in das Gespräch ein.

„Ich weiß es nicht“, antwortete Julius.

„Dann lernst du es.“

„Was soll das werden?“, blaffte Josef. „Nehmen wir jetzt jeden dahergelaufenen Strolch mit?“

„Es ist ein Gewehr übrig“, sagte de Winter ruhig. „Der Junge kommt mit.“

„Und was ist mit mir?“, fragte Eva.

„Du bleibst hier“, antwortete der Belgier. „Für Frauen ist das zu gefährlich.

„Kümmere dich um dein Vieh“, sagte der Wirt. „Und denk über mein Angebot nach.“

Julius bekam keine Gelegenheit mehr, zu protestieren oder sich von seiner Begleiterin zu verabschieden. De Winter zog ihn einfach mit sich. Das Mädchen blieb mit geballten Fäusten zurück und sah der Gruppe nach, bis sie den Ortsrand erreichten.

6

„Darüber reden wir noch“, sagte Josef Steger zu Julius und beschleunigte seinen Schritt, um zum Pfarrer aufzuschließen, der die Gruppe zum Pfingstberg hin anführte.

Bald hatten sie Hüttengesäß hinter sich gelassen und marschierten in Richtung Wald. Julius ging neben dem Jäger, traute sich aber nicht, ihn anzusprechen. Warum wollte er ihn dabei haben? Es war nur einen Tag her, dass die Bewohner ihn wieder loswerden wollten. Jetzt sollte er mit ihnen eine Bestie jagen und dabei sogar sein Leben aufs Spiel setzen? Er wäre lieber bei der hübschen Eva Sangwald geblieben und hoffte, dass er sie später am Tag wiedersehen würde. Andererseits war er neugierig darauf, was weiter passieren würde. Es konnte nicht schaden zu wissen, was in dem Ort vor sich ging. Vielleicht bekam er doch noch eine Gelegenheit, mit dem Wirt zu reden.

Sie hatten etwa ein Drittel des Weges zurückgelegt, als de Winter stehen blieb. „Alle Männer zu mir", rief der Jäger und nahm seine Jagdflinte von der Schulter. Er ließ keinen Zweifel daran aufkommen, wer hier das Sagen hatte. Sehr zum Unwillen von Josef Steger, der ihn mit finsterem Blick ansah.

„Bevor wir uns der Bestie nähern, muss ich mich davon überzeugen, dass ihr auch mit den Gewehren umgehen könnt", sagte der Jäger.

„Wir werden sie sicher nicht als Schlagstöcke benutzen", warf der Wirt ein.

De Winter ignorierte Steger, nahm einen Stein vom Boden auf und drückte ihn Julius in die Hand. „Leg ihn dort drüben auf den Baumstumpf."

Ohne zu zögern, marschierte Julius zu einer Gruppe von Tannen und platzierte das faustgroße Ziel etwa fünfzehn Meter von den Männern entfernt.

„Meinst du nicht, dass wir die Bestie verjagen, wenn wir jetzt anfangen, hier herumzuballern?", fragte Steger skeptisch.

„Wir sind noch sehr nahe am Ort. Wenn das Biest dennoch hier in der Gegend ist, werden wir es aufschrecken. Vielleicht wird es unvorsichtig, wenn es merkt, dass es gejagt wird, und wir bekommen eine Chance, es zu erwischen."

„Oder die Bestie versteckt sich einfach und wartet, bis wir wieder weg sind", entgegnete Steger. Er drehte sich von de Winter weg und tippte sich mit dem Zeigefinger an die Stirn.

„Es ist wichtig, dass ihr eine ruhige Hand behaltet, auch wenn es später vielleicht hart auf hart kommt. Mit einem überhasteten Schuss werdet ihr nicht treffen." De Winter nahm seine Flinte, presste den Schaft an die rechte Schulter und visierte das Ziel an. Der Schuss krachte los. Alle Männer richteten die Augen auf den

Stein, unter dem das Holz wegplatzte. Nur knapp hatte der Jäger das Ziel verfehlt und legte sofort neu an. Diesmal traf er und fegte den Stein vom Baumstumpf. Selbst Josef konnte sich ein anerkennendes Nicken nicht verkneifen. De Winter knickte den Lauf der Flinte ab und lud zwei neue Patronen nach. „Jetzt seid ihr dran", sagte er zu den Männern. „Leg den Stein wieder richtig hin, Junge."

Julius ergab sich seinem Schicksal und folgte der Anweisung des Jägers.

„Am besten bleibst du gleich dort stehen", sagte der Wirt lachend, der seinen Schuss als Nächster abgeben wollte.

Einer nach dem anderen versuchte nun sein Glück, aber keiner traf. Lediglich der Baumstumpf bekam einige Treffer ab, die aber weit unterhalb des Ziels lagen.

„Jetzt du", sagte de Winter zu Julius.

Er war neben dem Pfarrer, der sich weigerte, eine Waffe in die Hand zu nehmen, der Einzige, der noch nicht geschossen hatte. Wie es der Jäger vorgemacht hatte, visierte er das Ziel an und drückte ab. Die Kugel verfehlte ihr Ziel, ohne dass ein Einschlag zu erkennen war. „Ich habe doch gesagt, dass ich das noch nie gemacht habe."

„Einen Versuch hast du noch", entgegnete de Winter.

Noch einmal richtete Julius den Lauf auf den Baumstumpf und drückte ab. Diesmal wackelte der Stein und feiner Staub stob nach oben. Ein Streifschuss!

„Sehr gut", sagte de Winter.

Auch die anderen Männer nickten Julius anerkennend zu. Lediglich Josef Steger schaute stur in eine andere Richtung und tat so, als hätte er nicht zugesehen.

Plötzlich kam ein Mann den Hang heruntergerannt und winkte der Gruppe wild zu. Kurz bevor er sie erreichte, blieb er stehen. „Gut, dass ihr hier seid. Ich wollte gerade in den Ort kommen, um euch zu holen."

„Was ist los, Manfred?", wollte der Wirt wissen.

„Es ist schon wieder passiert. Das ist jetzt bereits das dritte Mal in diesem Jahr."

„Was ist passiert?", fragte de Winter.

„Die Bestie hat mir ein Schaf geraubt."

„Bist du sicher, dass es die Bestie war?"

„Ja, Josef. Natürlich bin ich sicher. Wer sollte es sonst gewesen sein?"

„Zeigen Sie uns die Stelle", verlangte de Winter.

Manfred Zeiger sah den Belgier einen Moment irritiert an.

„Wer sind Sie?"

„Das ist Luuk de Winter", erklärte Josef. „Ich habe ihn beauftragt, uns bei der Jagd nach der Bestie zu unterstützen."

„Es wurde aber auch Zeit, dass endlich etwas unternommen wird", sagte Zeiger dann und ging vor Wut schnaubend voran zu seinem Hof.

„Schauen wir uns die Sache an", sagte de Winter zu Josef Steger und dem Pfarrer. „Ihr wartet hier", befahl er dem Rest der Gruppe.

Julius blieb einfach bei den anderen stehen und hoffte, dass er de Winter so loswerden konnte, aber der packte ihn wie einen Häftling am Arm und zog ihn mit sich. So blieb ihm nichts anderes übrig, als den Männern zu folgen. Vielleicht würde er jetzt endlich erfahren, welches Tier hier gejagt wurde. Bisher hatte er von den Gesprächen der anderen immer nur Wortfetzen verstanden, in denen von einer Bestie die Rede war.

Sie stiegen weiter den Hang hinauf und gingen dann über einen mit Kopfsteinpflaster ausgebauten Weg auf die Scheune zu.

„Ich habe schon alles nach Spuren abgesucht", erklärte Zeiger. „Wie bei den anderen Malen auch, war aber nichts zu finden."

„Man muss wissen, wonach man sucht", sagte de Winter spöttisch und erntete dafür böse Blicke von Josef und dem Bauern.

Die Schafsweide lag direkt neben der Scheune und war von einem Lattenzaun umgeben. In den Fußabdrücken auf dem vom Regen aufgeweichten Boden zwischen Gatter und dem Stall sammelte sich Schmutzwasser.

Hier wird selbst de Winter keine Spuren mehr finden, dachte Julius. Er war gespannt, ob es dem Jäger gelingen würde, die Fährte der Bestie aufzunehmen.

„Das Gatter ist nicht beschädigt", sagte de Winter.

„Was wollen Sie damit sagen?", blaffte Manfred Zeiger.

„Dass kein Tier es schafft, den Zaun zu überwinden, ohne Schaden anzurichten. Außer einem Raubvogel vielleicht."

„Ein Vogel?", regte sich der Besitzer des Baumwieserhofes auf. „Es war kein Vogel, der meine Schafe geraubt hat. Was bilden Sie sich eigentlich ein?"

„Ein anderes Tier war es auch nicht", sagte der Belgier. „Ich glaube nicht, dass die Bestie hier war."

„Denken Sie etwa, dass ich lüge?"

„Das hat de Winter nicht gesagt", mischte sich Josef Steger ein und trat zwischen die streitenden Männer. „Du musst allerdings zugeben, dass es hier anders aussieht als auf den anderen Höfen, auf denen die Bestie zugeschlagen hat."

„Das bringt mir meine Schafe auch nicht zurück."

„Hier verschwenden wir nur unsere Zeit. Wir gehen weiter." Ohne eine Antwort abzuwarten, wandte sich de Winter ab und ging den Weg zurück zu den anderen Männern.

7

Die Gruppe setzte ihren Weg den Pfingstberg hinauf fort und hatte den Waldrand nun beinahe erreicht. De Winter ging dicht neben Julius, packte ihn unauffällig am Arm und verlangsamte seine Schritte, bis sie die Nachhut bildeten.

„Und jetzt will ich von dir wissen, warum du nach Hüttengesäß gekommen bist."

„Ich bin zufällig hier und wollte nur in der Krone übernachten. Fräulein Sangwald war so nett, mich ..."

„Ich glaube dir kein Wort, mein Junge."

„Ich habe mit all dem hier nichts zu tun. Ich weiß ja nicht einmal genau, was ihr jagt, und denke, es ist besser, wenn ich jetzt zurückgehe."

„Nein. Du bleibst bei mir. Etwas stimmt mit dir nicht, und ich werde herausfinden, was."

„Sie können mich nicht zwingen."

„Oh doch, Junge, das kann ich."

Julius antwortete nicht und blickte stur geradeaus. Nach einer Weile ließ der andere ihn endlich los. Der harte Griff hatte sich wie eine Fessel angefühlt. Was wollte de Winter von ihm? Er hatte den Mann noch nie in seinem Leben gesehen. Seit sie sich am Vormittag auf dem Marktplatz getroffen hatten, tat er aber so, als wäre Julius unmittelbar an den Ereignissen beteiligt. Die Dorfbewohner dagegen schienen zu wollen, dass er so schnell wie möglich wieder aus der Gegend verschwand.

Er warf einen Blick zurück ins Tal. Von hier aus konnte er das Ronneburger Hügelland gut überschauen und sah jetzt zum ersten Mal die Burg, deren Turm das Land wie ein einsamer Wächter überragte. Selbst aus dieser Entfernung konnte er die Gebäude erkennen, die den Bergfried umrahmten.

Dort musste Julius hin. Das war sein Ziel, auch wenn er sich davon seit seiner Ankunft in Hüttengesäß eher entfernt hatte. Er würde sich nicht davon abhalten lassen, in die Burg zu gelangen. Weder von Josef Steger noch von Luuk de Winter. Viel hatte ihm seine Mutter nicht über ihre Zeit im Ronneburger Hügelland erzählt. Er wusste aber, dass sie für den Grafen in der Burg gearbeitet hatte. Mit ihm wollte Julius reden. Den Gutsherrn hatte er bei Eva nur vorgeschoben. Vielleicht würde er ihr später erzählen, was ihn wirklich in die Gegend geführt hatte und was er von Graf Albert zu Büdingen-Ronneburg wollte.

Plötzlich sah Julius eine Bewegung zwischen den Bäumen. „Achtung!“, rief er und gab de Winter einen Stoß, sodass dieser zur Seite fiel.

Sofort sprang der Jäger wieder auf und starrte überrascht auf den Stein, der genau an der Stelle gelandet war, wo er gerade noch gestanden hatte. Gerade als er sich wieder aufgerichtet hatte, flog ein weiteres Geschoss auf ihn zu, dem er aber mühelos ausweichen konnte.

„Godverdomme“, fluchte de Winter.

Alle Männer schauten jetzt zum Wald und versuchten den Angreifer zu erkennen. Für einen kurzen Moment war eine Gestalt zu sehen, die aber blitzschnell wieder zwischen den Bäumen verschwand.

„Nicht schießen!“, schrie der Pfarrer und rannte auf de Winter zu, der seine Jagdflinte bereits im Anschlag hatte. „Um Gottes Willen, nicht schießen.“

„Sollen wir die Bestie nun jagen oder nicht?“ De Winter sah den Pfarrer stirnrunzelnd an.

„Das was nicht die Bestie.“

„Wer dann?“

„Es war der Künstler.“

„Bist du sicher?“, mischte sich der Wirt ein.

„Ja, Josef. Ich habe ihn erkannt. Die Schüsse müssen ihn angelockt haben.“

„Von wem sprecht ihr?“, wollte der Belgier wissen.

„Von Karl Krämer“, antwortete Steger. „Er ist Maler und wird von allen Leuten nur *der Künstler* genannt. Einige seiner Werke schmücken die Häuser von Hüttengesäß und Umgebung. Vor etwa drei Jahren hat er sich in die Wälder zurückgezogen und geht dort seiner Arbeit nach. Er lässt sich nur noch selten im Ort blicken.“

„Also ein Spinner“, stellte de Winter fest.

„Nein, ein Künstler“, entgegnete der Pfarrer.

„Den will ich sehen“, sagte de Winter bestimmt.

„Das ist Zeitverschwendung“, entgegnete Steger. „Karl ist harmlos. Er würde keiner Fliege etwas zuleide tun.“

„Trotzdem werden wir ihn besuchen. Wo lebt er?“

„In einer Hütte oben auf dem Pfingstberg. Es ist nicht weit.“

„Gut. Dann wollen wir uns diesen Künstler einmal näher anschauen. Wenn er trotz der Gefahr durch die Bestie hier alleine im Wald lebt, ist er entweder mutig oder verrückt. Du gehst vor, Josef.“

Der Wirt war sichtlich gegen den Plan des Jägers. Gemeinsam mit dem Pfarrer führte er die Gruppe durch den Wald zur Spitze des Pfingstberges, der genau genommen nicht mehr als ein bewaldeter Hügel war. Julius und de Winter gingen als Letzte.

8

Die Hütte des Künstlers entpuppte sich als grob zusammengezimmerte Holzbude, die ihrem Bewohner bei Wind und Kälte kaum Schutz bieten konnte. Sie war um eine Tanne herum gebaut, sodass es aussah, als würde der Baum durch die Hütte wachsen. Als die Männer die Behausung des Künstlers erreichten, saß Karl Krämer an einer Feuerstelle davor und rührte in einem Kessel, aus dem ein schwefeliger Geruch strömte. Um ihn herum stand eine Reihe von Tontöpfen, die Flüssigkeiten in den unterschiedlichsten Farben enthielten. Julius erschrak, als er den Künstler sah. Er trug eine völlig verschmutzte Leinenhose und keine Oberbekleidung. Es war nicht zu erkennen, wo sein Haupthaar in den Bart überging. Wie konnte ein Mensch so leben?

Der Künstler nahm erst Notiz von seinen Besuchern, als ihn der Pfarrer direkt ansprach.

„Wie geht es dir, Karl?"

„Gut, gut. Du siehst ja, ich habe viel zu tun." Karl Krämer rührte weiter in seinem Topf, als interessiere es ihn nicht, wer da alles zu ihm gekommen war.

„Warum hast du mit Steinen nach uns geworfen?"

„Das war ich nicht, Herr Pfarrer. Ich habe den ganzen Tag gearbeitet. Das sehen Sie doch."

„Du lügst, Karl. Wir haben dich gesehen."

„Ich habe euch nicht gesehen, also habt ihr mich auch nicht gesehen", entgegnete der Künstler.

„Hast du in den letzten Tagen etwas Ungewöhnliches bemerkt?", wechselte der Pfarrer das Thema.

„Die Blätter fallen sehr früh in diesem Jahr."

„Der will uns doch auf den Arm nehmen", sagte de Winter und wollte auf den Künstler zugehen. „Ich glaube ihm kein Wort."

Der Pfarrer hielt ihn jedoch am Arm fest und schüttelte kaum merklich den Kopf, als der Jäger ihn böse ansah. „Lass mich mit ihm reden", sagte er leise.

„Es gab wieder einen Überfall auf dem Baumwieserhof", erklärte der Pfarrer.

„Das wird Manfred nicht gefallen."

„Nein, Karl. Das gefällt ihm ganz und gar nicht. Hast du etwas beobachtet?"

„Nein, Herr Pfarrer. Ich war die ganze Zeit hier. Habe ich doch gesagt. Ich komme nicht so gerne zu den Menschen, wissen Sie?"

„Das bringt uns nicht weiter", sagte de Winter ärgerlich. „Wir sollten die Hütte durchsuchen und dann schleunigst von hier verschwinden, wenn wir nichts finden."

„Nein", entgegnete der Pfarrer. „Wir lassen ihn in Ruhe. Es ist nichts in der Hütte. Karl ist ein verwirrter Mann, der den Kontakt zu den Menschen scheut. Wir haben ihn jetzt schon genug aufgeregt, auch wenn er sich das nicht anmerken lässt." Der Pfarrer sprach so leise, dass Karl seine Worte nicht hören konnte.

Der Künstler rührte immer noch in seinem Topf, als ginge ihn das alles nichts an. Erst als der Jäger ein paar Schritte auf seine Behausung zuging, sprang er entsetzt auf, rannte zur Eingangstür und hielt beide Arme an die Holzwände. „Ihr dürft es noch nicht sehen!", schrie er und schüttelte den Kopf. „Es ist noch nicht fertig. Keiner darf es sehen."

„Ich will nur einen kurzen Blick hineinwerfen", sagte de Winter. „Dein Geschmiere interessiert mich nicht. Geh zur Seite."

„Nein!", schrie der Künstler, wurde aber vom Jäger einfach aus dem Weg gestoßen. Er fiel zu Boden und dabei mit seinem Ellenbogen gegen einen Stein. Als de Winter die Tür zu seiner Hütte öffnete, blieb er zusammengekauert auf dem Boden liegen und schluchzte leise vor sich hin.

Julius hatte kein Interesse daran, einen Blick in die Behausung des Künstlers zu werfen, die nicht mehr als dessen Schlafstätte beinhalten konnte. Während der Belgier mit Josef Steger im Inneren verschwand, und sich der Pfarrer um den noch immer heulenden Karl Krämer kümmerte, entschloss er sich, die Bude zu umrunden. Ein eigenartiger Geruch nach Verwesung mischte sich unter die Dämpfe der Farben, und Julius vermutete, dass der Gestank von der Rückseite der Behausung des Künstlers kam. Dort fand er einen Hauklotz, in den ein Beil geschlagen war, und einen Haufen nicht aufgeschichtetes Brennholz. Er bückte sich und untersuchte den Boden. Neben Rindenstücken lagen dort auch ein paar Reste von Innereien, die vermutlich von einem Wildschwein oder Reh waren, durchaus aber auch von einem Schaf stammen konnten. Julius pfiff leise durch die Zähne. Wenn de Winter das sah, würde der Künstler großen Ärger bekommen. Er konnte sich nicht vorstellen, dass der etwas mit den Vorfällen zu tun hatte, die ganz Hüttengesäß in Angst und Schrecken versetzten. Aus diesem Grund beschloss er, seinen Fund für sich zu behalten. Julius ging zurück und erreichte die anderen Männer, als auch Josef und der Belgier wieder aus der Hütte herauskamen.

„Wir gehen", sagte de Winter, ohne den Künstler noch eines Blickes zu würdigen.

In den nächsten Stunden streifte die Gruppe durch die Wälder zu beiden Seiten des Pfingstberges. Dabei trafen sie lediglich auf zwei Wildschweine, die panisch Reißaus nahmen. Julius versuchte mehrfach sich von dem Belgier zu trennen, der ihn aber immer wieder zurückrief und mit misstrauischen Blicken beäugte. Als sie endlich aus dem Wald heraustraten und Hüttengesäß wieder vor sich sahen, dämmerte es bereits. De Winter führte die Gruppe jetzt an und gab somit auch das Tempo vor. Einigen Männern war anzusehen, wie müde sie waren. Sicher freuten sie sich darauf, in der Krone ein Feierabendbier zu trinken.

Plötzlich schallte ein langgezogener Schrei zu ihnen herüber.

„Das kommt vom Florstädter Berg“, sagte Josef Steger und rannte los.

9

Die Männer hetzten durch den Ort und weiter über die Felder in Richtung Berg. De Winter, Julius und zwei weitere Männer überholten Josef Steger, der sich mit hochrotem Kopf weiter vorankämpfte. Die anderen hatten ein paar Sekunden gebraucht, bis sie sich in Bewegung gesetzt hatten, und lagen noch deutlich zurück. Der Schrei wiederholte sich nicht, sodass die Jäger nicht genau wussten, woher er gekommen war.

„Wohin?“, schrie Julius.

„Immer weiter geradeaus“, antwortete de Winter, ohne zur Seite zu sehen.

Der Florstädter Berg, ein bewaldeter Hügel, lag ein ganzes Stück oberhalb von Hüttengesäß und war deutlich höher als der Pfingstberg. Julius erreichte die Bäume als Erster und blieb stehen. „Was jetzt?“

„Du schaust rechts, ich links“, antwortete de Winter und trat zwischen zwei Tannen ins Dunkel.

Julius folgte der Anweisung des Belgiers und schlug die entgegengesetzte Richtung ein. Nach wenigen Schritten hörte er plötzlich ein Wimmern. Er rannte zu der Stelle hin und blieb wie angewurzelt stehen. Der Anblick war das mit Abstand Schrecklichste, was er in seinem bisherigen Leben gesehen hatte. Ihm kam es vor, als schnürte sich sein Magen zusammen, und er konnte den Brechreiz nur mit Mühe unterdrücken. Er wandte den Blick von der Leiche ab und sah zu Eva Sangwald, die zusammengekauert vor einem Baum lag und weinte. Was zum Henker hatte sie hier zu suchen?

„Hierher, de Winter!“, schrie Julius, lief zu dem Mädchen, legte ihr den Arm um die Schulter und drückte sie so an sich, dass sie den Toten nicht mehr sehen konnte. „Beruhigen Sie sich. Wir werden Sie in den Ort bringen“, flüsterte er Eva ins Ohr.

„Godverdomme! Wir haben zu viel Zeit bei dem Verrückten verbracht“, fluchte de Winter, als er die Stelle erreichte, ging zu der Leiche und blieb vor ihr stehen. Die ersten Männer aus dem Dorf kamen hinzu und wandten sich würgend ab.

Der Tote lehnte mit dem Rücken an einem Baum. Sein Brustkorb war zerfetzt und glich einem Stück rohem Fleisch. Auch der Stoff der Hose hatte sich rot gefärbt.

„Was ist mit seinen Augen?“, ächzte Julius.

„Die Bestie hat sie dem Säufer in den Schädel gedrückt“, antwortete de Winter ruhig. Es schien so, als ließe der Anblick den Belgier völlig kalt.

„Was jagen wir hier eigentlich?“

„Ich weiß es nicht, Junge. Aber es ist ein Mörder. Kein Tier kann so etwas tun.“

„Ohne mich.“

„Was soll das heißen?“

„Dass es mir reicht. Ich weiß immer noch nicht, worum es hier geht, außer dass ein paar Tiere geraubt wurden und jetzt ein Mann bestialisch ermordet wurde.“

„Wenn es nur um tote Tiere ginge, wäre ich nicht hier“, erklärte de Winter.

„Was geschieht in diesem Ort?“

Bevor der Belgier auf die Frage von Julius antworten konnte, traten Josef Steger und der Pfarrer zwischen den Bäumen hervor. Beide Männer wurden blass, als sie die Leiche sahen.

„Das ist Richard“, stellte Steger mit ächzender Stimme fest.

„Was für ein Tier ist in der Lage, einen Menschen so zuzurichten?“, fragte der Pfarrer.

„Das war kein Tier“, sagte de Winter. „Ich habe euch doch gesagt, dass wir nicht auf der Jagd nach einem Wolf sind. Das, was den Säufer und die anderen getötet hat, ist viel abscheulicher.“

„Welche anderen?“

„Richard ist der vierte Tote“, beantwortete der Wirt Julius‘ Frage.

„Sahen die anderen drei auch so furchtbar aus?“

Eva stieß einen schluchzenden Schrei aus und vergrub ihr Gesicht zwischen den Händen.

„Muss das vor dem Mädchen sein?“, fuhr der Pfarrer Julius an.

„Zwei der Toten waren Evas Eltern", fügte Josef leise hinzu. „Sie hatten die Bestie gestellt, als sie sich an ihren Tieren zu schaffen gemacht hatte. Leider waren sie unbewaffnet."

„Waren ihre Augen auch ..."

„Nein. Der Vierte war einer unserer Schäfer. Hermann war genauso übel zugerichtet wie Richard jetzt."

„Ihr hättet mir das alles erzählen müssen, bevor ihr mich mit auf die Jagd genommen habt", sagte Julius.

„Stell dich nicht so an. Jetzt weißt du es ja", sagte de Winter.

„Wir müssen die Polizei holen."

„Das ist Unsinn, Junge. Die werden aus Frankfurt keine Leute hierher schicken. Auch der Landgraf in Büdingen hat Wichtigeres zu tun, als sich um ein paar tote Bauern zu kümmern. Das klingt hart, ist aber so."

„Aber es sind vier Menschen getötet worden!"

„Wir haben es ja versucht", erklärte der Wirt. „Man sagte mir, dass man ihm Moment nicht genug Personal habe, um eine Abordnung hierher in die Wildnis zu schicken. Ich war deswegen in Büdingen. Danach habe ich mich an Luuk de Winter gewandt."

Julius konnte dem Mann nicht so recht glauben. Auch wenn er wusste, dass die wenigen Polizisten in Frankfurt alle Hände voll zu tun hatten, konnte er sich nicht vorstellen, dass sie bei einer derartigen Serie nicht reagieren würden. Er musste herausfinden, was in Hüttengesäß vor sich ging. Wer der grausame Mörder war. Und er musste mit dem Grafen sprechen. Vorher durfte er keinem den wahren Grund nennen, warum er hergekommen war. Noch nicht einmal Eva.

„Hat der Schäfer auch zur Burg geschaut?", fragte Julius.

„Was soll die Frage?", wollte de Winter wissen. „Tote schauen nirgendwo hin."

„Der hier sitzt so da, als würde er zur Burg schauen", erklärte Julius.

„Was redest du da für einen Unsinn?", entfuhr es Josef Steger.

„Der Junge hat recht", sagte de Winter. „Wenn der Tote noch Augen hätte, wären diese zur Burg gerichtet."

„Das ist Zufall", sagte Steger.

„Vielleicht. Vielleicht aber auch nicht. Wie war das bei dem Schäfer?"

„Das weiß ich nicht."

„Wir sollten Richard ins Dorf bringen“, sagte der Pfarrer. „Wir können später noch besprechen, wie es weitergehen soll. Hier ist nicht der geeignete Ort.“ Er half Eva auf und winkte Julius, der am nächsten bei ihm stand, zu sich, damit der das Mädchen auf der anderen Seite stützte.

Keiner der Männer widersprach dem Vorschlag des Pfarrers. Vier von ihnen packten Richard an Armen und Beinen und trugen ihn den Hang hinab. Schweigend näherte sich die Gruppe dem Ort. Die Jagd hatte ein dramatisches Ende gefunden und nichts eingebracht. Julius fühlte sich leer und ausgelaugt. Es sah so aus, als hätte er sich wirklich keinen schlechteren Zeitpunkt aussuchen können, um hierher zur Ronneburg zu kommen. Er ärgerte sich jetzt darüber, dass er sich nicht gleich vom Kutscher dorthin hatte bringen lassen. Es war ein Fehler gewesen, zunächst nach Hüttengesäß zu gehen. Julius hatte darauf gehofft, in dem Ort etwas über den Grafen und die Bewohner der Burg zu erfahren, bevor er dorthin ging. Jetzt war er noch nicht einmal vierundzwanzig Stunden in der Gegend und schon in die Jagd nach einer blutrünstigen Bestie verwickelt.

Endlich erreichte die Gruppe die ersten Häuser.

„Bring Eva nach Hause.“

„Warum ich?“

„Weil du am wenigsten betroffen bist und den Kopf frei hast, um dich um sie zu kümmern. Alle anderen haben Richard gekannt und müssen den Vorfall selbst erst verdauen.“

„Der Pfarrer hat recht“, sagte Josef Steger. „Bleib bei dem Mädchen und komm morgen früh in die Amtsstube. Wir müssen uns dringend unterhalten.“

Julius widersprach nicht. Auf eine weitere Diskussion mit den Männern hatte er keine Lust und war außerdem froh, endlich von de Winter wegzukommen. Die Nähe des Jägers behagte ihm nicht. Nach dem Gespräch mit dem Wirt würde er seiner eigenen Wege gehen. Julius war fest entschlossen, sich nicht von seinem Ziel abbringen zu lassen. Vielleicht konnte ihm Eva sogar dabei helfen.

10

„Das mit Richard hätte nicht passieren dürfen", sagte Josef Steger und blickte in die Runde. Das Gasthaus zur Krone war bis auf den letzten Platz gefüllt. Der Wirt hatte noch Stühle aus dem Lagerraum geholt und sie um den Brunnen gestellt, der den Mittelpunkt des Schankraumes bildete. Seine Helferin versorgte die Gäste mit Getränken.

„Ich habe euch gewarnt", sagte de Winter, der mit Josef und dem Pfarrer am Tresen stand. „Ab sofort darf es keine Alleingänge mehr geben."

„Richard war betrunken und hat die Bestie zu spät bemerkt", vermutete einer der Männer. „Einem anderen wäre das nicht passiert."

„Das ist Unsinn, Gregor", widersprach Josef Steger. „Denk an die Sangwalds. Die waren zu zweit und konnten sich nicht wehren."

„Ihr nehmt die Sache noch immer nicht ernst genug." De Winter blickte Gregor direkt an, der sein Gesicht zur Seite drehte. „Die Bestie ist intelligent. Sie ist kein Tier, das nur seinen Instinkten folgt."

„Dann denkst du also auch, dass sie Richard bewusst so hingesetzt hat?", fragte Steger.

„Ja! Die Bestie will uns damit etwas sagen. Die Frage ist nur, was?"

„Ich denke, dass der fremde Junge recht hat, und Richard in Richtung der Burg schaute", vermutete der Pfarrer.

„Oder nach Altwiedermus", warf einer der Männer ein. „Immerhin hat es dort lange keine Vorfälle mehr gegeben."

„In Neuwiedermus auch nicht", sagte der Pfarrer.

„Und genau aus diesem Grund glaube ich nicht, dass die Bestie ihren Unterschlupf in der Burg gefunden hat", sagte Steger. „Von dort aus wären beide Orte schneller zu erreichen als Hüttengesäß."

„Also müssen wir das Biest auf dem Florstädter Berg suchen", folgerte Gregor.

„Zumindest würde ich dort weitermachen", stimmte der Wirt zu.

„Dort gibt es nicht viel außer Wald", gab der Pfarrer zu bedenken.

„Irgendwo muss die Bestie ja ihren Unterschlupf haben. Wenn wir auf dem Florstädter Berg nichts finden, machen wir bei der Ronneburg weiter."

„Einverstanden“, stimmte Josef dem Vorschlag de Winters zu, wobei er wusste, dass dieser einen Widerspruch ohnehin nicht geduldet hätte. Steger wollte den Männern das Gefühl geben, dass ihr Bürgermeister immer noch etwas zu sagen hatte.

In diesem Moment öffnete sich die Tür des Gasthauses.

„Da seid ihr ja endlich“, begrüßte der Pfarrer die vier Männer, die den Schankraum betraten. „Ist alles erledigt?“

„Wir haben Richard im Leichenhaus aufgebahrt“, sagte der Tischler des Ortes. „Den Sarg werde ich morgen anfertigen.“

„Das wird reichen“, stimmte der Pfarrer zu.

„Lasst euch den Tod von Richard eine Lehre sein“, warnte de Winter. „Bis wir die Bestie erlegt haben, darf keiner mehr den Ort alleine verlassen. Sagt das auch euren Frauen und Kindern. Sobald es hell wird, ziehen wir los.“ Für den Jäger war die Unterhaltung damit zu Ende. Das Essen nahm er mit auf sein Zimmer.

Die anderen Männer blieben noch einige Zeit im Wirtshaus und diskutierten weiter. Keiner von ihnen verspürte das Bedürfnis, nach Hause zu gehen. Allen saß der Schock noch tief in den Gliedern. Sie waren froh, nach den schrecklichen Erlebnissen nicht sofort alleine zu sein, und nicht wenige würden sich die grausamen Bilder mit einem kräftigen Schluck aus dem Gehirn spülen.

11

„Wo wollen Sie jetzt hin?“

„Wenn Sie nichts dagegen haben, würde ich heute gerne wieder in der Scheune schlafen.“

„Sie können in der Stube bleiben, wenn Sie wollen. Ich möchte die Nacht nicht alleine im Haus verbringen.“

„Aber nur, wenn es Ihnen wirklich nichts ausmacht.“ Julius hatte Eva nach Hause gebracht und ihr geholfen, das Vieh im Stall zu versorgen. Während der Arbeit hatten sie nicht miteinander gesprochen. Dem Mädchen war deutlich anzumerken, wie sehr sie noch unter dem Schock des Nachmittags litt.

„Ich kann uns einen Tee machen.“

Julius überlegte, ob er noch einmal ins Gasthaus gehen sollte, um zu hören, ob es etwas Neues gab, nahm aber Evas Angebot an. „Gerne", antwortete er.

Eva verschwand in der Küche und Julius sah sich im Wohnraum um. Es gab einen Tisch, drei Stühle und einen Sessel. Unter dem Fenster stand ein Sofa. Er ging in die Ecke zum Kamin, neben dem Brennholz für mindestens drei Tage aufgeschichtet war, und machte Feuer.

Julius dachte an seine Mutter und ihre Warnung, er solle nicht nach Hüttengesäß reisen. Sie selbst hatte mehr als die Hälfte ihres Lebens hier verbracht, wollte aber nie über diese Zeit reden. Erst kurz vor ihrem Tod war sie bereit gewesen, mit ihrem Sohn über den Ort und seinen Vater zu sprechen. Wenn er noch lebte, würde Julius ihn in der Ronneburg finden. Bisher hatte er nichts von ihm gesehen oder gehört. Er hoffte, von Josef Steger einen Hinweis zu bekommen. Julius musste vorsichtig sein. War es möglich, dass die Bestie und die Morde in den letzten Wochen mit dem Geheimnis des Ortes zusammenhingen, vor dem ihn seine Mutter gewarnt hatte? Josef Steger hatte nichts davon wissen wollen, aber Julius war sich sicher, dass der Mörder Richard absichtlich so postiert hatte, dass sein Blick zur Burg zeigte. Auch de Winter hielt das für möglich. Julius würde sich nicht wundern, wenn die Burg eines der nächsten Ziele des Belgiers wäre. Oder hatte die Bestie ihren Unterschlupf doch auf dem Florstädter Berg gefunden?

„Kommen Sie in die Küche, Herr Meyer?"

Evas Ruf riss Julius aus den Gedanken. Er ging zu der jungen Frau, die neben dem Tee auch eine Gemüsesuppe zubereitet hatte. Erst jetzt fiel ihm auf, dass er seit dem Frühstück den ganzen Tag über nichts gegessen hatte.

Eva selbst aß nur ein paar Löffel, während Julius hungrig zugriff.

„Wollen Sie den Ort morgen verlassen?"

„Nein. Ich muss zunächst mit Josef Steger reden und werde dann die Ronneburg besuchen."

„Was wollen Sie dort?"

„Meine Mutter hat dort gearbeitet."

„Ich bezweifle, dass Steger Ihnen helfen wird."

„Ich muss es zumindest versuchen."

„Es wird doch sicher noch andere Leute als den Wirt geben, die ihre Mutter kannten."

„Ich kann ja schlecht alle Menschen hier in Hüttengesäß nach ihr fragen. Sie hat in der Burg gelebt und kam sicher nicht oft in den Ort. Die Menschen dort oben haben sie aber vielleicht gekannt."

„Auch der Pfarrer könnte etwas wissen."

„Möglicherweise." Julius wollte nicht weiter über seine Suche sprechen, weil er sonst vielleicht mehr hätte verraten müssen, als er zu sagen bereit war. Er mochte Eva, kannte sie und die Verhältnisse hier in der Umgebung aber noch nicht gut genug, um ihr alles anzuvertrauen.

Eva merkte offensichtlich, dass Julius nichts mehr dazu sagen wollte und wechselte das Thema. „Ich könnte Ihre Hilfe auf dem Hof gut gebrauchen."

„Wie meinen Sie das?"

„Alleine schaffe ich die Arbeit hier nicht. Ich kann Ihnen nicht viel anbieten. Nur Essen und einen Platz zum Schlafen. Ich würde mich allerdings freuen, wenn Sie hier bei mir bleiben würden. Zumindest für ein paar Tage."

„Haben Sie denn sonst keine Hilfe?"

„Nein. Meine Eltern hatten nicht viel. Es war nicht immer leicht für sie, den Zehnten an den Gutsherren zu leisten. Dennoch haben sie es bis jetzt immer geschafft. Nach ihrem Tod vor zwei Wochen hat mir Steger angeboten, den Hof zu kaufen. Der Preis war eine Unverschämtheit. Ich habe abgelehnt, weil ich ansonsten nicht gewusst hätte, wohin ich gehen soll."

„Das passt zu dem Kerl."

„Was ist nun? Sind Sie einverstanden?"

„Grundsätzlich ja. Ich werde aber nicht den ganzen Tag für Sie arbeiten können und möchte so schnell wie möglich zur Burg."

„Das ist in Ordnung. Ich begleite Sie sogar dorthin. Die Erntezeit ist vorbei, daher gibt es nicht ganz so viel Arbeit wie sonst. Manche Dinge kann ich aber einfach nicht alleine machen."

Julius reichte ihr die Hand. Eva schlug ein. Zum ersten Mal seit seiner Ankunft in Hüttengesäß konnte er etwas optimistischer in die Zukunft schauen.

12

„Du bist also der Sohn von Johanna Meyer“, sagte Josef Steger und schaute Julius mit abschätzendem Blick an.

„Ja.“ Die beiden Männer saßen im Doktorstübchen, das neben der Küche der Gaststätte untergebracht war. Eva hatte Julius erzählt, dass der Dorfarzt dort einmal die Woche seine Sprechstunde durchführte. Josef Steger nutzte den Raum außerdem als Amtszimmer. Julius war gleich nach dem Frühstück aufgebrochen, um mit dem Wirt zu reden, der ihn überraschend freundlich empfangen hatte.

„Es tut mir leid, dass sie so früh gestorben ist. Sie hätte hier in Hüttengesäß bleiben sollen, aber es zog sie damals in die große Stadt. Hier hätte sie ein besseres Leben gehabt.“

„Wie gut haben Sie meine Mutter gekannt?“

„Gut. Sehr gut sogar.“ Der Wirt schaute nachdenklich aus dem Fenster. Julius ließ ihm die Zeit und wartete schweigend ab, bis Josef Steger fragte: „Was willst du hier?“

„Ich will versuchen etwas mehr über sie herauszufinden.“ *Und über meinen Vater*, fügte Julius in Gedanken hinzu.

„Das solltest du nicht tun.“

„Warum?“

„Manchmal ist es besser, die Vergangenheit ruhen zu lassen. Wenn du wirklich der Sohn von Johanna Meyer bist, ist das ein Grund mehr, warum du Hüttengesäß so schnell wie möglich verlassen solltest.“

„Nicht, bevor ich ein paar Antworten bekommen habe.“

„Welche?“

„Was ist mit dem Grafen?“

„Deine Mutter hat für ihn gearbeitet. Genauer gesagt für dessen Weib. Als Hildegard zu Büdingen-Ronneburg durch einen Unfall gestorben war, hat Johanna den Ort verlassen.“

„Lebt der Graf noch dort?“

„Nein. Niemand weiß, wo er ist. Kurz nach dem Tod seines Weibes ist er verschwunden und wurde seitdem nicht mehr gesehen.“

„Aber die Burg ist noch bewohnt.“

„Es lebt eine Gruppe dort, die sich selbst *die Inspirierten* nennt. Der Vater des Grafen hat sie damals in die Burg eingeladen und sie sind dort geblieben. Sicher hast du dir vorgenommen, die Ronneburg zu besuchen. Lass das bloß bleiben, das bringt dir nur Ärger ein. Geh zurück nach Frankfurt. Hier ist kein Platz für dich.“

Julius spürte, wie ihm das Blut in den Kopf schoss. Er war sauer und wurde gleichzeitig durch die Antworten des Wirtes noch neugieriger. Große Hoffnungen hatte er in Josef Steger nicht gesetzt, aber doch gedacht, dass er ihm einige Informationen über die Vergangenheit seiner Mutter geben konnte. Das Wenige, was ihm der Wirt erzählt hatte, brachte ihn nicht weiter. Dass der Graf seit nunmehr über zwanzig Jahren verschwunden war, machte die Sache noch komplizierter.

Julius musste herausfinden, was mit ihm passiert war. Wusste Steger wirklich nicht mehr, oder wollte er nur nicht mehr sagen? Julius überlegte, ob er erwähnen sollte, dass der Graf sein Vater ist, entschied sich aber dagegen. Er traute Josef Steger nicht, auch wenn der offensichtlich ein guter Bekannter seiner Mutter gewesen war.

„Wie alt bist du eigentlich?“, wollte der Wirt wissen.

„Ich werde bald einundzwanzig.“

„Wann?“ Steger fuhr hoch und beugte sich zu Julius vor.

„Am 21. November.“

„Verdammt“, zischte der Wirt, stand auf und trat ans Fenster.

Julius verstand diese Reaktion nicht. Was war so besonders an seinem Geburtstag? Was wusste der Mann, das er ihm nicht sagen wollte?

„Du hättest niemals hierher kommen dürfen“, sagte Josef Steger.

Julius war überrascht, wie traurig die Stimme des Wirtes auf einmal klang. „Was verschweigen Sie mir?“

„Kennst du den wahren Grund, warum deine Mutter Hüttengesäß verlassen hat?“

„Nein.“

„Aber ich.“

„Dann sagen Sie ihn mir.“

Josef Steger stand immer noch am Fenster und drehte sich jetzt zu Julius um. „Ich schlage dir ein Geschäft vor.“

„Ein Geschäft?“

„Ganz recht, Junge. Du wohnst doch jetzt bei Eva Sangwald.“

„Ja. Aber was hat das mit meiner Mutter zu tun?“

„Eigentlich gar nichts, aber doch wieder alles.“

„Ich verstehe kein Wort.“

„Ich habe Eva angeboten, den Hof ihrer Eltern zu kaufen.“

„Das hat sie mir erzählt", sagte Julius. Er verstand nicht, was Steger jetzt von ihm wollte und wurde noch misstrauischer. Der Wirt hatte zu seiner alten Sicherheit zurückgefunden. Er ging zum Schreibtisch und setzte sich wieder.

„Eva hat abgelehnt."

„Auch das hat sie mir erzählt."

„Sie ist verwirrt und weiß nicht, was das Richtige für sie ist."

„Den Eindruck hatte ich nicht", widersprach Julius. „Kommen Sie zur Sache. Was wollen Sie von mir?"

„Du sollst Eva davon überzeugen, dass es besser ist, mir den Hof zu verkaufen."

„Das ist doch Unsinn!" Julius sprang auf und ging zwei Schritte in Richtung Tür. „Warum sollte ich Ihnen helfen, Eva Sangwald zu betrügen?"

„Weil ich dir dann erzähle, was damals passiert ist."

„Da spiele ich nicht mit." Julius hätte dem Wirt jetzt am liebsten die Faust ins Gesicht geschlagen, um das hässliche Grinsen darin zu vertreiben. Es war ungeheuerlich, was der Kerl von ihm verlangte.

„Oh doch. Genau das wirst du tun."

„Niemals." Julius verließ den Raum und donnerte die Tür ins Schloss. Er würde auch ohne Steger herausfinden, was damals mit seiner Mutter passiert war.

13

„Da bist du ja, Junge."

„Lassen Sie mich in Ruhe." Julius kam aus der Krone gestürmt und traf direkt auf de Winter, der auf der Straße vor dem Gasthaus stand. Er wollte einfach an dem Belgier vorbeigehen, doch der hielt ihn am Arm fest.

„Nicht so eilig, junger Freund."

„Ich bin nicht Ihr Freund."

„Das mag stimmen. Sag mir trotzdem, wo du so schnell hinwillst."

„Einfach nur weg. Ich werde heute nicht mit zur Jagd gehen."

„Doch, das wirst du."

„Wäre es nicht besser, wenn der Junge bei Eva Sangwald bleibt und aufpasst, dass sie keinen Unsinn macht?", mischte sich Josef Steger ein, der die Krone gerade verlassen hatte.

De Winter blickte zwischen dem Wirt und Julius hin und her. „Und wer passt auf den Jungen auf?"

„Warum sollte jemand auf mich aufpassen?"

„Weil ich dir nicht traue", erklärte de Winter. „Du hast dich gestern gut gehalten. Das gebe ich zu. Dennoch. Ich glaube dir nicht, dass du nur zufällig hier in der Gegend bist."

Julius wich dem Blick von Steger aus, der ihn grinsend ansah und richtete seine Aufmerksamkeit voll auf den Jäger. „Es ist mir egal, was sie glauben. Ich habe mit den Vorgängen nichts zu tun und will es auch nicht. Ich bleibe hier."

„Du wirst uns heute begleiten. Wenn das Mädchen nicht alleine bleiben soll, muss sie eben auch mit."

„Das kann ich nicht zulassen", widersprach Josef. „Eva hat genug durchgemacht. Sie wird nicht mitgehen."

Julius kochte innerlich vor Wut. Was bildeten sich die Männer eigentlich ein? Er war doch nicht ihr Leibeigener, sodass sie über ihn bestimmen konnten. Gleiches galt für Eva. Er riss sich von de Winter los, der damit wohl nicht gerechnet hatte und nicht mehr so fest zugepackt hatte, und lief zum Pfarrhaus, wo ihn Eva erwartete.

De Winter schien Julius verfolgen zu wollen, doch Steger legte ihm die Hand auf die Schulter. „Lass ihn. Der Junge ist harmlos. Wir brauchen ihn nicht."

Der Jäger wischte die Hand des Wirtes weg, ließ Julius aber ziehen. „Tu das nie wieder", zischte er.

„Was willst du von dem Jungen?"

„Etwas stimmt nicht mit ihm."

Wenn du wüsstest, wie recht du hast, dachte Steger, sagte aber nichts. Es war wie ein Schlag ins Gesicht, als Meyer ihm sein Geburtsdatum gesagt hatte. Das machte die momentane Situation noch um einiges komplizierter. Vor über zwanzig Jahren hatte Josef das Thema *Johanna Meyer* für sich abgeschlossen. Oder es zumindest versucht. Jetzt waren ihm die Ereignisse von damals wieder in Erinnerung gerufen worden.

Steger und de Winter gingen zu den anderen, die bereits auf dem Marktplatz versammelt waren und darauf warteten, dass es losgehen konnte. Die Gruppe zählte jetzt über dreißig Personen, da aus

Altwiedermus einige Männer hinzugekommen waren, um ihre Nachbarn zu unterstützen.

„Was hat Steger gesagt? Konnte er Ihnen helfen?“ Eva Sangwald erwartete ihren neuen Helfer am Brunnen vor dem Pfarrhaus.

„Sehr viel habe ich nicht erfahren. Er weiß mehr, schweigt aber.“ Julius berichtete ausführlich von dem Gespräch mit dem Wirt und ließ nur den Teil aus, der das Mädchen und ihren Hof betraf.

„Ich finde es unmöglich, wie er sich verhält“, sagte Eva. „Josef Steger hat eine große Macht in Hüttengesäß und nutzt diese leider sehr häufig aus, um sich einen Vorteil zu verschaffen.“

„Warum folgen die Männer ihm?“

„Weil sie keine andere Wahl haben. Keiner wird es wagen, dem Gutsherren zu widersprechen. Seitdem der Graf verschwunden ist, ist sein Vasall Steger der wahre Herr in Hüttengesäß.“

„Als ich aus der Krone herauskam, bin ich diesem seltsamen Belgier in die Arme gelaufen. Er wollte mich zwingen, die Meute heute wieder zu begleiten.“

„Ich habe Angst vor diesem Mann.“

„Ich auch“, gab Julius zu. „Steger meinte aber, dass ich bei Ihnen bleiben soll.“ Er lächelte. „Hier sind wir beide erstmals einer Meinung.“

„Damit ich nicht wieder alleine losziehe“, lachte Eva. „Das sieht ihm ähnlich, mir einen Aufpasser zur Seite zu stellen.“

„Nun ja, ich habe nicht vor, den ganzen Tag auf dem Hof zu bleiben.“

„Sie wollen zur Burg, oder?“

„Ja. Und ich hoffe, dass Sie mich begleiten.“

„Das werde ich auch, nachdem wir das Vieh versorgt haben. Sind die anderen schon unterwegs?“, fragte das Mädchen.

„Ich denke, ja.“

„Wir sollten schauen, in welche Richtung sie gehen, damit wir ihnen später nicht in die Arme laufen.“

Julius und Eva gingen an der Kirche und dem Friedhof vorbei zum Ende des Ortes. Dabei nahmen sie einen Umweg in Kauf und erreichten das Feld an einer anderen Stelle als die Jäger. Diese verließen Hüttengesäß gerade. Die beiden konnten die Männer hören und versteckten sich hinter einer Hauswand, um nicht entdeckt zu werden.

Luuk de Winter und Josef Steger führten die Gruppe an. Vor dem Ort tauchte plötzlich eine Gestalt auf, die trotz der recht hohen Temperaturen dick gekleidet war, und warf sich vor dem Jäger auf die Knie. Der schob die fremde Person zur Seite und verpasste ihr zusätzlich einen Tritt, sodass sie in den Graben fiel.

„Ihr müsst uns von der Bestie befreien", schrie eine weibliche Stimme hinter de Winter her. Keiner der Männer kümmerte sich um die Frau. Sie gingen einfach an ihr vorbei und ließen sie auf dem Boden liegen.

„Wer ist das?", fragte Julius seine Begleiterin.

„Ich weiß nicht, wie sie heißt. Sie lungert manchmal beim Markt herum und bettelt. Keiner kennt sie genauer, und die Leute interessieren sich auch nicht für sie."

„Wir sollten ihr helfen", sagte Julius.

„Sie steht schon wieder auf", entgegnete Eva. „Sie wird uns nicht brauchen und auch nicht mit uns sprechen. Gehen wir."

Tatsächlich hatte sich die Frau mittlerweile erhoben und ging mit humpelnden Schritten in die gleiche Richtung wie die Männer.

„Die Jäger gehen zum Florstädter Berg", sagte Eva.

„Das war zu erwarten. Ich denke, sie werden noch einmal zu der Stelle gehen, wo wir den Toten gefunden haben."

„Er hieß Richard."

„Ich weiß."

„Dann sollten Sie ihn beim Namen nennen. Er war kein schlechter Mensch, auch wenn er sich oft betrunken hat."

„Entschuldigen Sie. Ich habe das nicht böse gemeint."

„Schon gut." Evas Augen füllten sich mit Tränen, und sie drehte den Kopf zur Seite.

Julius hätte sich am liebsten selbst dafür in den Hintern getreten, dass er Richard erwähnt hatte. Damit war Eva das schreckliche Erlebnis des Vortages wieder in Erinnerung gerufen worden. Schweigend folgte er dem Mädchen zurück zum Hof.

14

Evas Stimmung wurde schnell wieder besser. Julius bewunderte das Mädchen dafür, wie gut sie mit der Situation zurechtkam. Sie gingen zum Hof zurück, versorgten das Vieh und machten sich dann auf den Weg.

„Wir werden etwa eine Stunde brauchen, bis wir am Ziel sind", sagte Eva, als sie den Ortsausgang erreichten. Sie gingen die Straße entlang in Richtung Altwiedermus, die dann weiter zur Ronneburg führte.

„Es sieht gar nicht so weit aus."

„Das täuscht. Das letzte Stück ist sehr steil und anstrengend zu laufen."

„Waren Sie schon oft dort?"

„Nein. Ich habe mit meinem Vater ab und zu Waren zu den Menschen in der Burg gebracht."

„Zu den Inspirierten?"

„Ja."

„Was wissen Sie über diese Gruppe?"

„Nicht viel. Sie leben sehr zurückgezogen und kommen nur selten in die Dörfer, wenn sie irgendetwas brauchen", erklärte Eva.

„Ich hoffe, dass sich der Weg dorthin lohnt und die Leute etwas über den Grafen wissen. Vielleicht kannten sie auch meine Mutter."

„Wenn sie dort gearbeitet hat, bestimmt."

„Vergessen Sie nicht, dass dies über zwanzig Jahre her ist."

„Sollten wir uns nicht einfach duzen?", meinte Eva unvermittelt.

„Ja, klar. Warum nicht?" Julius freute sich viel mehr über dieses Angebot, als er es sich anmerken ließ.

Mittlerweile konnten die beiden die ersten Häuser von Altwiedermus sehen und auch die Burg war jetzt besser zu erkennen. Julius spürte, wie er immer unruhiger wurde. Hoffentlich lohnte sich der Weg hierher. Er blieb stehen und nahm sich die Zeit, das Gemäuer aus der Ferne zu betrachten. Genau genommen waren es mehrere Gebäude, die aneinander standen und in der Mitte sicher einen Hof bildeten. Der Bergfried überragte alles. Julius konnte erkennen, dass es sogar ganz oben im Turm noch Fenster gab. Die Aussicht von dort musste gewaltig sein. Die Festungsmauer sah er von diesem Platz aus nicht, weil sie von Bäumen verdeckt war, dafür aber die Seite eines der Hauptbauten. Die Fensterfront verriet ihm, dass dieser

Teil mindestens drei Stockwerke besaß. Insgesamt hatte sich Julius die Burg bei weitem nicht so groß vorgestellt. Der Anblick war einfach überwältigend.

Plötzlich sahen Julius und Eva eine dunkel gekleidete Person den Hang heruntergehen.

„Wo kommt die denn her?", fragte Julius leise.

„Sie ist wie aus dem Nichts aufgetaucht. Ich habe sie vorher nicht gesehen."

„Ich auch nicht."

Die beiden gingen weiter. Als sie sich der Gestalt bis auf etwa zwanzig Meter genähert hatten, erkannten sie, dass es sich um eine Frau handelte, die ihr linkes Bein leicht nachzog. Trotz der angenehmen Temperaturen trug sie eine Kapuze und hatte einen Schal ums Gesicht gewickelt, der nur die Augen frei ließ. Etwas Unheimliches ging von der Fremden aus.

Julius spürte, wie sein Herz schneller schlug, obwohl sie nichts anderes tat, als mit zu Boden gesenktem Blick dem Weg zu folgen. Lediglich als sie Julius und Eva passierte, hob sie den Kopf und starrte den jungen Mann einige Sekunden lang an.

„War das die Alte von heute morgen?", flüsterte Julius, als er sicher war, dass ihn die Frau nicht mehr hören konnte.

„Ja. Sie scheint in Altwiedermus gewesen zu sein."

„Wie hat sie das so schnell geschafft? Der Vorfall mit de Winter ist noch nicht so lange her, und sie muss in der Zeit mindestens vier Kilometer gelaufen sein."

„Seltsam ist das schon", gab Eva zu.

Sie passierten den Ort und waren nun nicht mehr weit von der Burg entfernt. Julius spürte, wie sich seine Nervosität immer weiter steigerte, je näher sie ihrem Ziel kamen. Endlich würde er den Ort sehen, an dem seine Mutter viele Jahre ihres Lebens verbracht hatte. Das Zuhause seines Vaters.

Doch kaum hatten Julius und Eva die erste Mauer erreicht, tauchte schon das nächste Problem auf. Zwei Männer versperrten ihnen den Weg, bevor sie die Vorburg betreten konnten.

„Was wollt ihr hier?", fragte der Ältere der beiden.

„Wir möchten zu German Weiland", antwortete Eva. „Ist er da?"

„Nein, und er wird vor Einbruch der Dunkelheit nicht wieder hier sein. Was wollt ihr von ihm?"

„Ich muss dringend mit ihm sprechen", antwortete Julius.

„Warum? Das Mädchen kenne ich, aber dich nicht. Wer bist du?"

„Mein Name ist Julius Meyer. Meine Mutter hat vor über zwanzig Jahren für den Grafen gearbeitet."

„Du bist ein Sohn von Johanna Meyer?"

„Ja, der einzige. Kannten Sie sie?"

„Nicht gut. Aber ich kann mich an sie erinnern. Ist sie auch in der Nähe?"

„Sie ist tot."

„Das tut mir leid. Entschuldige bitte."

„Das konnten Sie ja nicht wissen", sagte Julius. Obwohl der Fremde ihm gegenüber eine vertraulichere Anrede angeschlagen hatte, traute Julius sich nicht, den deutlich älteren Mann ebenfalls zu duzen.

„Weshalb kommst du hierher?"

„Ich hoffe, mehr über die Zeit zu erfahren, in der meine Mutter hier arbeitete."

„Da wäre German in der Tat der Richtige. Er kannte sie am besten von uns. Wir anderen hatten weniger Kontakt zum Personal des Grafen." Der Mann kratzte sich an der Stirn und sah seine Gäste einen Augenblick lang nachdenklich an. „Es tut mir leid, dass ihr den Weg umsonst gemacht habt", sagte er. „Wenn ihr wollt, könnt ihr aber zumindest mit uns essen."

„Vielen Dank", sagte Julius, der darauf brannte, endlich in die Burg hineinzukommen. „Wir nehmen das Angebot gerne an."

Der Inspirierte stellte sich als Jan Bergmann vor. Gemeinsam mit seinem Sohn Peter, der die ganze Zeit über schweigend neben ihm gestanden hatte, führte er seine Gäste in die Vorburg. Vor dem Eingang in den Innenhof ging es auf der linken Seite eine Treppe hinunter in einen Hof. Dieser wurde von einer Mauer umrandet. Vor den Stallungen, die direkt an die Burg angebaut waren und wesentlich neuer aussahen als der Hauptteil, waren zwei Pferde angebunden.

„Unsere Gruppe lebt in der Kernburg", erklärte Jan. „Die Gemächer des Albert zu Büdingen-Ronneburg nutzen wir nicht. Wir haben alles so gelassen, wie es war, als der Graf plötzlich verschwand."

„Hatte er denn keine Nachkommen?", fragte Julius.

„Nein. Seine Gattin starb wenige Wochen bevor er verschwand. Kurz danach haben auch seine Bediensteten die Burg verlassen."

„Können wir uns diesen Teil trotzdem ansehen?"

„Ja. Aber nur von außen. Ohne die Genehmigung von German dürfen wir niemanden dort hineinlassen."

Sie gingen über eine lang gezogene Treppe auf den Torbogen zu und kamen dann in einen engen Gang. Darin befand sich gleich rechts ein Brunnen mit einem Tretrad, das so hoch war wie zwei Männer.

„Der Brunnen ist fast einhundert Meter tief", erklärte Jan stolz. „Das Wasser ist erfrischend kalt und glasklar."

Julius spürte, wie sein Herz schneller schlug, als sie wieder ins Freie kamen. Auch wenn er diesen Ort noch nie gesehen hatte, fühlte er sich, als würde er nach Hause kommen. Es kam ihm alles seltsam vertraut vor. Diese Mauern hier hatten etwas Mächtiges und übten eine magische Anziehungskraft auf Julius aus. Er blieb zwischen dem Bergfried und den anderen Gebäuden der Kernburg stehen und sah sich staunend um. Der Innenhof war mit Basalt gepflastert. Dem Turm gegenüber lag der Palas, der - wie Bergmann erklärte - das Hauptgebäude der Kernburg darstellte und durch den Kemenatenbau mit dem Bergfried verbunden war. Durch ein weiteres Gebäude gegenüber dem Kemenatenbau waren sie in den Innenhof der Burg gelangt. In diesem Torhaus befanden sich die Gemächer des Grafen, wie der Inspirierte Julius und Eva erklärte.

Nach einer Weile bat Jan Bergmann seine Gäste, ihm in den Speisesaal im Palas zu folgen. Dort sollten sie gemeinsam mit den Inspirierten ihre Mahlzeit einnehmen.

Sie gingen über eine siebenstufige Treppe aus rotem Sandstein auf die Eingangstür zu. Plötzlich kam etwas Schwarzes auf sie zugesprungen und bellte sie an. Kurz bevor er Julius erreichte, wurde der Schäferhund von einer Kette aufgehalten, an der sein Halsband befestigt war.

„Das ist Prinz", sagte Jan Bergmann. „Er wird euch nichts tun."

„Er hat mich ganz schön erschreckt", sagte Julius und atmete tief durch. Während Eva sich dicht an der Wand hielt, ging er auf das Tier zu, das schwanzwedelnd vor ihnen stand. Abgesehen von einem etwa faustgroßen, weißen Fleck an der Kehle war der Hund völlig schwarz. Sein linkes Ohr war an der Spitze nach unten geknickt. Seine Hütte bestand aus einem alten Weinfaß, das in einer Nische versteckt lag.

„Du kannst ihn ruhig streicheln", sagte Bergmann.

Julius ging noch näher zu dem Hund und streckte ihm seine rechte Hand hin. Prinz schnüffelte daran und blieb ruhig stehen, als Julius in streichelte. „Warum lasst ihr ihn nicht frei herumlaufen?“

„Wir wollen nicht, dass er alleine außerhalb der Burg herumstreunt. Am Ende wird er noch für die Bestie gehalten und erschossen. Lasst uns jetzt aber essen gehen."

15

„Ein schönes Gemälde, nicht wahr?“, fragte Jan Bergmann, nachdem sie den Speisesaal betreten hatten. An der Wand gegenüber dem Eingang hing ein Ölbild, das einen Mann in prächtigem Gewand zeigte. Die Figur war in Lebensgröße dargestellt. Selbst die Gesichtszüge waren gut zu erkennen.

„Ist das der Graf?“, wollte Julius wissen.

Bergmann nickte. „Das ist Albert zu Büdingen-Ronneburg. Das Porträt wurde kurz vor seinem Verschwinden gefertigt.“

„Ich finde, er sieht dir ein bisschen ähnlich.“

Julius wurde blass. Plötzlich hatte er das Gefühl, sein Blut würde in den Adern gefrieren. Was hatte Eva da gerade gesagt?

„Oh, Entschuldigung! Ich wollte dir nicht zu nahe treten.“

„Nein, nein. Es ist schon in Ordnung. Ich habe mich nur ein wenig erschreckt, weil du mich mit dem Grafen verglichen hast.“

„Es ist ja keine große Ähnlichkeit“, sagte Eva lächelnd.

Julius sah seine Begleiterin an. Sie war klein und zierlich und steckte doch so voller Energie. Die glatten, schwarzen Haare hingen ihr bis zu den Schultern, und ihr Gesicht zeigte eine natürliche Schönheit, die ihn in ihren Bann zog. Sein Blick verlor sich in ihren braunen Augen.

„Wenn ihr bitte mitkommen würdet“, sagte der Inspirierte und holte Julius damit wieder in die Gegenwart zurück.

„Ja, natürlich“, sagte Eva und errötete leicht.

Nach dem Essen verabschiedeten sich Julius und Eva von den Inspirierten und vereinbarten einen Besuch für den nächsten Tag, wenn der Anführer der Gruppe wieder da sein würde. Als sie den Speisesaal verließen, hatte sich der Himmel, der vor einer Stunde noch wolkenlos gewesen war, zugezogen. Prinz kam herbeigelaufen und ließ sich wieder von Julius streicheln. Diesmal traute sich auch Eva näher an den Hund heran und strich vorsichtig mit ihrer Hand über seinen Kopf.

„Wir müssen uns beeilen, wenn wir nicht in das Unwetter geraten wollen", sagte Eva.

„Dann komm." Julius packte das Mädchen an der Hand und zog es mit sich.

Der Rückweg ging schneller, da sie den Hang jetzt hinunterlaufen konnten. Der drohende Regen trieb sie zudem an.

„Das schaffen wir nicht mehr rechtzeitig", sagte Julius. Sie waren jetzt etwa in der Mitte zwischen Altwiedermus und Hüttengesäß. Der Himmel zeigte sich tiefschwarz.

„Zurück schaffen wir es aber auch nicht mehr."

Wie auf Kommando öffneten sich die Schleusen. Innerhalb von Sekunden waren sie nass bis auf die Haut. Wieder griff Julius nach Evas Hand und rannte mit ihr den Weg entlang.

„Bleibt sofort stehen!", hörten sie plötzlich eine Stimme hinter sich. Sie hatten den Ort fast erreicht, stoppten aber und drehten sich um. Vom Florstädter Berg her waren schemenhaft ein paar Männer zu erkennen.

„Das war Josef", sagte Eva.

„Wer sonst? Lauf, so schnell du kannst. Sie dürfen uns nicht erwischen. Vielleicht haben wir Glück und er erkennt uns nicht."

„Ich habe gesagt, dass ihr stehen bleiben sollt!", schrie Steger hinter ihnen her, doch sie rannten weiter.

Julius warf die Haustür zu, und Eva fiel ihm lachend in die Arme.

„Um uns zu kriegen, ist er zu langsam", sagte sie.

„Kein Wunder bei dem Übergewicht. Hoffentlich hat er uns nicht trotzdem erkannt."

Einen Moment lang sahen sie sich in die Augen. Ihre Gesichter waren ganz nahe beisammen, und Julius wollte ihr gerade einen Kuss auf die Stirn geben, als sich das Mädchen von ihm löste.

„Wir sollten die nassen Sachen ausziehen", sagte sie.

Ihre funkelnden Augen ließen Julius hoffen, dass Eva vorhatte, den Kuss später nachzuholen. Während er das Feuer im Kamin entfachte und Wasser in einem Kessel bereitstellte, damit sie sich später warm waschen konnten, bereitete Eva Tee zu und holte zwei Wolldecken. Einige Minuten später saßen sie nur mit Unterwäsche bekleidet und in die Decken eingewickelt am Kamin und wärmten sich auf.

„Josef und der Belgier werden toben", sagte Eva.

„Ja. Die sind jetzt auch richtig nass geworden. Wenn ich ehrlich bin, gönne ich es ihnen."

„Uns ging es ja auch nicht besser."

„Jetzt schon", sagte Julius. Sein Blick wanderte von ihrem nackten Bein, das unter der Decke zum Vorschein gekommen war, langsam höher.

„Wo schaust du denn hin?", fragte das Mädchen grinsend.

Julius legte ihr den Arm um die Schulter und zog sie ein Stück zu sich. Wieder sahen sie sich tief in die Augen.

„Du bist wunderschön", sagte Julius.

Plötzlich hämmerte es heftig gegen die Haustür.

16

Josef Steger betrat seine Amtsstube, warf die Tür hinter sich zu, setzte sich an den Schreibtisch, nahm eine Flasche Kognak und ein Glas aus dem Regal hinter sich und schenkte es bis zum Rand voll. Den ganzen Tag über waren sie erfolglos durch die Wälder des Florstädter Berges gelaufen und dann auch noch in ein Unwetter geraten. Der Wirt leerte das Glas zur Hälfte und atmete tief durch.

Als er Luuk de Winter mit der Jagd auf die Bestie beauftragt hatte, war er davon ausgegangen, dass dieser die Sache schnell erledigen würde. Jetzt glitt ihm die Situation langsam aus den Händen. Die herablassende Art des Belgiers ging Steger zunehmend auf die Nerven. Er war es leid, ständig von ihm wie ein Bauernjunge herumgescheucht zu werden. Die anderen Männer ihm Ort spotteten sicher schon über ihn. In den vergangenen Jahren war es Josef gewesen, der die uneingeschränkte Macht in Hüttengesäß inne gehabt hatte. Seit Albert zu Büdingen-Ronneburg plötzlich verschwunden war, hatte er als ehemaliger Vasall des Grafen sein Lehen für sich selbst gut und gewinnbringend verwaltet. Von den Bauern nahm er jährlich ein Zehntel der Ernte ein und griff darüber hinaus noch auf deren Frondienste zurück. Zusammen mit den Einnahmen aus der Krone konnte er davon mehr als gut leben. Daran durfte sich auf keinen Fall etwas ändern. Andererseits konnte er de Winter auch nicht einfach wieder wegschicken. Das Jagdfieber hatte den Belgier längst gepackt. Davon abgesehen würde die Bestie den Ort weiterhin terrorisieren, und die Bewohner von Hüttengesäß würden ihn dafür verantwortlich machen. Nein, sie brauchten einen Erfolg. Und das schnell.

Zudem ärgerte sich Josef Steger darüber, dass Eva Sangwald ihren Hof nicht verkaufen wollte. Der Kleinen schien nicht klar zu sein, was sie sich damit auflud. Er hatte das Anwesen bereits von den Eltern des Mädchens kaufen wollen, die aber lachend abgelehnt hatten. Hermann und Irmgard Sangwald konnten die Arbeit auf dem Hof ohne Knechte und Mägde bewältigen. Ihrer Tochter gelang das nicht, auch wenn sie jetzt von Julius Meyer unerwartete Hilfe bekommen hatte. Josef beschloss, noch einmal mit dem Mädchen zu reden und ihr klarzumachen, dass der Preis, den er zu zahlen bereit wäre, nicht höher werden würde, wenn sie das Angebot weiter ablehnte. Auf den Jungen wollte sich Steger nicht verlassen.

Das plötzliche Auftauchen von Johannas Sohn war ein Schock. Einen schlechteren Zeitpunkt hätte er sich gar nicht aussuchen können, um nach Hüttengesäß zu kommen. Josef musste ihn so schnell wie möglich wieder loswerden. Er hatte in seiner Gemeinde nichts zu suchen. Auf keinen Fall durfte er mit German Weiland sprechen. Der Inspirierte war nicht dumm und würde sich einiges zusammenreimen können, wenn Julius ihm erzählte, wer er war. Das musste Josef um jeden Preis verhindern.

Johannas Tod hatte ihn getroffen, auch wenn er dies dem Jungen gegenüber nicht gezeigt hatte. Vor über zwanzig Jahren waren sie ein Paar gewesen. Josef hätte damals alles für seine große Liebe getan. Dann war sie verschwunden, ohne ihm auf Wiedersehen zu sagen. Nicht einmal einen Abschiedsbrief hatte sie ihm geschrieben. Danach war Josef alleine geblieben. Sicher, wenn er in der Stadt war, gönnte er sich auch hin und wieder einmal ein leichtes Mädchen. Aber binden wollte er sich seit der Zeit mit Johanna nicht mehr. Einige Jahre lang hatte er vergeblich auf ihre Rückkehr gewartet. Nun wusste er, warum sie nie wieder etwas von sich hatte hören lassen. Julius war Schuld. Natürlich konnte er persönlich nichts dafür. Aber wegen ihm hatte er Johanna verloren. Was war damals passiert? Diese Frage hatte sich der Wirt in den zurückliegenden

Jahren mindestens tausendmal gestellt. Was hatte Johanna ihm verschwiegen?

Josef wusste, dass das Geburtsdatum nicht stimmen konnte, das ihm Julius genannt hatte. Zu diesem Zeitpunkt war Johanna noch in der Burg gewesen. So sehr sich Josef auch das Hirn zermarterte, er fand einfach keine Antwort auf all seine Fragen. Er musste sich näher mit dem jungen Mann aus Frankfurt beschäftigen. Auch wenn dem das genauso wenig gefiel wie Josef selbst.

Der Wirt trank seinen Kognak aus und stand auf. Der kurze Moment Ruhe hatte ihm gut getan. Nun musste er sich um seine Gäste im Schankraum kümmern, der sicherlich aus allen Nähten platzte. Seine Probleme würde er in den Griff bekommen. Eins nach dem anderen. Das hatte er in der Vergangenheit auch immer geschafft.

17

„Macht die verdammte Tür auf, sonst trete ich sie ein!", ertönte eine Stimme von draußen.

„Das ist de Winter", sagte Julius und sprang auf.

„Was will der denn?", fragte Eva entsetzt.

„Bestimmt nichts Gutes."

„Du sollst die verdammte Tür aufmachen! Ich weiß, dass du im Haus bist!"

„Ich komme ja schon!", rief Eva und sah Julius, der schnell trockene Kleidung aus seinem Rucksack anzog, hilfesuchend an.

„Was jetzt?"

„Lenk ihn noch einen Moment ab. Ich bin gleich fertig. Dann rede ich mit ihm, und du rennst in dein Zimmer. Ich möchte nicht, dass er uns so erwischt."

„Wir haben doch nichts Schlimmes gemacht."

„Das wird er uns aber nicht glauben, wenn er uns halb nackt zusammen sieht."

Von der Tür war ein dumpfer Schlag zu hören.

„Was wollen Sie von mir?", fragte Eva.

„Ich will mit Meyer reden. Und zwar sofort. Ich weiß, dass er hier ist."

Julius erreichte die Tür und gab Eva ein Zeichen, zu verschwinden. Im Gegensatz zu ihm, dessen ganzes Gepäck im Wohnzimmer lag, weil er dort schlief, musste sich das Mädchen trockene Kleidung aus ihrem Zimmer holen. „Was wollen Sie von mir?"

„Ich will wissen, wo du heute warst. Mach die Tür auf!"

Julius schob den Riegel zurück. Wohl war ihm nicht bei dem Gedanken, den Belgier ins Haus zu lassen. Er wusste aber, dass der nicht so ohne Weiteres wieder verschwinden würde. Er drückte die Klinke ein Stück hinunter. Sofort stieß de Winter gegen das Holz und traf damit Julius an der Schulter.

„Was soll das?", fluchte er und rieb sich die schmerzende Stelle.

„Ich habe genug von deinen Spielchen, mein Junge. Du erzählst mir jetzt alles, was ich wissen will, oder ich verpasse dir eine Tracht Prügel, wie du sie noch nie im Leben bekommen hast." De Winter griff Julius direkt unterhalb des Halses am Hemd und stieß ihn vor sich her ins Wohnzimmer.

„Sie haben kein Recht, hier so einfach einzudringen!", rief Eva von der Treppe aus.

„Halt du dich da raus, Mädchen." Der Jäger folgte Julius und nahm auf einem Sessel Platz. „Also, was habt ihr den ganzen Tag gemacht?"

„Nichts Besonderes. Wir ..."

„Lüg mich nicht an. Ich weiß, dass ihr beide nicht auf dem Hof gewesen seid."

„Wir waren in der Burg", sagte Eva, die den Wohnraum ebenfalls betreten hatte.

„Was wolltet ihr dort?"

„Das geht Sie nichts an."

De Winter stand auf, ging zu Julius und gab ihm eine schallende Ohrfeige. „Antworte!"

„Warum lassen Sie ihn nicht endlich in Ruhe? Er hat Ihnen doch gar nichts getan."

„Es wurden vier Menschen ermordet. Mein Auftrag ist es, herauszufinden, von wem. Und diesen Auftrag werde ich erfüllen. Koste es, was es wolle."

„Meine Mutter hat vor zwanzig Jahren für den Grafen gearbeitet", sagte Julius und hielt sich geschockt die Wange. Der Belgier hatte ihn in seinem Stolz gekränkt und vor Eva wie einen kleinen Jungen behandelt. Das würde er ihm nicht verzeihen. Im Moment musste er sich der Gewalt von de Winter beugen, aber helfen würde er ihm nicht. „Nach ihrem Tod bin ich hergekommen, um mehr über ihre Vergangenheit zu erfahren. In der Burg konnte man mir aber auch nichts sagen."

„Weiter."

„Das war alles."

De Winter erhob sich wieder und baute sich drohend vor Julius auf. „Nein, das war erst der Anfang. Was glaubst du, kannst du hier erfahren, das dir deine Mutter nicht vorher erzählen konnte? Da stimmt doch etwas nicht."

„Sie wollte nie über ihr Leben auf der Ronneburg sprechen. Das ist die Wahrheit."

„Mag sein, Junge. Mag sein." De Winter ging langsam durch den Raum. „Trotzdem muss es einen Grund geben, warum sie dir nichts gesagt hat."

„Den kenne ich selber nicht. Deshalb bin ich ja hier."

„Das glaube ich dir sogar", sagte der Belgier. „Wusstest du eigentlich, dass die Bestie in dieser Gegend vor etwa zwanzig Jahren die ersten Tiere gerissen hat?"

„Nein", sagte Julius. „Und was hat das mit mir zu tun?"

„Genau das werde ich herausfinden. Wir haben heute auf dem Florstädter Berg nichts gefunden. Morgen gehen wir zur Burg, und du begleitest uns."

„Was ist mit mir?", fragte Eva.

„Du kommst ebenfalls mit. Diesmal wird das auch der Wirt nicht verhindern."

Julius erzählte de Winter nicht, dass er ohnehin wieder zur Burg wollte. Er beschloss, so früh wie möglich loszugehen, um vor den Jägern dort zu sein. Er musste alleine mit dem Anführer der Inspirierten sprechen, wenn er etwas herausfinden wollte, das ihn weiterbrachte.

„Darf ich Ihnen eine Frage stellen?"

„Was?"

„Wenn es vor zwanzig Jahren schon die ersten toten Tiere gab, warum jagen Sie die Bestie dann erst jetzt?"

„Am Anfang hat die Bestie nur Tiere gerissen. In den Dörfern der Umgebung machte das Gerücht von einem Untier die Runde. Die Männer waren zu feige, etwas gegen die Bedrohung zu unternehmen. Erst als es die ersten toten Menschen gab, haben sie mich geholt, damit ich sie von der Plage befreie."

„Was habe ich damit zu tun? Ich bin nicht der Mörder!"

„Das weiß ich. Dennoch. Mein Gefühl sagt mir, dass du eine wichtige Rolle in diesem Fall spielst. Und bisher hat es mich noch nie getrogen."

„Wir haben Ihnen alles gesagt, was wir wissen. Gehen Sie endlich", sagte Eva. „Wir werden morgen zum Marktplatz kommen."

„Oh nein, Mädchen. So leicht werdet ihr mich nicht los. Ich verlasse mich nicht darauf, dass ihr freiwillig mitkommen werdet."

„Was soll das heißen?", fragte Julius.

„Dass ich die Nacht hierbleiben werde, und wir morgen zusammen losgehen."

„Das kann nicht Ihr Ernst sein", Julius starrte den Jäger entsetzt an. Auch Eva schaute mit vor Schreck geweiteten Augen zu de Winter. Der Gedanke, die Nacht mit diesem Menschen in einem Raum verbringen zu müssen, jagte Julius eine furchtbare Angst ein.

„Meine Entscheidung ist gefallen. Und jetzt gebt Ruhe. Es war ein langer Tag." De Winter machte es sich auf dem Sessel bequem und schloss die Augen.

Eva verließ den Raum und ging weinend die Treppe nach oben. Julius stand auf, um ihr zu folgen.

„Du bleibst hier", zischte der Jäger. „Leg dich aufs Sofa oder meinetwegen auch auf den Boden."

18

Genau wie am Vortag schritt Julius Meyer auf die Ronneburg zu. Diesmal begleiteten ihn neben Eva Sangwald allerdings auch Josef Steger, Luuk de Winter und rund dreißig weitere Männer aus Hüttengesäß und Altwiedermus. Lediglich der Pfarrer war im Ort geblieben, um die Beerdigung von Richard vorzubereiten, die am nächsten Tag stattfinden sollte.

Die vergangene Nacht war für Julius die Hölle gewesen, und er hatte nur wenig Schlaf gefunden. Mit de Winter in einem Raum zu liegen, statt das Bett mit Eva zu teilen, war an sich schon schlimm genug. Das überlaute Schnarchen des Jägers hatte es Julius dann auch noch unmöglich gemacht, die Anwesenheit des Mannes einfach zu ignorieren. Zweimal hatte er versucht, den Raum zu verlassen, war aber beide Male von de Winter erwischt worden. Als es dann endlich Morgen wurde, war Julius einerseits erleichtert, dass er diese Nacht hinter sich hatte, andererseits aber auch so müde, dass er am liebsten einfach liegen geblieben wäre.

Mit Eva hatte Julius bisher nicht sprechen können; zumindest nicht mit ihr alleine. De Winter war immer in der Nähe, und während des Marsches zur Burg schlich auch Steger ständig um die beiden herum.

Wie schon gestern standen die Bergmanns bereit, um die Ankömmlinge zu begrüßen. Julius vermutete, dass Peter ständig Wache hielt und seinen Vater rief, wenn jemand kam. Heute war der Blick, den Jan den Besuchern zuwarf, jedoch viel finsterer als gestern. Julius konnte den Vorwurf darin herauslesen, dass er nach dem Gespräch am Vortag jetzt mit so einer großen Gruppe wiederkam. Er musste Bergmann so schnell wie möglich alleine sprechen, um ihm alles zu erklären, wenn er es sich nicht auch noch mit den Inspirierten verderben wollte. Gegner hatte er mittlerweile in der Umgebung genug.

„Was soll der Aufmarsch?“, fragte Bergmann ärgerlich.

„Wir wollen zu German Weiland“, antwortete Josef.

„Er ist nicht hier. Wir hatten ihn gestern Abend zurückerwartet. Es muss ihm wohl etwas dazwischen gekommen sein.“

Julius erschrak. Wenn der Anführer der Gruppe nicht da war, würde er auch heute keinen Schritt weiterkommen.

„Es hat wieder einen Toten gegeben“, antwortete Josef Steger.

„Das ist schlimm“, sagte der Inspirierte jetzt schon wesentlich freundlicher. „Was ist passiert?“

„Wir haben vor zwei Tagen die Leiche von Richard im Wald am Florstädter Berg gefunden. Er war übel zugerichtet.“

„So wie die drei anderen?“ Jan Bergmann warf Julius einen Blick zu, aus dem die Frage: *Warum hast du davon nichts gesagt?*, deutlich herauszulesen war

„Nein, schlimmer“, sagte Steger. „Wir werden alles daran setzen, die Bestie zu erwischen und ihrem Treiben ein Ende setzen.“

„Da kann ich euch nur viel Glück wünschen. Was aber wollt ihr hier in der Burg?“

„Wir werden keinen Ort auslassen", mischte sich de Winter ein. „Auch hier könnte die Bestie ihren Schlupfwinkel haben."

„In den letzten zwei Jahren hatten wir keine Zwischenfälle mehr und auch davor waren sie selten. Zumindest im Vergleich zu anderen Orten in der Umgebung." Bergmann musterte den Belgier mit zornigem Blick. „Meinen Sie nicht auch, dass wir es merken würden, wenn der Mörder mitten unter uns säße."

„Vielleicht. Vielleicht aber auch nicht. Wir wollen uns nur die Burg anschauen. Dann sind Sie uns schnell wieder los."

„Tun Sie, was Sie nicht lassen können. Ich muss Sie nur dringend bitten, die Herrengemächer nicht zu betreten."

„Warum, Jan?", fragte Josef. „Glaubst du immer noch daran, dass der Graf zurückkehrt?"

„Solange sein Tod nicht zweifelsfrei feststeht, ja."

„Wir werden dieses Gebäude nicht betreten", versprach de Winter.

„Dieser Bereich wird schon lange nicht mehr genutzt und ist nur von den Stallungen aus zu erreichen. In den vorderen Räumen lagert das Tierfutter. Dahinter haben wir alles so gelassen, wie es war. Sagt Bescheid, wenn etwas ist. Komm, Peter." Jan Bergmann drehte sich um und verließ mit seinem Sohn den Vorhof der Burg.

Nach außen hin gab sich der Mann ruhig. Julius war aber überzeugt, dass es im Innern des Inspirierten brodelte wie in einem Vulkan.

Die Männer teilten sich in zwei Gruppen auf. Während der Großteil von ihnen das Gelände außerhalb durchsuchen sollte, betraten Eva und Julius mit Luuk de Winter, Josef Steger und drei weiteren Männern die Stallungen. Sie gingen eine Treppe hinab in den Keller. Der Wirt verteilte Fackeln und zündete sie an. So gerüstet gelangten sie in die Verliese.

Julius bekam eine Gänsehaut, als sie an einer Streckbank vorbeikamen. Der Schein der Flamme zuckte über das alte Holz. Die Räume in diesem Bereich der Burg mussten schon sehr viel Schreckliches erlebt haben. Gefangene, die bis zu ihrem Tod im Kerker schmorten. Unschuldige Frauen, die der Hexerei beschuldigt solange gefoltert wurden, bis sie die ihnen vorgeworfenen Taten zugaben. Folterknechte, die sich einen Spaß daraus machten, Menschen bis zum Äußersten zu quälen.

„Hör auf zu träumen, Junge", fuhr ihn Steger an und wies auf einen Gang hinter einer offenen Eisentür. „Schau dich mit dem Mädchen dort drin um."

Julius hatte keine Lust auf eine Diskussion mit dem Wirt, der offensichtlich einmal mehr beweisen wollte, dass er das Sagen hatte, und nahm Eva an der Hand. „Komm", sagte er.

Die beiden gingen an den leeren Zellen vorbei zum Ende des Ganges, wo ein alter Schrank aus massivem Holz an der Wand stand. Plötzlich hörten sie von hinten einen dumpfen Schlag. So schnell sie konnten, rannten sie zurück zum Eingang und blieben vor der Eisentür stehen, die vor einem Augenblick noch offen gestanden hatte. Julius rüttelte an ihr, doch sie war fest verschlossen.

„Steger mach die Tür auf!", schrie der Junge und hämmerte mit den Fäusten gegen das Metall.

19

Nach wenigen Schlägen hörte Julius mit dem Trommeln auf. Das Eisen war zu dick, er verursachte lediglich ein dumpfes Geräusch und Schmerzen in seinen Händen. „Das hat keinen Sinn", sagte er und sah Eva bestürzt an.

„Meinst du, das war Steger?"

„Wer sonst? Außer ihm war keiner in diesem Teil des Gewölbes."

„Aber warum sollte er das tun?"

„Hier wird uns niemand hören. Wenn er uns loswerden will, ist das eine gute Gelegenheit."

„Was machen wir denn jetzt?" Dem Mädchen lief eine Träne die Wange herunter. „Ich habe Angst."

Julius legte Eva einen Arm um die Schulter und zog sie zu sich. „Wir haben wenigstens noch unsere Fackeln und müssen nicht im Dunkeln hier sitzen."

„Ewig halten die auch nicht."

„Das stimmt. Trotzdem. Ich glaube nicht, dass Steger uns hier verhungern lässt."

„Wieso nicht?"

„Ich denke, er will uns nur eine Lektion erteilen, wenn ich auch nicht verstehe, aus welchem Grund. Glaub mir, in ein paar Stunden sind wir wieder frei. Außerdem wird de Winter merken, dass wir nicht mehr da sind. Auch wenn ich den Belgier nicht leiden kann, könnte er unsere Rettung sein. Er misstraut uns viel zu sehr, als dass er unser Verschwinden einfach so hinnehmen würde." Julius war sich bei Weitem nicht so sicher, wie er Eva gegenüber tat, wollte dem Mädchen aber nicht noch mehr Angst machen. Er setzte sich mit dem Rücken an die Wand auf den Boden und löschte seine Fackel.

„Warum machst du das?" Eva nahm ebenfalls Platz und sah Julius fragend an, der sie wieder in den Arm nahm.

„Eine Fackel ist hell genug. Wenn wir sie nacheinander nutzen, reichen sie doppelt so lange."

„Was, wenn es nicht Steger war?"

„Wer sollte uns sonst hier einsperren?"

„Der Mörder."

„Nein. Der Mörder ist nicht in der Burg. Hier ist die Gefahr viel zu groß, dass er von den Inspirierten entdeckt wird."

„Und wenn sie ihn decken?"

„Warum sollten sie das tun?"

„Vielleicht ist er einer von ihnen."

„Dann wären aber nicht wir seine größten Feinde, sondern Steger und de Winter. Nein, Steger ist schuld und ich bin mir sicher, dass er zurückkommen wird." Julius sah Eva an, dass sie alles andere als überzeugt war.

Nachdem sie einige Zeit so zusammen gesessen waren, merkte Julius, dass Eva eingeschlafen war. Er hatte mittlerweile das Gefühl dafür verloren, wie lange sie schon hier unten hockten. Er begann an einer schnellen Rettung durch Steger oder de Winter zu zweifeln. Die hatten die Ronneburg sicher längst wieder verlassen. Evas Fackel stand kurz vor dem Erlöschen, und er musste seine anzünden, damit sie weiterhin Licht hatten. Julius wusste, dass sie bald im Dunkeln sitzen würden, wenn ihnen nicht schnell etwas einfiel. Es tat ihm leid, Eva jetzt wecken zu müssen, aber er sah keine andere Möglichkeit.

„Wach auf. Wir müssen etwas unternehmen."

Das Mädchen sah ihn einen Moment verwirrt an und schien sich erst dann zu erinnern, wo es war. „Was hast du vor?", fragte Eva verschlafen.

„Wir haben nur noch eine Fackel. Lass uns nachsehen, ob es einen anderen Weg hier heraus gibt."

„Die Zellen haben wir doch schon durchsucht."

„Aber nicht sehr gründlich. Komm schon. Jeder kleine Hoffnungsschimmer ist besser, als nur hier herumzusitzen."

Julius und Eva standen auf und gingen wieder durch den Zellentrakt. Auch bei einer näheren Untersuchung stellten sich die Kerker als leer heraus. An den kahlen Steinwänden war weder eine Tür noch ein Tunnel zu finden, der sie aus dem Verlies herausbringen könnte.

„Noch eine Zelle, dann sind wir durch", sagte Eva enttäuscht. Wieder schimmerte eine Träne unter ihren Augen.

„Der Schrank", sagte Julius aufgeregt und lief zum Ende des Ganges.

„Was ist damit?"

Julius öffnete die Tür und schaute in die leeren Fächer. „Das Ding passt nicht hierher", sagte er und runzelte die Stirn.

„Wie meinst du das?"

„Alle Zellen sind leer. Nicht einmal ein altes Bett steht noch in ihnen. Warum hat man dann den Schrank hier stehen gelassen? Das ist seltsam."

„Vielleicht war er den Männern zu schwer", vermutete Eva.

„Nein, so groß ist er nicht. Ich kann mühelos oben drauf fassen. Aber dort liegt auch nichts. Hilf mir mal. Wir rücken ihn von der Wand weg."

Julius bückte sich und griff mit der rechten Hand hinter die Schrankwand. Eva tat es ihm etwas weiter oben gleich, und beide zogen so fest sie konnten. Das schwere Möbelstück bewegte sich jedoch keinen Zentimeter von der Stelle.

„So geht es nicht", sagte Eva.

„Dann werfen wir ihn eben um."

„Das ist nicht dein Ernst."

„Oh, doch." Julius packte die Rückwand weiter oben und wies Eva an, auf der anderen Seite das Gleiche zu tun. „Jetzt zieh", feuerte er das Mädchen an.

Es gelang ihnen, den Schrank ein Stück nach vorne zu kippen. Allerdings nicht weit genug. Bevor sie ihn zum Umfallen bringen konnten, mussten die beiden wieder loslassen.

„Wir schaffen es nicht."

„Doch, Eva. Wir werden das schaffen. Zieh." Wieder setzten sie alle Kraft ein, und der Schrank erreichte diesmal eine größere Neigung. „Nur noch ein kleines Stück, Eva. Los zieh." Julius stützte sich mit dem Fuß an der Wand ab, um mehr Kraft ausüben zu können.

Endlich bekam das Möbelstück das Übergewicht und schlug krachend zu Boden. Julius und Eva schafften es gerade noch, zur Seite zu springen, um nicht getroffen zu werden. Als sich der Staub etwas legte, blickten sie auf eine runde Öffnung in der Wand, die ihnen etwa bis zur Hüfte ging.

„Jetzt sieht die Sache schon etwas anders aus", sagte Julius grinsend und nahm die Fackel vom Boden auf, wo er sie in sicherer Entfernung zum Schrank hingelegt hatte.

„Willst du etwa da hineingehen?", fragte Eva entsetzt.

„Natürlich. Besser als hier im Verlies sitzen zu bleiben. Los komm."

20

„Wo sind Eva Sangwald und der Junge?" Luuk de Winter stand im Hof und schaute ärgerlich zum Eingang der Stallungen.

„Ich weiß es nicht", antwortete Josef Steger. „Sie waren eben noch hinter mir."

„Was soll das heißen?"

„Das ich nicht weiß, wo die beiden sind. Sie gingen ein Stück hinter mir und waren plötzlich verschwunden."

„Die können sich ja nicht in Luft aufgelöst haben. Du hättest besser aufpassen müssen. Geh und sieh nach, wo sie bleiben. Und dann beeilt ihr euch ein bisschen."

Steger spürte, wie er einen hochroten Kopf bekam. Wieder scheuchte ihn der große Jäger aus Belgien wie einen Untergebenen herum. Er verzichtete auf eine Diskussion und lief zurück in die Gewölbe. Die ganze Jagd entwickelte sich nicht so, wie es der Wirt erwartet hatte. Er war davon überzeugt, dass es keinen Sinn machte, jeden Tag durch die Wälder zu streifen. Die Bestie würde sie sicher hören, wenn sie in ihre Nähe kamen, und fliehen. Josef nahm sich vor, am Abend mit de Winter darüber zu reden. Er ging so weit in den Gang hinein, dass man ihn von außen nicht mehr sehen konnte, und wartete dort so lange ab, wie er brauchen würde, um den kompletten Weg hin und zurück zu laufen. Dann kehrte er zu de

Winter zurück. „Sie sind nicht mehr da. Wahrscheinlich haben sie die Gelegenheit genutzt und sind abgehauen."

„Warum sollten sie das tun?"

„Weil sie genug von dir haben", sagte Steger so leise, dass es der Jäger nicht hören konnte. „Was soll das überhaupt mit den beiden? Wir brauchen sie nicht."

Der Belgier gab keine Antwort und ging zum Ausgang des Hofes in Richtung Vorburg. Steger und die drei anderen Begleiter folgten ihm. Als sie wieder bei den ersten Mauern ankamen, trafen sie auf die Männer, die das Gelände außerhalb der Burg durchsucht hatten. Auch sie waren nicht fündig geworden. Keine Spur von der Bestie. „Wir gehen zurück nach Hüttengesäß", bestimmte de Winter zähneknirschend. „Es wird bald dunkel, und da ist es besser, wenn wir zurück im Ort sind."

Keiner der Männer widersprach, und die Gruppe ging mit dem Jäger an der Spitze in Richtung Dorf. Jan Bergmann stand am Eingang der Vorburg und sah ihnen mit finsterem Blick nach.

German Weiland atmete auf, als er vor sich endlich die Umrisse der Ronneburg sah. Der Anführer der Inspirierten hatte einen langen Weg hinter sich, war müde und hungrig. Das Treffen mit den anderen Gruppenführern in Hanau hatte einen Tag länger gedauert als geplant. Mit drei weiteren Männern war er mit der Kutsche nach Langenselbold gefahren und ging seit dort zu Fuß. Weiland merkte jetzt, dass er mit seinen fast sechzig Jahren nicht mehr der Jüngste war. Er beschloss, sich bei seiner nächsten Reise eine Kutsche zu leisten, die ihn direkt bis zur Ronneburg brachte.

Weiland sah eine Gruppe Männer, die auf ihn zu marschierte. Er wunderte sich darüber, was eine so große Anzahl von Menschen auf der Burg wollte. *Hoffentlich ist nichts passiert*, dachte er. Es kam sehr selten vor, dass er seinen Wohnort verlassen musste, und er tat dies stets mit gemischten Gefühlen. Auch wenn er wusste, dass er sich auf seinen Stellvertreter Jan Bergmann verlassen konnte.

Plötzlich hörte Weiland ein Geräusch aus dem Wald. Blitzschnell drehte er sich um, aber dennoch zu langsam. Der Hieb erwischte ihn knapp über dem Ohr. Für einen Moment verlor der Inspirierte die Orientierung und so traf ihn der Stoß gegen seinen Rücken völlig unvorbereitet. Er fiel nach vorne, landete auf dem Bauch und wollte sich direkt wieder aufstützen, als ein schwerer Körper auf ihn sprang.

Weiland bekam einen Schlag gegen den Hinterkopf und landete mit dem Gesicht im Matsch.

German wurde die Luft knapp. Ein stechender Schmerz durchzog seinen Hals. Er spürte, wie messerscharfe Krallen die Haut aufrissen. Der Druck auf seinen Rücken wurde schwächer. Er hob den Kopf und zog gierig Luft in seine Lungen. Jede Stelle seines Körpers schmerzte. Der Angreifer ließ immer noch nicht von ihm ab und drehte German auf den Rücken. Für einen kurzen Moment sah er seinen Widersacher über sich. Die Gestalt war ganz in Schwarz gekleidet. Über das Gesicht war ein Schal gewickelt, der nur Augen und Nase frei ließ. *Das darf nicht wahr sein*, dachte German. Die Person, die er zu erkennen glaubte, war seit Jahrzehnten tot. Nein, sie konnte es nicht sein. Er spürte einen heftigen Schlag gegen die Stirn und verlor das Bewusstsein.

21

„Da ist das Biest!“, schrie Luuk de Winter, nahm das Gewehr von der Schulter und legte an.

Zweimal drückte der Belgier ab. Das Donnern der Schüsse hallte als Echo im Tal nach. Die Gestalt fuhr erschreckt hoch und ließ von ihrem Opfer ab. Mit zwei schnellen Sprüngen war sie im Wald verschwunden. Die Männer rannten zu der Stelle und umringten den Körper des Schwerverwundeten.

„Hinterher!“, schrie de Winter und lud im Gehen seine Waffe nach. Bis auf zwei Männer, die sich um German Weiland kümmerten, machten sich alle an die Verfolgung. Der Vorsprung des hinterhältigen Angreifers war jedoch bereits so groß, dass die Meute ihn nicht mehr hören konnte. Trotzdem gaben die Männer nicht auf und hetzten durch den Wald.

Nach etwa einer Viertelstunde kamen sie zu einer Lichtung. Vom Flüchtigen war weit und breit nichts zu sehen. De Winter untersuchte den Boden nach Spuren, gab aber nach kurzer Zeit enttäuscht auf. „Wir hätten den Kerl beinahe gehabt“, fluchte er.

„Bisher bin ich trotz allem immer noch von einem Tier ausgegangen", sagte Josef. „Ich hätte niemals gedacht, dass ein Mensch die Morde verübt hat."

„Das sage ich euch doch schon die ganze Zeit", sagte der Belgier. „Hat einer von euch erkennen können, wer es ist?"

Die Männer schüttelten die Köpfe und blickten zu Boden. Jedem war die Enttäuschung deutlich anzumerken. Beinahe hätten sie die Bestie erwischt, die schon so lange ihr Unwesen in der Umgebung trieb.

„Lasst uns nach Weiland sehen", sagte Steger und trat als erster den Rückweg an. Sie brauchten jetzt doppelt so lange, bis sie die Stelle erreichten, wo der Inspirierte angegriffen worden war.

„Er lebt noch, ist aber bewusstlos", wurde der Wirt von einem der Männer, die zurückgeblieben waren, begrüßt. Steger sah sich die Verletzungen des Mannes an, dessen Kleidung völlig zerfetzt war. „Wir müssen ihn zu den Inspirierten bringen", sagte er schließlich.

Zu viert hoben die Männer den regungslosen Körper auf und trugen ihn zur Burg. Die anderen folgten ihnen schweigend.

„Was ist passiert?", schrie Jan Bergmann entsetzt und rannte gemeinsam mit seinem Sohn der Gruppe entgegen.

„Wir haben die Bestie auf frischer Tat ertappt", erklärte Josef. „Ein paar Sekunden später, und German wäre jetzt tot."

Bergmann lief zu seinem Führer und betrachtete besorgt dessen Körper. „Viel hat wirklich nicht gefehlt. Ich hoffe, er kommt durch. Hol die anderen, Peter."

„Habt ihr den Mörder erkannt?"

„Nein, er ist sofort nach dem ersten Schuss in den Wald geflüchtet. Erwischt haben wir ihn leider nicht."

„Ja, weil ihr eure Zeit hier bei uns verschwendet habt" Der Vorwurf war deutlich aus der Stimme des Mannes herauszuhören.

Im Prinzip gab Josef dem Inspirierten recht, konnte dies aber nicht laut aussprechen. Auch er war der Meinung, dass das Durchsuchen der Verliese reine Zeitverschwendung gewesen war.

„Keiner konnte ahnen, dass so etwas passiert", sagte er stattdessen.

Aus dem Burghof waren Schreie zu hören. Sechs Männer kamen durch das Tor herbeigerannt, um sich um ihren Anführer zu kümmern.

„Kommt ihr zurecht, Jan?", fragte Josef.

„Ja, natürlich. Geht zurück in euer Dorf. Fangt den Mörder und lasst uns in Ruhe."

Mit gemischten Gefühlen gingen de Winter, Steger und die anderen zum zweiten Mal innerhalb einer Stunde den Hang hinunter in Richtung Hüttengesäß. Auch diesmal schaute ihnen Jan Bergmann nach.

22

„Warte, Julius."

„Was ist?"

„Ich habe Angst davor, in dieses Loch zu klettern."

„Was soll schon passieren? Im schlimmsten Fall finden wir dort ein paar Spinnen. Wir müssen einen Ausweg finden, bevor uns die Fackel ausgeht."

Julius wartete die Antwort des Mädchens nicht ab, nahm Eva an die Hand und zog sie einfach mit. Sie stiegen über die Trümmer des Schrankes, bückten sich und schoben sich durch die Öffnung in der Wand. Julius hielt die Fackel vor sich. Nach nur wenigen Metern gelangte er in einen weiteren Raum. Das Verlies war bis auf ein Bettgestell in der Ecke leer. Ihm stockte der Atem, als er die Leiche auf der Matratze sah.

„Pfui Teufel. Das ist ja schrecklich." Eva umklammerte Julius von hinten und drückte sich an ihn, um nichts mehr sehen zu müssen.

Julius spürte, wie der Körper des Mädchens zitterte. Obwohl der Schrecken auch ihm in allen Gliedern saß, konnte er den Blick nicht von dem Skelett abwenden. Er spürte, wie sich sein Magen zusammenzog, und kämpfte mit aller Macht gegen den Brechreiz an. Das flackernde Licht der Fackel verlieh dem Anblick zusätzliches Grauen. Der Tote war nackt bis auf eine Jacke, die bereits so vermodert war, dass Julius keine Farbe mehr erkennen konnte. Julius hatte das Gefühl, dass ihn das Skelett aus den leeren Augenhöhlen in dem kahlen Schädel ansah.

„Wer kann das sein?", fragte Eva stockend.

„Weiß ich nicht“, stöhnte Julius und wandte den Blick von dem Toten ab. „Lass uns verschwinden.“

„Willst du zurück zur Tür?“

„Nein, hier ist ein Loch in der Wand. Lass uns schauen, wo es hinführt.“

„Was, wenn es dort noch schlimmer wird?“

„Wir müssen hier raus, Eva. Vielleicht kommen wir auf diesem Weg ins Freie.“

„Dann hätte der Tote den Weg doch auch nehmen können.“

„Nein, schau: Er ist an Armen und Beinen ans Bett gefesselt. Was auch immer hier geschehen ist, wir dürfen uns davon nicht ablenken lassen. Später können wir uns immer noch mit dem Toten beschäftigen. Jetzt müssen wir erst aus diesem Loch raus.“

Als sie näher herantraten, sahen sie, dass die Öffnung nicht in einen weiteren Raum, sondern tatsächlich in einen Tunnel führte.

„Ich gehe vor“, sagte Julius. „Halt dich einfach an meinen Hosenbeinen fest.“

„Mach aber langsam.“

Der Gang war gerade so groß, dass sie sich auf allen vieren darin fortbewegen konnten. Schon nach etwa einem Meter führte der Gang in die Tiefe. Weit sehen konnte Julius nicht. Er spürte, wie Eva sich krampfhaft an seinem Bein festhielt, was ihm das Vorwärtskommen zusätzlich erschwerte.

„Kannst du erkennen, wohin der Tunnel führt?“

„Nein, aber wir werden auf diesem Weg ins Freie kommen.“ Julius vermutete, dass es sich hier um einen Fluchttunnel handelte, den ein Gefangener gegraben haben musste. Vielleicht hatte man sich auch von außen zu dem Verlies vorgearbeitet. Das würde erklären, wohin die ganze Erde verschwunden war. Die Wände des Tunnels waren nicht glatt. Überall standen Lehmklumpen ab, und auch von der Decke fiel mehrmals Dreck auf die beiden herunter.

Plötzlich wurde der Gang breiter. „Da vorne ist ein Loch“, sagte Julius. Er kroch weiter und stoppte an einer Kante. „Komm neben mich und schau dir das an.“

Eva folgte der Aufforderung ihres Begleiters, der ihr Platz machte. Der Weg war unpassierbar. Vor ihnen tat sich ein etwa zwei Meter breiter Abgrund auf. Bei genauerem Hinsehen erkannte Julius, dass hier ein kreisrunder Schacht senkrecht durch den Tunnel verlief.

Vor sich konnten die beiden die Fortsetzung des Ganges im Licht der Fackel erkennen.

„Wir müssen im Brunnen sein“, sagte Eva erstaunt.

„Ja, nur wie kommen wir auf die andere Seite?“ Julius kroch ein Stück zurück und setzte sich auf. „Es ist wirklich nicht zu fassen, dass diejenigen, die den Fluchttunnel gegraben haben, ausgerechnet auf den Brunnen gestoßen sind.“

„Irgendwie müssen sie es aber geschafft haben, über den Schacht zu kommen.“

„Ja. Ich verstehe nur nicht, warum sie nicht einfach um den Brunnen herumgegraben haben.“

„Vielleicht ist der Gang älter.“

„Das glaube ich nicht, Eva. Dann wäre er entdeckt worden, als man den Brunnen aushob. Sicher hätten die Besitzer der Burg ihn dann wieder geschlossen.“

„Und was machen wir jetzt?“

Einen Moment lang schaute Julius seine Begleiterin an. Dann hatte er die rettende Idee. „Wir bauen eine Brücke.“

„Wie denn das?“

„Mit der Seitenwand des Schrankes.“

„Du willst noch einmal durch den Raum mit dem Skelett?“, fragte Eva entsetzt.

„Es gibt keine andere Möglichkeit. Du kannst ja hier warten.“

„Im Dunkeln? Nein, ich komme mit.“

Schweigend krochen sie durch den Gang zurück zu dem Verlies, in dem sie den Toten gefunden hatten. Eva blieb am Eingang des Tunnels und beobachtete Julius, der den Raum durchquerte. Dabei vermied er, noch einmal einen Blick auf die Leiche zu werfen. Bevor er an die Seite des Schrankes herankam, musste er erst die Rückwand wegräumen, die sich durch den Aufprall soweit gelöst hatte, dass er sie nach vorne wegdrücken konnte. Julius trat so lange gegen die Seitenwand, bis sie sich von Boden und Decke des Schrankes löste, und zog das Brett aus der Verankerung der Tür.

Erschöpft lehnte sich Julius einen Moment zum Verschnaufen an die Wand. Sein Schweiß mischte sich mit dem Dreck und bildete eine schmierige Schicht auf den Armen und im Gesicht.

Der Rückweg zum Brunnen wurde zur Qual, weil Julius rückwärts kriechen musste, damit er das Brett hinter sich herziehen konnte.

Eva schob es von hinten nach. Mit vereinten Kräften schafften sie es schließlich, den Weg zu überwinden.

„Hoffentlich ist es lang genug“, sagte Eva, als sie wieder am Schacht ankamen.

„Es wird reichen“, sagte Julius bestimmt.

Beide machten sich an den Seiten des Ganges so klein wie möglich und nahmen die Schrankwand in die Mitte. Vorsichtig schoben sie das Brett Stück für Stück nach vorne. Auf keinen Fall durfte es wegrutschen und in den Brunnen fallen. Gemeinsam schafften sie es, ihre provisorische Brücke auf der anderen Seite des Brunnenschachtes aufzulegen.

„Und du bist sicher, dass es unser Gewicht halten wird?“

„Sicher nicht. Aber wir müssen es versuchen.“

„Lass mich vorgehen, Julius.“ Eva nahm ihren ganzen Mut zusammen und kroch auf das Brett.

Julius legte die Fackel zur Seite und hielt die Schranktür fest, damit sie nicht ins Kippen kam. Etwa in der Mitte des Weges machte Eva Halt.

„Du hast es fast geschafft. Geh weiter.“ Julius konnte spüren, wie das Brett zitterte, als sich das Mädchen wieder in Bewegung setzte. Er hielt den Atem an und betete, dass jetzt nichts mehr passierte. Endlich berührten Evas Hände auf der anderen Seite den Boden. Den letzten halben Meter sprang sie mehr, als das sie kroch, und erreichte sicher die andere Seite.

„Jetzt musst du die Fackel nehmen!“, rief Julius.

„Ja, wirf sie rüber.“

Eva drehte sich um und sah ihn auffordernd an. Julius holte aus und schleuderte die Fackel durch den Brunnenschacht. Das Mädchen erschreckte sich, als sie mit ihrer Hand zu dicht ans Feuer kam. Sie schaffte es nicht, den Griff zu halten, und ihre einzige Lichtquelle entglitt ihren Händen. Julius sah der Flamme resignierend nach. Es dauerte einige Sekunden, bis sie ein platschendes Geräusch hörten. Dann wurde es dunkel.

23

„Was genau jagen wir eigentlich?", fragte Steger. Er hatte Luuk de Winter zu einem Gespräch unter vier Augen gebeten und saß mit ihm in seinem Amtszimmmer.

„Du hast es doch selbst gesehen. Ein Tier ist es nicht. Aber auch kein normaler Mensch. Sein Gesicht konnte ich wegen der Kapuze nicht erkennen, ich glaube aber nicht, dass der Mörder aus dem Ort stammt. Ist dir aufgefallen, dass er leicht gebückt gelaufen ist?"

„Ja, ich habe mich gewundert, dass er trotzdem so schnell war."

„Der Mörder ist intelligent und folgt nicht nur seinen Instinkten. Wir werden ihn nicht erwischen, wenn wir durch die Wälder streifen. Trotz seines Angriffes auf Weiland war er umsichtig genug, uns rechtzeitig zu bemerken und zu fliehen." „Daran habe ich auch schon gedacht. Aber was machen wir stattdessen?"

„Wir stellen Wachen auf."

„Das ist unmöglich", behauptete Steger.

„Nein, ist es nicht. Im Moment scheint sich die Bestie auf das Gebiet zwischen der Ronneburg und Hüttengesäß zu konzentrieren. Wenn wir an drei Stellen jeweils zwei Männer postieren, haben wir genügend Leute, um diese Wache Tag und Nacht aufrecht zu erhalten."

„Das ist sicher wahr. Morgen wirst du die Männer allerdings dazu nicht bewegen können. Sie werden alle zur Beerdigung von Richard gehen wollen."

„Ja, aber am Abend werden wir die ersten Wachen aufstellen. Es ist Vollmond. Also können die Leute wenigstens etwas erkennen. Achte darauf, dass sie immer in Rufweite zum nächsten Posten bleiben."

Steger fand den Vorschlag des Jägers gut. So könnte es ihnen tatsächlich gelingen, die Bestie zu fassen. Heute waren sie sehr nahe an dem Mörder dran gewesen. Vielleicht hatten sie das nächste Mal mehr Glück. „Was willst du in der Zwischenzeit tun?"

„Ich gehe morgen noch einmal zur Burg. Vielleicht ist Weiland ja bis dahin wach und kann mir mehr über das Aussehen der Bestie sagen. Er hat den Mörder aus nächster Nähe gesehen. Ich muss unbedingt mit ihm sprechen. Bis zur Beerdigung bin ich zurück."

„Ich komme mit", sagte Steger und dachte an Eva und diesen Meyer. Bis dahin würden sie genug Zeit zum Nachdenken gehabt haben, und der Wirt war sicher, dass der Sangwaldhof bald ihm gehörte. Dann musste er Eva nur noch dazu bewegen, mit Julius die Gegend zu verlassen, damit er nicht mehr befürchten musste, dass Dinge aus der Vergangenheit auftauchten, die besser begraben blieben.

„Meinetwegen", antwortete de Winter. „Ich werde jetzt noch einmal zu dem Mädchen gehen und nachsehen, ob sie und der Junge zurück sind."

„Wozu? Ich bin sicher, sie haben sich nur versteckt und wollten alleine sein. Wahrscheinlich waren sie bereits Stunden vor uns wieder in Hüttengesäß."

„Vermutlich. Ich will aber sichergehen." Der Jäger stand auf und reichte dem Wirt zum Abschied die Hand.

Steger wartete, bis der Mann die Tür geschlossen hatte, und atmete tief durch. Dann gönnte er sich ein Glas von seinem Kognak. Die Entwicklung gefiel ihm nicht. Wenn der Belgier jetzt auf die Suche nach Julius und Eva ging, konnte er selbst in einem sehr schlechten Licht dastehen. Zumindest, wenn de Winter die beiden fand. Solange der Jäger nicht in der Nacht noch zur Burg ging, war alles in Ordnung. Morgen, wenn er dabei war, würde Josef die Situation so darstellen können, dass auf ihn kein Verdacht fiel. Leider konnte er de Winter jetzt nicht verfolgen, weil er sich um das Wirtshaus kümmern musste, das wieder bis auf den letzten Platz belegt war. Einen anderen wollte er aber auch nicht schicken. Sein Gehilfe Klaus war der Einzige, dem er völlig vertraute und der derartige Aufgaben für ihn übernahm. Ihm hatte er aber bereits einen anderen Auftrag erteilt. Es blieb ihm also nichts anderes übrig, als zu hoffen, dass der Belgier in die Krone zurückkehren würde, wenn er den Sangwaldhof leer und verlassen vorfand.

„Gibt es etwas Neues?", fragte Jan Bergmann.

„Nein, sein Zustand ist unverändert", antwortete eine der beiden Frauen, die sich im Palas über der Küche um den Schwerverletzten kümmerten.

Der Anführer der Inspirierten lag auf einem Bett. Der Oberkörper war komplett mit Verbänden umwickelt, die auch seinen Hals und Teile des Kopfes bedeckten. Seit dem Angriff der Bestie hatte er das Bewusstsein nicht wiedererlangt.

„Wenn er wach wird, müsst ihr mir sofort Bescheid geben", ordnete Bergmann an. „Egal zu welcher Tageszeit." Er wollte noch für Weiland beten und hoffte, dass er sich von den Verletzungen erholte. In den letzten Jahren hatte ihn der Anführer der Inspirierten immer mehr ins Vertrauen gezogen und es war klar, dass Bergmann einmal seine Nachfolge antreten würde. Doch er wollte diese Position noch nicht. Bergmann war der Meinung, dass seine Fähigkeiten niemals an die von German Weiland heranreichen würden. Auch wenn der immer wieder versucht hatte, ihn vom Gegenteil zu überzeugen.

Wieso musste dieser Wahnsinnige ausgerechnet German anfallen? Bislang waren die Inspirierten von den Angriffen der Bestie verschont geblieben, sah man von ein paar Hühnern ab. Der Angriff auf Weiland ergab für Bergmann keinen Sinn. Er war ohne ersichtliches Motiv erfolgt. Sicher würde der fremde Jäger am nächsten Tag wieder auftauchen und mit Weiland sprechen wollen. Unklar war er sich über die Rolle von Julius Meyer. Er wusste nicht genau, was damals mit seiner Mutter geschehen war, erinnerte sich aber, dass sie die Burg Hals über Kopf verlassen hatte. Was genau wollte der Junge hier?

Mit diesen Gedanken betrat Jan Bergmann den Vorhof der Burg und rief nach seinem Sohn. Der tauchte wie aus dem Nichts neben ihm auf.

„Es ist alles ruhig", sagte Peter.

„Gut, bald wird es dunkel."

„Glaubst du, dass wir in Gefahr sind, Vater?"

„Ich vertraue auf Gott. Er wird seine schützende Hand über uns halten."

„Bei German hat er das nicht getan."

„So darfst du nicht denken, Peter. Noch lebt German. Er ist der Erste, der eine Begegnung mit der Bestie überlebt hat. Dafür müssen wir Gott danken."

„Du hast ja recht. Es ist für uns alle ein großer Schock gewesen, German so zu sehen."

„Für mich auch, Peter. Ich werde dir noch jemanden schicken, damit du nicht alleine Wache halten musst."

„Ich hole mir Prinz. Der wird mich warnen, wenn etwas ist."

„Einverstanden."

„Julius!“

„Ich bin ja hier, Eva. Keine Panik.“

„Ich will hier raus.“

„Beruhige dich. Ich komme zu dir.“

„Aber wie? Du kannst nicht über das Brett kriechen. Du wirst abstürzen.“

„Nein, ich werde nicht abstürzen“, sagte Julius bestimmt. „Ich komme jetzt.“

„Sei vorsichtig.“

Julius streckte die Arme aus und tastete nach der Schrankwand.

„Was machst du?“

„Eva sei ruhig und erschreck mich nicht.“ Mit beiden Händen griff Julius nach den Seiten des Brettes. Vorsichtig schob er seinen Oberkörper vor und setzte dann das rechte Knie auf die Auflage. Er spürte, wie sich die Schrankwand durch sein Gewicht leicht nach unten durchbog. Plötzlich durchlief ein Zittern seinen Körper. Es kostete ihn seine ganze Überwindungskraft, auch das zweite Bein nachzuziehen. Als er das geschafft hatte, atmete er tief durch. Er wusste, dass die Strecke, die er überwinden musste, nicht weit war. Dennoch konnte ihn der kleinste Fehler das Leben kosten. Stück für Stück kroch er voran. Endlich fühlte er mit der linken Hand die Kante des Brunnenschachtes. „Ich bin gleich da, Eva“, schnaufte Julius. Er wusste, dass er nichts überstürzen durfte. Noch war er nicht in Sicherheit. Zentimeter für Zentimeter näherte er sich dem rettenden Tunnel und konnte den lehmigen Untergrund kurz darauf mit beiden Händen fühlen. Hinter ihm begann das Brett gefährlich zu wackeln. Eva griff nach ihm und hielt ihn am Arm. Julius berührte mit dem rechten Knie die Kante des Brettes. Jetzt hatte er es fast geschafft. Mit einem Sprung brachte er sich in Sicherheit und stieß dabei mit dem Fuß gegen die Schrankwand, die wegrutschte und in die Tiefe stürzte. Mit einem Platschen landete das Holz im Wasser. Eva klammerte sich schluchzend an Julius und bedeckte sein Gesicht mit Küssen.

„Zurück können wir jetzt nicht mehr“, sagte Julius. „Wir müssen weiter.“

Diesmal kroch Eva voran, weil Julius in dem engen Gang nicht an ihr vorbeikam. Der Weg führte weiter abwärts.

„Es kann nicht mehr weit sein“, versuchte Julius dem Mädchen Mut zu machen. „Was auch passiert, ich bin direkt hinter dir.“

Tatsächlich konnte Eva kurze Zeit später vor sich einen schwachen Lichtschein erkennen. „Ich glaube, da vorne geht es raus“, sagte sie.

Das Ziel vor Augen beschleunigte Eva jetzt das Tempo. Dabei trat sie Julius, der direkt hinter ihr war, fast ins Gesicht.

„Ich bin draußen!“, rief Eva. Dann folgte ein Schrei, als stünde sie dem Leibhaftigen gegenüber.

Nicht noch eine Leiche, dachte Julius und beeilte sich, aus dem Gang herauszukommen. Dabei rutschte er weg und landete mit dem Gesicht im Dreck. Der Eingang wurde von einem Busch verdeckt. Julius musste sich an dessen Zweigen vorbeiquetschen, um endgültig ins Freie zu kommen. „Was ist los?“, fragte er und eilte zu Eva.

„Wir sind auf einem Friedhof.“

„Und deswegen schreist du so?“ Julius schaute sich um und sah, dass sie direkt hinter der Burgmauer auf einem kleinen Feld mit rund einem Dutzend Grabsteinen und einer Art Denkmal standen. Der Friedhof war von Bäumen umstanden. Ein Trampelpfad führte durch den Wald in Richtung Burg.

„Wir haben es geschafft“, sagte Julius und nahm Eva in den Arm.

Das Mädchen zitterte am ganzen Körper. „Bring mich nach Hause.“

„Meinst du nicht, es wäre besser, wenn wir die Nacht in der Burg verbringen? Es ist bereits dunkel. Außerdem müssen wir Bergmann zeigen, was wir entdeckt haben.“

„Das können wir auch morgen noch tun.“

„Wer ist da?“, rief eine Stimme von der Burgmauer herunter.

„Das ist Peter Bergmann“, sagte Eva.

„Dann lass uns zu ihm gehen.“

„Was willst du ihm denn sagen?“

„Die Wahrheit.“ Julius nahm die Hand des Mädchens. „Eva Sangwald und Julius Meyer. Wir sind hier unten!“, rief er Peter zu, um zu vermeiden, dass am Ende noch einer der Inspirierten auf sie schoss. In diesem Moment sprang Prinz zwischen den Bäumen hervor und rannte ihn fast um. Im ersten Moment war Julius starr vor Angst. Dann merkte er, dass der Hund ihn nur begrüßen wollte und streichelte ihn erleichtert über den Kopf.

25

„Was macht ihr hier im Dunkeln?“, wollte der junge Inspirierte wissen.

Julius und Eva stiegen gemeinsam mit Prinz, der zwischen ihnen lief, den Hang zur Burgmauer hinauf und blieben kurz vor dem Wächter stehen. Der entspannte sich sichtlich, als er die beiden erkannte. Julius wusste, dass es schwer werden würde, ihm und den anderen Bewohnern der Burg zu erklären, was passiert war. Dass sie eine Nachtwache aufgestellt hatten, zeigte, wie misstrauisch die Gruppe gegenüber Fremden sein musste. Ob man ihm und Eva traute, war fraglich, nachdem sie vor wenigen Stunden gemeinsam mit der Horde aus dem Dorf zur Burg gekommen waren.

„Wir müssen unbedingt mit deinem Vater sprechen“, sagte Julius, ohne auf die Frage einzugehen.

Peter Bergmann war anzusehen, dass er mehr als nur erstaunt über das Auftauchen der beiden war. Skeptisch musterte er sie von oben bis unten. „Seid ihr in ein Schlammloch gefallen?“

„So ähnlich“, antwortete Julius. „Bring uns zu deinem Vater. Dann erklären wir alles.“

„Ich weiß nicht, ob er Zeit hat. Es hat einen Überfall auf unseren Anführer gegeben.“

„Was ist passiert?“

Eva und Julius erfuhren von dem Angriff auf German Weiland und den schweren Verletzungen, die er erlitten hatte. Julius verfolgte den Bericht mit steigendem Entsetzen. Weiland war im Moment seine größte Hoffnung, etwas über seine Herkunft zu erfahren. Vielleicht sogar die Einzige. Sollte der Inspirierte sterben, stünde er wieder ganz am Anfang. Von Josef Steger würde Julius sicher nichts erfahren, auch wenn der offensichtlich mehr wusste. Sollte seine Reise zur Ronneburg am Ende doch umsonst gewesen sein? Nein. Er durfte die Hoffnung nicht verlieren. Zwanzig Jahre waren eine lange Zeit. Aber nicht so lange, dass es niemanden mehr gab, der sich an die Ereignisse von damals erinnern konnte.

„Es ist sehr wichtig, dass wir mit Jan Bergmann reden“, sagte Julius.

„Versprechen kann ich es euch nicht. Aber ich will ihn fragen." Peter führte die Besucher in die Vorburg und bat sie dort zu warten. Julius und Eva setzten sich dicht nebeneinander auf einen Stein und hielten sich an den Händen. Beide waren am Ende ihrer Kräfte und wollten nur noch schlafen. Zunächst aber mussten sie Bergmann über ihren Fund informieren. Er würde wissen, was zu tun war. Julius hielt das Mädchen im Arm und zog ihren Körper an den seinen. Sie zitterte und auch er fror in den feuchten Sachen. Fast wären Julius die Augen zugefallen, als er schließlich Schritte hörte, die sich ihnen vom Burghof aus näherten.

„Was ist passiert?“, kam Bergmann gleich zur Sache und stemmte die Hände zu Fäusten geballt an seine Hüften.

Abwechselnd erzählten Julius und Eva, wie sie im Verlies eingesperrt worden und durch den Tunnel entkommen waren.

Der Inspirierte hörte zu, ohne Zwischenfragen zu stellen. „Wo genau habt ihr den Toten gefunden?“, wollte er schließlich wissen.

„In einem Raum hinter dem Schrank bei den Zellen“, antwortete Eva.

„Den Schrank kenne ich.“ Jan Bergmann kratzte sich nachdenklich mit dem Zeigefinger an der Stirn, wo die Haare längst gewichen waren und eine kahle Stelle hinterlassen hatten. „Er stand schon dort, als ich das erste Mal in den Verliesen war. Das ist Jahrzehnte her. Von dem Raum dahinter habe ich nie etwas gehört.“

„Glauben Sie mir. Er ist da. Den Schrank haben wir zertrümmert. Das Loch in der Wand ist nicht zu übersehen.“

„Ich werde zwei meiner Männer holen und nachsehen. Peter zeigt euch in der Zwischenzeit den Waschraum und bringt euch frische Sachen zum Anziehen. Wir müssten eigentlich etwas in den passenden Größen finden. Wenn ihr so weit seid, kommt ihr in den Speisesaal. Wir müssen noch miteinander reden, und ihr werdet dort auch etwas zu essen bekommen.“

Julius antwortete Bergmann mit einem dankenden Nicken. Dann drehte der sich um und steuerte das Wohngebäude der Inspirierten an. Auch Peter verschwand, kehrte aber kurze Zeit später mit einem Bündel Kleidung zurück. Anschließend führte er Julius und Eva zu den Waschräumen. Auf einer Feuerstelle stand ein Kessel mit kochendem Wasser. Peter legte die Kleidung auf einen Stuhl, schüttete die heiße Flüssigkeit in eine halbvolle Wanne, gab jedem einen Lappen und ein Stück Seife und verließ wortlos den Raum.

„Sehr gesprächig ist er nicht“, sagte Julius.

„Das trifft auf alle Inspirierten zu. Wir haben selten Kontakt mit ihnen und beschränken uns auf das Nötigste, wenn sie zum

Einkaufen ins Dorf kommen. Auch Peters Vater ist anzumerken, dass es ihm schwerfällt, sich eingehender mit uns zu befassen."

Eva drehte sich um und knöpfte ihre verdreckte Bluse auf. Sekunden später lag das Kleidungsstück auf dem Boden. Als sie sich auch ihres Rockes entledigt hatte, wendete sie sich wieder Julius zu.

„Willst du mir etwa beim Waschen zusehen?", fragte das Mädchen und legte den Kopf schief.

„Hättest du denn etwas dagegen?", gab Julius zurück.

„In einer anderen Situation sicher nicht. Jetzt sollten wir Bergmann nicht zu lange warten lassen."

Julius musste seiner Begleiterin recht geben. Es war nicht der richtige Zeitpunkt, sich Eva weiter anzunähern. Wie schon so oft nicht. Resignierend zog sich Julius ebenfalls bis auf die Unterwäsche aus und wusch sich den Schmutz von den Armen und aus dem Gesicht. Dabei riskierte er mehrfach Blicke zu Eva, die ihn jedes Mal erwischte und lächelte, als könnte sie seine Gedanken lesen. Der Körper des Mädchens zog ihn magisch an. Sie war einen Kopf kleiner als er selbst und wirkte so zerbrechlich. Und doch hatte sie die Arbeit auf den Feldern gestählt. Sicher besaß sie deutlich mehr Kraft, als man ihr auf den ersten Blick zutrauen würde. Julius musste sich beherrschen, die glatte Haut von Evas nacktem Rücken nicht zu berühren. *Reiß dich zusammen*, dachte er.

Die Sachen, die Peter ihnen gebracht hatte, waren etwas zu groß, dafür aber sauber und trocken. Julius fühlte sich schon viel besser, als er mit Eva den Waschraum verließ und den Speisesaal aufsuchte. Nur den muffigen Geruch aus der Kammer mit der Leiche und dem Tunnel hatte er noch immer in der Nase

26

Josef Steger hatte alle Hände voll zu tun. Die Krone war bis auf den letzten Platz besetzt. So sehr ihn der gute Umsatz auch freute, wurde der Wirt langsam doch nervös. De Winter war jetzt fast zwei Stunden weg. War der Belgier doch noch einmal zur Ronneburg aufgebrochen, um dort nach dem Verbleib von Julius und Eva zu forschen? Steger traute dem Jäger durchaus zu, die beiden dort zu finden. Oder waren sie vielleicht von alleine aus den Verliesen entkommen?

So recht glauben konnte Steger an diese Möglichkeit nicht. Die Inspirierten waren mit Weiland beschäftigt. Sie würden die Kerker sicher nicht durchsuchen. Warum auch? Nein, der Einzige, der Julius und dem Mädchen helfen könnte, wäre de Winter. Aber konnte der Belgier die beiden wirklich finden? Dann bekäme Steger Probleme, die Situation zu erklären. De Winter würde sicher nicht lange brauchen, um herauszufinden, wer die jungen Leute eingesperrt hatte. Im Moment waren Josef die Hände gebunden. Er selbst konnte den Schankraum jetzt unmöglich verlassen. Es blieb ihm nichts anderes übrig, als zu hoffen, dass der Jäger Julius und Eva nicht fand.

„Schlaf nicht ein, Josef. Wir haben Durst", riss einer der Gäste den Wirt aus seinen Gedanken.

„Ja, genau. Mach mal ein bisschen hin. Oder willst du, dass wir hier verdursten?", sagte ein Zweiter.

„Ich komme ja schon", gab Steger zurück und eilte zum Tisch. Sicher hätte er bei diesem Betrieb eine weitere Hilfe einstellen können. Dieses Geld wollte er aber sparen. Es würden auch wieder schlechtere Tage kommen. Die Leute im Dorf waren nicht so wohlhabend, dass sie es sich leisten konnten, sein Wirtshaus täglich zu besuchen. Einige waren sicher an ihre Ersparnisse gegangen, weil sie Angst hatten, etwas zu verpassen, und hautnah miterleben wollten, wenn sich etwas tat.

„Sei nicht so brummig, Josef", sagte einer der Gäste. „Schließlich machst du in den letzten Tagen das Geschäft deines Lebens."

„Genau", johlte einer der Männer, die schon mehr Bier im Leib hatten, als sie vertrugen. „Etwas Besseres als diese Bestie konnte dir gar nicht passieren."

„Was sagst du da?", zischte Steger und ging mit erhobener Faust auf den Gast zu. „Willst du damit andeuten, ich hätte etwas mit den Vorfällen zu tun?"

„Das nicht. Aber sehr leiden musst du unter den Morden ja nicht."

„Richtig", tönte Gregor von der Theke aus, die ebenfalls bis auf den letzten Platz besetzt war. „Du lässt uns den ganzen Tag sinnlos durch die Gegend rennen und ziehst uns dafür abends das Geld aus den Taschen, wenn wir am Verdursten sind."

„Ihr spinnt wohl."

„Warum? Du bist der Lehnsherr und solltest wenigstens dafür sorgen, dass wir alle etwas zu essen bekommen, wenn wir schon für dich und deinen belgischen Freund arbeiten müssen. Es ist deine Pflicht, den Ort von dieser Bestie zu befreien."

„Wir haben alle ein Interesse daran, dass das Morden endlich aufhört."

„Da hast du recht, Josef. Aber während du hier all abendlich fette Umsätze machst, bleibt unsere Arbeit liegen, weil wir jeden Tag die Gegend absuchen. Es wird Zeit, dass wir Erfolg haben." Gregor sah sich im Raum um und erntete zustimmendes Nicken.

„Ich habe das Problem mit de Winter bereits besprochen."

„Und was sagt der große Jäger? Viel erreicht hat er ja auch nicht", sagte einer der Männer.

„Er tut so, als hätte er hier das Sagen und weiß selbst nicht, was er gegen den Mörder tun soll," stimmte ein anderer zu.

„Beruhigt euch", versuchte Steger die Meute zu beschwichtigen.

„Ab morgen stellen wir Wachen auf. Es bringt in der Tat nichts, wenn wir weiterhin durch die Wälder rennen. Es werden jeweils sechs Männer gebraucht. Die anderen können in der Zeit ihre eigenen Dinge erledigen."

„Gefragt werden wir wohl nicht mehr", beschwerte sich einer der Bauern.

In diesem Moment betrat Luuk de Winter den Schankraum und die Gespräche verstummten.

„Was ist hier los?", fragte der Jäger, doch keiner der eben noch so mutigen Männer antwortete.

Steger zog den Belgier beiseite und schilderte kurz, worum die hitzige Dikussion ging. „Wo warst du so lange?", fragte er anschließend.

„Der Sangwaldhof ist leer und verlassen. Ich habe noch eine Runde um den Ort gemacht, aber nichts Verdächtiges entdeckt."

Josef atmete innerlich auf. Im Moment hatte er mit den Männern im Wirtshaus genug zu tun. Da brauchte er nicht auch noch eine Diskussion mit de Winter über den Verbleib von Eva Sangwald und Julius Meyer.

„Ich kann euren Unmut verstehen", sagte der Belgier, an die Männer gewandt. „Wir dürfen jetzt aber nicht aufgeben. Heute Morgen hätten wir die Bestie beinahe gehabt. Wenn wir versteckte

Wachen aufstellen, wird uns der Mörder in die Falle laufen. Wir müssen nur geduldig sein. Die letzten Tage haben gezeigt, dass dieses Monster unvorsichtiger wird. Dies müssen wir uns zu Nutzen machen."

Keiner der Männer im Raum erwiderte etwas. Waren sie vor wenigen Augenblicken noch kurz davor gewesen, die ganze Jagd abzublasen, stimmten sie de Winter jetzt nickend zu. Steger betrachtete die Anwesenden der Reihe nach und nahm sich vor, mit denen, die sich offen gegen ihn gestellt hatten, später noch ein ernstes Wort zu reden.

27

„Ihr denkt also, es war Josef Steger, der euch eingesperrt hat?", fragte Jan Bergmann.

Gemeinsam mit dem derzeitigen Anführer der Inspirierten und Eva saß Julius im Speisesaal. Sie aßen eine Suppe, die die Köchin extra für die beiden zubereitet hatte. Der junge Mann aus Frankfurt war dankbar dafür, dass der Inspirierte nicht sofort über den Toten sprechen wollte, während sie noch am Essen waren.

„Wer sonst?", gab Julius zurück. „Wenn es von Ihren Leuten keiner war, bleibt nur der Wirt. Die anderen Männer aus dem Dorf befanden sich zu weit von den Verliesen weg."

„Für meine Gruppe lege ich die Hand ins Feuer. Wir waren alle froh, als die Meute wieder verschwand. In den letzten Jahren haben wir uns nicht viel um die Menschen in Hüttengesäß, Altwiedermus und den anderen Orten geschert. Und sie sich nicht um uns. Wir wollen, dass dies auch so bleibt und wir hier oben in Frieden leben können."

„Dann bleibt nur Steger."

„Das ergibt keinen Sinn, Julius."

„Vielleicht doch. Ich werde ihn ganz sicher danach fragen. Er ist mir ohnehin noch eine Erklärung schuldig."

„Wegen deiner Mutter?", fragte Bergmann.

„Ja, er hat sie gekannt."

„Vielleicht kann dir German helfen. Ich hoffe, dass er bis morgen wieder zu sich kommt. Diese Bestie hat ihm sehr zugesetzt."

„Und sie hat euch wirklich noch nie angegriffen?"
Bergmann schüttelte den Kopf. „Es ist Jahre her, dass bei uns die letzten Tiere geraubt wurden, und auch damals geschah dies nicht oft. Offensichtlich meidet der Mörder die Burg."

Julius lehnte sich zurück und sah Jan nachdenklich an. Bergmann hatte keinen Grund, ihn anzulügen. Dennoch ergab das Ganze keinen Sinn. Fast zwanzig Jahre lang war nie ein Mensch angegriffen worden. Seit dem ersten Übergriff gab es jetzt aber bereits vier Tote und einen Schwerverletzten. Und das in wenigen Wochen. Julius glaubte auch nicht, dass die ersten Tiere zufällig nach dem Verschwinden des Grafen geraubt worden waren. Zeigte sich der Jäger ihm gegenüber vielleicht so misstrauisch, weil dieser auch in diese Richtung nachforschte? Und was hatte das geheimnisvolle Skelett mit all dem zu tun?

Jan Bergmann sah Julius und Eva zu, wie sie ihre Teller leerten und zur Seite schoben. „Ihr habt einen sehr interessanten Fund gemacht", sagte er dann.

„Wisst Ihr, wer der Tote ist?", fragte Julius.

„Ja, ihr habt den Leichnam des Albert zu Büdingen-Ronneburg gefunden. Etwa ein Jahr vor seinem Verschwinden brach er sich den Daumen der linken Hand. Dieser Bruch ist nie wieder richtig zusammengewachsen. An der Fehlstellung können wir den ehemaligen Herrn der Burg einwandfrei identifizieren. Es besteht kein Zweifel, dass es sich tatsächlich um den seit über zwanzig Jahren vermissten Grafen handelt."

Julius erbleichte. Er schloss die Augen und atmete tief durch. Insgeheim hatte er schon befürchtet, dass es darauf hinauslaufen würde. Albert zu Büdingen-Ronneburg war seine größte Hoffnung gewesen, um das Geheimnis seiner Herkunft zu lüften. Genau genommen war er das Geheimnis seiner Herkunft. Wenn der Graf tot war, bedeutete dies das Ende seiner Suche. Die ganze Reise ins Ronneburger Hügelland hatte ihren Sinn verloren.

„Was ist los?", fragte der Inspirierte.

„Der Graf war sein Vater", antwortete Eva anstelle von Julius.

„Woher weißt du das?" Julius sprang auf und sah das Mädchen überrascht an.

„Du hast so komisch reagiert, als ich sagte, das Bild des Grafen sähe dir ähnlich. Es ging dir nicht nur darum, mehr über deine

Mutter zu erfahren. Du wolltest auch deinen Vater finden. Das hast du selbst gesagt. Und deine Reaktion ..."

„Ist das wahr, Julius?", fragte Bergmann mit schneidender Stimme.

„Ja. Aber was macht das jetzt noch für einen Unterschied?"

„Einen großen", sagte der Inspirierte. „Einen sehr großen sogar."

„Warum?"

„Wenn Graf Albert zu Büdingen-Ronneburg wirklich dein Vater war, bist du der letzte Überlebende seines Geschlechtes. Damit gehört die Burg dir."

Julius starrte Bergmann an, als wäre er von einem anderen Stern. Das konnte der Mann doch unmöglich ernst meinen. Oder doch? Auch Eva schien völlig verblüfft zu sein. Mit großen Augen schaute sie zwischen Jan Bergmann und Julius hin und her.

„Warum sagst du nichts?", fragte das Mädchen, nachdem eine Minute lang keiner gesprochen hatte.

„Was soll ich dazu sagen? Mir ging es nicht um die Burg. Nie. Ich wollte, dass mir mein Vater aus der Armut heraushilft, indem er mir Geld oder Arbeit gibt. Das gebe ich zu. Aber nicht mehr. Nach allem, was meine Mutter und ich in den letzten Jahren durchleiden mussten, wäre dies mehr als gerecht gewesen. Was aber soll ich mit einer Burg?"

„Hast du einen Beweis dafür, dass Albert zu Büdingen-Ronneburg wirklich dein Vater war?", fragte Bergmann.

„Ja", antwortete Julius. Er öffnete sein Hemd und legte so ein Amulett frei, das an einer Kette um seinen Hals hing.

„Das Siegel der Grafschaft", sagte Bergmann. „Nimm es mir nicht übel, aber das könntest du auch gestohlen oder nachgemacht haben."

„Seine Ähnlichkeit mit dem Bild aber nicht", mischte sich Eva ein.

Der Inspirierte stand auf, ging zur Wand mit dem Gemälde und schaute es einen Moment schweigend an. „Du hast recht", sagte er schließlich ehrfürchtig. „Julius ist tatsächlich der Sohn des Grafen."

„Was wollt ihr jetzt machen?"

„Ich weiß es nicht, Jan", gab Julius zu. „Eigentlich müssten wir ins Dorf zurück, um nach Evas Hof zu sehen."

„Aber nicht mitten in der Nacht", sagte der Inspirierte entsetzt. „Das ist viel zu gefährlich."

„Außerdem haben wir noch ein ernstes Wort mit Josef Steger zu reden", ergänzte Eva.

„Das könnt ihr morgen auch noch. Bleibt die Nacht über in der Burg. Hier ist es sicher."

„Wir wollen Ihnen nicht noch weiter zur Last fallen. Sie haben schon genug für uns getan."

„Ihr fallt uns nicht zur Last, Julius. Die Burg gehört dir."

„Ich will sie nicht. Behaltet sie. Sie ist euer Zuhause."

„Das ist sehr großzügig, aber unüberlegt. Die Burg ist groß genug. Die Herrengemächer sind frei. Wir haben sie in Ordnung gehalten, falls der Graf irgendwann zurückkehrt. Wir würden uns gegenseitig nicht stören, wenn ihr dort einzieht. Im Gegenteil. Uns wäre es eine Ehre, wieder einen Grafen zu Büdingen-Ronneburg hier zu haben."

„Ich bin nicht der Graf."

„Aber dessen Erbe."

„Das ist alles zu viel auf einmal. Wir bleiben gerne die Nacht hier, wären dir aber dankbar, wenn wir hier im Speisesaal oder einem anderen Raum schlafen dürften." Julius war einfach zum Du übergegangen, was der Inspirierte mit einem Lächeln quittierte. „Die Herrengemächer würde ich mir gerne erst morgen ansehen." Julius sah zu Eva, die zustimmend nickte. Im Hauptbau der Burg wären sie sicher ungestörter gewesen. Beide waren aber zu müde, um die Räume noch an diesem Abend zu erkunden.

„Seid unsere Gäste, solange ihr wollt."

„Sobald es hell wird, gehen wir zurück in den Ort", sagte Julius. „Wir haben dort einige Dinge zu klären. Danach werde ich entscheiden, ob ich wieder nach Frankfurt gehe oder hier auf der Burg bleibe. Ich werde aber sicher bald wieder herkommen, um mich um den Nachlass meines Vaters zu kümmern. Vielleicht finde ich in seinen Sachen einen Hinweis auf meine Mutter. Es muss einen Grund geben, warum sie die Gegend damals verließ."

Eva zuckte merklich zusammen, als Julius davon sprach, zurück in die Großstadt zu gehen. Er lächelte ihr beruhigend zu und streichelte sanft über ihre Wange. Ohne das Mädchen würde er Hüttengesäß ganz sicher nicht verlassen. Vielleicht konnten sie sogar gemeinsam den Sangwaldhof führen. Er wusste es nicht. Noch nicht.

„Wohin habt ihr den Leichnam meines Vaters gebracht?"

„Wir wollten ihn nicht länger im Verlies liegen lassen und haben ihn unserem Zimmermann übergeben. Er wird einen Sarg anfertigen. Morgen Nachmittag wollten wir ihn neben dem Grab seiner Gattin beisetzen. Bist du damit einverstanden?"

Julius schaute den Anführer der Inspirierten nachdenklich an. Er war ebenfalls der Meinung, dass der Graf so schnell wie möglich ein anständiges Begräbnis bekommen sollte. Daran wollte er aber unbedingt teilnehmen. Auch wenn er seinen Vater zu Lebzeiten nicht kennengelernt hatte, war es ihm doch wichtig den Grafen auf diesem letzten Weg zu begleiten. Als ihm seine Mutter vor ihrem Tod erzählt hatte, wer sein Vater war, hatte sich Julius geschworen, ihn zur Rede zu stellen und ihn dazu zu zwingen, ihm ein besseres Leben zu ermöglichen. Große Reichtümer hatte er nie erwartet. Es war ihm immer nur darum gegangen, aus den dreckigen Gossen der Großstadt herauszukommen. Er hatte gehofft, seinen Vater kennenzulernen. Jetzt hatte sich alles geändert. Er konnte in der Burg bleiben und würde sicherlich im Besitz des Grafen Dinge finden, die ihm seinen Lebensunterhalt sicherten. Vielleicht sogar Geld. Damit konnte er dann Eva Sangwald unterstützen, wenn die ihren Hof behalten wollte. Am liebsten hätte Julius gleich am nächsten Morgen damit begonnen, den ehemaligen Wohnbereich seines Vaters gründlich zu untersuchen. Auch beschäftigte ihn die Frage, wer seinen Vater ermordet hatte. Und vor allem warum.

Julius verstand aber auch, dass Eva so schnell wie möglich zurück zu ihrem Hof musste. Alleine wollte er sie diesen Weg nicht gehen lassen - auch nicht tagsüber.

„Wir müssen zunächst zurück in den Ort", sagte Julius schließlich. „Das geht nicht anders. Bis zur Beisetzung des Grafen werde ich aber sicher wieder zurück sein. Ich möchte, wenn ihr nichts dagegen habt, gerne am Begräbnis teilnehmen."

„Warum sollten wir etwas dagegen haben?"

„Ich kenne eure Gebräuche nicht. In keinem Fall möchte ich eure Zeremonie stören."

„Das wirst du nicht“, sagte Bergmann bestimmt. „Wenn jemand ein Recht hat, dabei zu sein, dann du. Wir werden die Zeremonie sehr kurz halten. Ich werde ein paar Gebete sprechen, und auch du kannst, wenn du magst, ein paar Worte sagen.“

„Das möchte ich nicht“, sagte Julius. „Ich habe den Grafen nicht gekannt und kenne auch eure Gruppe nicht. Den Ablauf der Beerdigung überlasse ich dir.“

„Dann wird es so geschehen.“ Bergmann erhob sich und zeigte so Julius und Eva, dass er sich für diesen Tag verabschieden wollte. „Bleibt einfach hier im Rittersaal. Ich lasse euch noch ein paar Decken bringen.“

„Vielen Dank, Jan“, sagte Julius und gab dem Inspirierten die Hand.

Nachdem er sich auch von Eva verabschiedet hatte, verließ Bergmann den Raum. Etwas später erschien eine Frau mit einem Stapel Decken. Julius vermutete, dass es Bergmanns Gattin war, weil sie die gleichen Gesichtszüge hatte wie der Sohn des Inspirierten.

Eva und Julius machten es sich auf dem Boden so bequem wie möglich. Sie schmiegte sich eng an Julius, der einen Arm um das Mädchen legte. Wenige Augenblicke später waren beide eingeschlafen.

29

„Die Tiere sind weg!“ Evas Stimme überschlug sich.

Julius war ein Stück zurückgeblieben und führte das Pferd, das ihnen Jan Bergmann geliehen hatte, an den Zügeln. Am Morgen waren sie mit den ersten Sonnenstrahlen aufgebrochen. Julius band die Zügel des Pferdes an das Geländer vor dem Hauseingang und ging Eva nach, die bereits im Stall verschwunden war. „Was heißt, die Tiere sind weg?“, wollte er wissen.

„Sie sind nicht mehr da“, sagte Eva und trat zornig gegen die Tür einer Pferdebox. „Steger hat den Stall räumen lassen. Wir hatten acht Kühe und zwei Pferde. Alle Tiere sind verschwunden.“

„Wieso Steger?“

„Wer sonst?“

„Du hast recht. Das passt zu dem Kerl.“

„Wir müssen ihn zur Rede stellen", sagte Eva. „Ohne die Tiere kann ich den Hof aufgeben."

„Genau das wird er damit bezwecken wollen", vermutete Julius.

Die Türen der Boxen, in denen das Vieh untergebracht war, standen offen. Der Mist vom vergangenen Tag lag noch auf dem Boden. Die Futtergestelle, die Julius am Morgen des Vortages gemeinsam mit Eva gefüllt hatte, waren allerdings leer. Daher vermutete er, dass Steger die Tiere erst am Abend hatte holen lassen, nachdem er ihn und Eva in das Verlies gesperrt hatte. Den Grund dafür kannte Julius jetzt.

„Dieser Mistkerl. Was denkt Steger sich nur dabei? Er glaubt, nur weil er einer der reichsten Männer in der Gegend und der Vasall des Grafen ist, kann er tun und lassen, was er will."

„Wir gehen zu ihm. Jetzt auf der Stelle." Julius konnte nicht fassen, was er hier erlebte. Sicher, Hüttengesäß war nicht Frankfurt, aber derartige Sitten gehörten ins Mittelalter und nicht ins 19. Jahrhundert.

„Er wird alles leugnen."

„Nein, er wird zugeben, dass er deine Tiere geholt hat. Wenn er es nicht tut, muss er den Fall untersuchen, was er nicht kann. Sicher hat er einen Helfer, der die Drecksarbeit übernommen hat."

„Ja, dafür kommt nur Klaus in Frage. Ich verstehe nur nicht, wozu Steger das alles tut."

„Ganz einfach, Eva. Er will deinen Hof. Dafür ist ihm jedes Mittel recht. Ich bin gespannt, wie er sein Verhalten begründet."

Seite an Seite liefen Julius und Eva durch die Straßen von Hüttengesäß. Es war noch immer sehr früh am Morgen und sie begegneten niemandem auf ihrem Weg durch den Ort. Auch der Marktplatz war verlassen. Zielstrebig gingen die beiden auf das Gasthaus „Zur Krone" zu, das ruhig und verlassen vor ihnen lag.

Eva steuerte die Hintertür des Gebäudes an und trommelte mit beiden Fäusten gegen das Holz. „Mach auf, Steger. Ich weiß, dass du zu Hause bist."

Das Mädchen hielt inne und schaute Julius fragend an. „Warum antwortet er nicht?"

„Du hast ihn sicher gerade aus dem Bett geworfen", grinste Julius. „Versuch es noch einmal."

Wieder trommelte das Mädchen gegen die Tür, bis über ihnen ein Fensterladen aufging und ein verschlafenes Gesicht zum Vorschein kam.

„Mach nicht so einen Radau, Eva. Ich komme runter."

Wenige Augenblicke später wurde die Tür geöffnet. Steger stand im Morgenrock vor Julius und Eva und schaute beide böse an. „Was wollt ihr um diese Zeit?"

„Du kannst dir denken, was ich will", antwortete Eva. Sie ballte ihre Hände zu Fäusten und stemmte sie in ihre Hüften. „Wo sind meine Tiere?"

„Ich habe sie abholen lassen, weil du dich nicht um sie gekümmert hast. Sie wären gestern Abend nicht versorgt worden. Ich musste die Kühe melken lassen."

„Das ist ungeheuerlich", regte sich Eva auf. „Erst sperrst du mich ein, dann behauptest du, dass ich mich nicht um das Vieh kümmere."

„Ich weiß nicht, wovon du sprichst."

„Und ob Sie das wissen", mischte sich Julius ein. „Warum haben Sie uns in der Ronneburg eingesperrt?"

„Jetzt hört mir mal gut zu, ihr beiden. Es ist im Moment sehr gefährlich hier in der Gegend, und ich habe alle Hände voll zu tun, die Jagd nach dem Mörder zu leiten. Erspart mir also eure Anschuldigungen. Wahrscheinlich haben euch diejenigen eingesperrt, die euch auch wieder befreit haben."

„Wir haben einen zweiten Ausgang gefunden", widersprach Julius.

„Wie auch immer. Das Vieh wird versorgt, was du im Moment anscheinend nicht kannst, Eva. Verkauf mir den Hof und verlasse den Ort. Geht beide. Meinetwegen zusammen. Baut euch mit dem Geld irgendwo etwas auf."

„Das würde dir so passen, Josef. Warum tust du das? Ich dachte immer, du wärest ein Freund meiner Eltern gewesen."

„Ich versuche, dir zu helfen, Eva. Irgendwann wirst du das einsehen."

„Helfen?", fragte Julius ärgerlich. „Sie wollen niemandem helfen. Sie denken nur an ihren eigenen Vorteil und gehen dabei über Leichen."

„Pass auf, was du sagst, Junge." Steger baute sich drohend vor Julius auf, wie er es schon bei dessen Ankunft in Hüttengesäß getan hatte. „Und jetzt verschwindet von meinem Haus. Noch besser aus diesem Ort. Das gilt für euch beide."

Der Wirt drehte sich um und warf ihnen die Tür vor der Nase zu.

„Der lässt uns einfach hier stehen“, fluchte Eva und drehte sich ärgerlich von der Tür weg.

„Zu wem können wir gehen? Wer kann dir helfen, dein Vieh zurückzubekommen?“

„Wahrscheinlich niemand.“

„Der Kerl kann also tun und lassen, was er will.“

„Ja. Keiner traut sich, Steger zu widersprechen. Wir sollten mit dem Pfarrer reden.“

„Gut. Gehen wir zu ihm.“

„Nein, es ist noch zu früh am Morgen. Lass uns zum Hof zurückkehren."

„Willst du nicht nachsehen, wo der Kerl dein Vieh hingebracht hat?“

„Nein, das weiß ich auch so. Die Tiere sind bei Klaus. Dort werden wir sie aber nur mit Gewalt wieder wegbekommen. Zu zweit ist das nicht möglich.“

Auf dem Weg zurück hingen beide ihren Gedanken nach. In Julius reifte dabei der Entschluss, die nächsten Tage auf der Ronneburg zu verbringen. Hier in Hüttengesäß hielt ihn nichts mehr. Er musste Eva davon überzeugen, ihn zu begleiten. Bisher hatte er vorgehabt, am Nachmittag alleine zur Burg zurückzureiten, um an der Beisetzung seines Vaters teilzunehmen.

„Komm mit mir in die Burg“, sagte er, kurz bevor sie den Sangwaldhof erreichten.

„Das würde ich ja gerne.“

„Dann tue es. Steger wird dir dein Vieh nicht freiwillig zurückgeben, und dazu zwingen kannst du ihn nicht.“

„Was soll ich denn machen?“

„Hilf mir, herauszufinden, was damals passiert ist. Ich bin mir sicher, dass wir auch eine Spur zum Mörder deiner Eltern finden, wenn wir die Ereignisse, die zum Tod des Grafen geführt haben, aufklären.“

„Wie kommst du darauf?“

„Es kann einfach kein Zufall sein, dass die ersten Tiere kurz nach seinem Verschwinden geraubt wurden. Hilf mir, im Nachlass meines Vaters nach einem Hinweis zu suchen.“

„Hier kann ich im Moment wirklich nicht viel machen“, gab Eva zu.

„Eben. In der Burg wären wir zusammen." Julius lächelte seine Freundin an. „Das alleine wäre doch schon ein Grund, mit mir zu kommen, oder nicht?"

„Doch, Julius. Das wäre es. Du bist im Moment der Einzige, der noch auf meiner Seite steht. Auf den Pfarrer setze ich keine große Hoffnung. Sprechen möchte ich aber dennoch vorher mit ihm."

„Das können wir ja tun. Pack alles zusammen, was du brauchst. Dann gehen wir zum Pfarrer und reiten anschließend zurück zur Ronneburg. Dein Vieh wird im Moment ja versorgt. Darum kümmern wir uns später. Steger soll nicht denken, dass er gewonnen hat."

Die beiden hatten den Sangwaldhof mittlerweile erreicht. Eva warf einen traurigen Blick zum Stall und wandte sich dann dem Wohnhaus zu.

Julius wartete in der Küche, während Eva die Treppe nach oben in ihr Zimmer ging, um ein paar Sachen zu packen. Er selbst hatte seine wenigen Habseligkeiten bereits in einer Tasche im Flur stehen. Eine halbe Stunde später kam Eva wieder nach unten. Sie hatte jetzt einen anderen Rock und eine Bluse an. Julius trug immer noch die Sachen, die er von Peter Bergmann bekommen hatte.

„Lass uns frühstücken, bevor wir aufbrechen", sagte Julius, der in der Zeit, als Eva in ihrem Zimmer war, Tee zubereitet hatte.

Schweigend aßen die beiden Brot, Käse und ein Stück Schinken.

„Wie lange willst du denn in der Burg bleiben?"

„Weiß ich noch nicht. Ich denke, dass ich nur dort herausfinden kann, was damals passiert ist."

„Und wenn du es weißt? Was willst du tun, wenn du nicht weiterkommst oder feststellst, dass dich in der Ronneburg nichts mehr hält?"

„Das sollten wir dann gemeinsam entscheiden", antwortete Julius. Er hatte aus Evas Frage den ängstlichen Unterton herausgehört. Sicher wollte sie nicht alleine in Hüttengesäß bleiben, sollte er sich entschließen, die Gegend zu verlassen.

„Meinst du das ehrlich?"

„Ich möchte, dass wir zusammenbleiben. Das heißt, wenn du es auch willst."

„Natürlich will ich das."

Julius stand auf und ging zu Eva. Er nahm sie in den Arm und drückte sie fest an sich.

„Egal was du tust, bleibe bei mir."

„Das werde ich", flüsterte Julius in ihr Ohr. Er entließ Eva aus seiner Umarmung und küsste sie zärtlich auf die Stirn. „Lass uns gehen."

Weil es zum Pfarrhaus nicht weit war, ließen sie ihre Sachen und das Pferd auf dem Hof zurück und gingen zu Fuß. Die Tür des kleinen Gebäudes öffnete sich, bevor Eva dagegen klopfen konnte.

„Wo um Gottes Willen hast du die ganze Zeit gesteckt?", wollte der Pfarrer wissen und lächelte Eva erleichtert an.

„Lassen Sie uns bitte herein, dann erzählen wir alles."

„Ja, selbstverständlich."

Der Pfarrer führte die beiden in seinen Wohnraum, in dem sich die Bücher in den Regalen bis unter die Decke stapelten, und bat sie, Platz zu nehmen. Den Kaffee, den er seinen Gästen anbot, nahmen Julius und Eva gerne an.

„Und jetzt erzählt, was los ist."

„Nachdem wir Richard gefunden hatten, ist Julius die ganze Zeit über bei mir gewesen. Wir waren mit dem Jäger und den anderen Männern in der Burg, haben aber keine Spur des Mörders gefunden. Dort hat uns Steger in den Verliesen eingesperrt."

„Unmöglich", widersprach der Pfarrer. „Warum sollte Josef so etwas tun? Er war ein Freund deiner Familie."

„Daran glaube ich nicht mehr. Julius und ich konnten uns befreien und haben die Nacht bei Jan Bergmann in der Burg verbracht. Als wir heute Morgen zum Hof kamen, war das Vieh weg. Steger hat die Tiere abholen lassen, weil ich mich seiner Ansicht nach nicht um sie gekümmert habe. Er will, dass ich ihm den Hof verkaufe."

„Unglaublich", sagte der Pfarrer und schüttelte den Kopf. „Ich wusste ja, dass Josef nur an seinen eigenen Profit denkt. Dass er aber so weit gehen würde, hätte ich niemals von ihm erwartet."

„Was sollen wir jetzt tun?"

„Viel kannst du nicht machen. Leider. Wenn du die Behörden einschaltest, dauert es ewig, bis etwas passiert. Wenn sie sich überhaupt um deinen Fall kümmern. Du hast ja selbst erlebt, dass die Polizei sich nicht einmal sonderlich für die Morde in unserem Ort interessiert."

„Das heißt, ich soll mir von Steger alles gefallen lassen?"

„Ich kann dir leider nicht helfen. Josef hat die Amtsmacht in Hüttengesäß. Ich werde gerne mal mit ihm reden, denke aber nicht, dass ich ihn umstimmen kann."

„Ich danke Ihnen!"

„Was hast du jetzt vor?"

„Ich gehe mit Julius zurück in die Burg."

„Warum das?"

Eva erzählte dem Pfarrer alles und bat ihn, die Informationen für sich zu behalten.

„Dann wirst du also nicht an Richards Beerdigung teilnehmen?"

„Nein. Ich hoffe, Sie nehmen mir das nicht übel."

„Nein, mein Kind. Ich kann dich verstehen und wünsche euch beiden alles Gute. Solltest du die Gegend verlassen, komm bitte in jedem Fall noch einmal bei mir vorbei."

„Das werde ich", versprach Eva.

Sie verabschiedeten sich vom Pfarrer und gingen ein letztes Mal zurück zum Sangwaldhof, bevor sie abermals den Weg zur Ronneburg auf sich nahmen. Wie schon am Morgen überließ Julius, der vorher noch nie geritten war, Eva die Zügel und nahm hinter ihr Platz. Auch wenn die Leute in der Gegend dies nicht gerne sehen würden, weil es sich nicht schickte, dass ein Mann hinter einer Frau auf einem Pferd saß, kamen sie so einfach schneller voran. Ihm war es egal, was die Bewohner von Hüttengesäß oder Altwiedermus dachten, und Eva schien es auch nicht zu stören.

30

„Was hast du denn mit denen vor?", fragte de Winter und grinste, als Josef Steger mit zwei Pferden an den Zügeln auf den Marktplatz trat.

Die beiden hatten vereinbart, sich hier zu treffen, um dann gemeinsam German Weiland zu besuchen.

„Besser als die ganze Strecke zu laufen", antwortete der Wirt.

„Aber das sind Ackergäule."

„Sie werden den Weg zur Burg schon schaffen."

Mit zweifelnder Miene bestieg der Belgier eines der Pferde und wartete, bis Josef auf dem anderen saß. Dann ritten sie los.

„Julius Meyer und Eva Sangwald sind wieder aufgetaucht", sagte Steger, als sie die Ortsgrenze von Hüttengesäß passierten.

„Wo waren sie die ganze Nacht?"

„Sie behaupten, sie wären auf der Rückseite aus der Burg herausgekommen und hätten uns verloren."

„Sie lügen."

„Natürlich tun sie das." Der Wirt lachte. „Hast du nicht gemerkt, was zwischen den beiden los ist? Schließlich waren wir auch mal jung."

„Vermutlich hast du recht. Trotzdem gefällt mir das nicht. Ich möchte den Jungen im Auge behalten."

„Er will etwas über seine Vergangenheit erfahren."

„Die mich ebenfalls interessiert. Irgendetwas hat er mit den Vorfällen zu tun. Ich weiß nur noch nicht, was ..."

„Unsinn", sagte Josef. „Julius ist harmlos. Solange er sich mit Eva Sangwald beschäftigt, ist er uns nicht im Weg."

Insgeheim freute sich Josef, dass die jungen Leute wieder da waren und er sie so einfach wieder losgeworden war. Sein Ziel hatte er erreicht. Ohne ihr Vieh würde Eva Sangwald den Hof nicht halten können und früher oder später verkaufen. Den Preis wollte er mit jedem Tag, der verstrich, herabsetzen.

Josef war gespannt darauf, wie viel Bergmann von der Aktion mit Meyer und dem Mädchen wusste. Außerdem wollte er unbedingt dabei sein, wenn de Winter mit Weiland sprach. Er hoffte, dass Julius noch nicht mit dem Inspirierten geredet hatte, der ihm sicher einiges über seine Mutter erzählen konnte. Genau das musste Steger um jeden Preis verhindern. Johannas Sohn sollte von ihm selbst die Wahrheit erfahren. Von keinem anderen.

An der Burg wurden sie von Peter Bergmann in Empfang genommen. Josef kam es so vor, als sei der Junge der ständige Wachposten der Inspirierten.

„Ich hole meinen Vater", sagte Peter, als die beiden Männer die Pferde vor ihm zum Stehen brachten. Ohne eine Antwort abzuwarten, verschwand er in Richtung Burghof.

„Ein komischer Kerl", bemerkte de Winter.

„Die Leute hier oben sind in Ordnung", entgegnete Steger. „Sie leben anders als wir. Das kann man ihnen nicht vorwerfen."

„Das tut ja auch niemand."

„Ihr wollt sicher mit German reden", begrüßte Jan die beiden. „Leider ist er bisher nicht erwacht."

„Können wir ihn trotzdem sehen?", fragte Steger.

Bergmann kratzte sich mit dem Zeigefinger an der Stirn. Ihm war anzusehen, dass er von der Idee nicht begeistert war. Überhaupt kam der Inspirierte Josef verändert vor. Er strahlte nicht die Ruhe aus, die er sonst von ihm gewohnt war. Er wirkte nervös, und die Ränder unter seinen Augen zeigten, dass er wenig geschlafen hatte.

„Was versprecht ihr euch davon?"

„Wir wollen ihn nur kurz sehen", erklärte Josef. „Dann verschwinden wir wieder."

„In Ordnung. Aber wirklich nur kurz. Wir hoffen alle, dass er schnell wieder zu sich kommt. Wenn das der Fall ist, wird er vor allem Ruhe brauchen."

„Das wissen wir", sagte Josef. „Lass uns gehen. Umso schneller bist du uns wieder los."

Jan Bergmann führte die beiden Männer über den Burghof zum Wohngebäude der Inspirierten und bat sie eindringlich darum, im Zimmer von Weiland leise zu sein. Er betrat den Raum als Erster, in dem eine junge Frau am Bett ihres Anführers saß und erschreckt aufsah.

„Sein Zustand ist unverändert."

„Danke, Maria." Bergmann nickte dem Mädchen beruhigend zu. „Ich habe euch ja gesagt, dass er noch nicht aus der Bewusstlosigkeit erwacht ist."

„Wir erhoffen uns von ihm eine Beschreibung des Mörders", sagte der Jäger.

„Das weiß ich. Für uns ist aber vor allem wichtig, dass sich German wieder erholt."

Plötzlich begann der schwer verletzte Mann heftig zu husten. Die Blicke aller Anwesenden richteten sich auf das Bett. Weilands Augenlieder flatterten, und er stöhnte leise.

Sofort stürmte de Winter zu dem Verletzten. „Haben Sie den Angreifer erkannt?"

„Wasser", krächzte der Inspirierte. „Gebt mir einen Schluck Wasser."

Bergmann schob den Belgier ärgerlich beiseite und hielt seinem Anführer ein Glas an die Lippen. Der trank einen kleinen Schluck und öffnete die Augen.

„Erzählen Sie uns, was passiert ist", forderte de Winter.

„Jetzt ist es aber genug", zischte Jan Bergmann und schaute den Jäger mit funkelnden Augen an. „Sie sehen doch, wie schlecht es ihm geht. Er ist noch nicht einmal richtig wach."

„Es ... ist schon ... in Ordnung, Jan", sagte Weiland. „Die Person war schwarz gekleidet und hatte einen Schal um den Kopf." Die Stimme des Inspirierten war noch immer brüchig und kaum zu verstehen. „Mehr habe ich nicht gesehen."

„Haben Sie sie erkannt?"

Weiland antwortete nicht sofort und schien zu überlegen. „Nein", sagte er schließlich und schloss die Augen.

„Nicht wieder einschlafen!", rief de Winter, stürzte sich auf den Verletzten, packte ihn an den Schultern und schüttelte ihn wie wild.

„Raus hier!", schrie Bergmann. Er zerrte den Jäger von Weiland weg und schob in zur Ausgangstür. „Maria, kümmere dich um German."

Josef folgte Jan und dem Belgier nach draußen, wo der Inspirierte wild gestikulierend auf de Winter einredete.

„Was haben Sie sich nur dabei gedacht. So kann man nicht mit einem Menschen reden, der gerade aus einer langen Bewusstlosigkeit erwacht ist. Wenn sich sein Zustand wieder verschlechtert, werde ich Sie persönlich dafür verantwortlich machen. Und jetzt verlasst die Burg. Beide!"

Jan Bergmann ließ die beiden Männer stehen und ging zurück zu dem Verletzten. Dabei verriegelte er die Eingangstür und machte den beiden Besuchern so klar, dass er sie auf keinen Fall noch einmal zu German Weiland lassen würde.

„Viel hat er uns nicht sagen können", sagte de Winter sachlich.

„Vielleicht hast du wirklich etwas zu heftig reagiert", gab Steger zu bedenken.

„Unsinn. Es hat vier Tote gegeben. Weiland wäre beinahe der fünfte gewesen. Wir müssen dem Treiben des Mörders ein Ende bereiten."

„Ja, aber nicht so."

„Doch, genau so. Um die Bestie zu fassen, ist mir jedes Mittel recht. Jedes."

Josef war erschüttert, wie rücksichtslos der Belgier seine Ziele verfolgte. Sicher, auch er selbst verhielt sich anderen gegenüber nicht immer korrekt. Aber was er gerade erlebt hatte, war definitiv zu viel. Offensichtlich sah auch de Winter ein, dass er an diesem Tag nicht mehr mit Weiland sprechen konnte, und folgte Josef in Richtung Ausgang.

31

Auch wenn sich Julius noch immer nicht so richtig an das Reiten gewöhnt hatte, genoss er es, hinter Eva auf dem Pferd zu sitzen und seine Arme um ihren Bauch zu schlingen. Die beiden hatten Altwiedermus bereits passiert und steuerten nun am Waldrand entlang auf die Ronneburg zu.

Julius war froh, Hüttengesäß hinter sich zu lassen. Viel Gutes hatte ihm der Ort nicht gebracht. Mit Ausnahme von Eva hatte er die Einwohner wortkarg und zurückweisend erlebt. Bei den Inspirierten fühlte er sich wesentlich wohler. Besonders Jan Bergmann war ihm eine große Hilfe gewesen und hatte ihn nicht wie einen Fremden behandelt. Er war gespannt darauf, mehr über die Lebensweise dieser Gruppe zu erfahren.

Eva war sehr schweigsam, seit sie mit Julius den Sangwaldhof verlassen hatte. Ihm war klar, dass es dem Mädchen schwerfallen musste, von dem Ort fortzugehen. Die Wahrscheinlichkeit, dass sie den Hof behalten konnte, war nicht mehr sehr groß. Eva hatte in den letzten Wochen viel durchgemacht, und die Bewohner von Hüttengesäß stellten sich gegen sie - zumindest ein Teil von ihnen. Das musste eine große Enttäuschung für das Mädchen sein, das ihr komplettes Leben in diesem Ort verbracht hatte und jeden Einwohner kannte. Julius ließ Eva daher in Ruhe und hing seinen eigenen Gedanken nach.

Plötzlich spürte er einen schmerzhaften Schlag gegen die Schläfe. Er war davon so überrascht, dass er es nicht schaffte, sich auf dem Pferd zu halten. Beinahe hätte er Eva mitgerissen, die gerade noch die Zügel fester greifen konnte.

Julius fiel auf den Rücken. Ehe er auch nur den Versuch machen konnte, aufzustehen, sprang eine schwarz gekleidete Gestalt auf ihn.

„Julius!“, hörte er Evas Schrei, kam aber nicht dazu, zu antworten.

Mit stummem Entsetzen starrte er in die funkelnden, grünen Augen über sich. Mehr war von seinem Angreifer nicht zu erkennen. Bevor er nach dem Mörder schlagen konnte, drückte der ihm die Knie auf die Oberarme und machte ihn so wehrlos. Fauliger Atem schlug ihm entgegen.

Julius versuchte, die Beine nach oben zu drücken, kam aber gegen seinen Widersacher nicht an. Mit einem Hieb zerfetzte die Bestie Julius das Hemd. Julius schloss kurz die Augen und erwartete den tödlichen Schlag. Doch der blieb aus. Verwundert sah er nach oben. Wie erstarrt glotzte ihm der Mörder auf die Brust. *Das Amulett*, dachte Julius. *Das Monstrum kennt das Amulett.*

Eva schlug mit beiden Fäusten auf den Rücken des Mörders ein und schrie wie am Spieß. Die schwarz vermummte Gestalt drehte sich um und schlug dem Mädchen gegen die Stirn. Dann wandte sie sich wieder Julius zu.

„Lass mich“, raunte die Bestie in einem tiefen, kaum zu verstehenden Ton. Sie sprang auf und verschwand genauso schnell wieder im Wald, wie sie gekommen war.

Eva, schoss es Julius durch den Kopf. Er richtete sich auf und sah sich suchend um.

Eva lag auf dem Boden und starrte ihn an.

„Was in Gottes Namen war das?“

„Das war der Mörder!“

„Aber er hat uns nichts getan.“

Julius ging zu Eva und nahm sie in den Arm. „Für einen Moment habe ich wirklich gedacht, es ist aus mit uns.“

„Irgendetwas muss ihn gestört haben.“

„Zum Glück, Eva. Zum Glück. Die Frage ist nur, wer oder was. Außer uns ist niemand hier. Er sah das Amulett und war wie gebannt. Dann sagte er mir, dass ich ihn lassen soll.“

„Was lassen?“

„Vielleicht meinte er: in Ruhe lassen.“

„Seltsam.“

„Finde ich auch. Lass uns so schnell wie möglich von hier verschwinden, bevor er zurückkommt.“

„Bist du verletzt?“, fragte Julius.

„Nein. Ich habe mir nur den Ellenbogen angestoßen, als die Bestie mich zurückgeworfen hat. Es ist nichts Schlimmes. Was ist mit dir?"

„Mir fehlt nichts", sagte Julius. „Ich brauche nur schon wieder ein neues Hemd." Er deutete auf die Stoffreste vor seiner Brust.

Beide sahen sich an und lachten los. Für einen Moment fiel der erlebte Schrecken von ihnen ab und die Erleichterung, mit dem Leben davongekommen zu sein, überlagerte alle anderen Gefühle.

Während Eva zu ihrem Pferd lief und es an den Zügeln fasste, sammelte Julius die Gepäckstücke ein, die ebenfalls vom Rücken des Tieres gefallen waren. Er befestigte sie am Sattel, und beide stiegen wieder auf.

„Und jetzt nichts wie los", sagte Julius.

Als die beiden die Burg erreichten, traten Josef Steger und Luuk de Winter gerade aus dem Tor der Burg hervor.

„Die haben mir jetzt noch gefehlt", stöhnte Julius.

„Sie haben meine Pferde", sagte Eva und deutete auf die Tiere, die an einem Baum vor dem Eingang festgebunden waren.

Ein Treffen mit den Männern war unausweichlich.

32

„Na, wen haben wir denn da?", fragte de Winter und sah Julius und Eva neugierig an. „Wo kommt ihr her?"

„Aus Hüttengesäß." Julius spürte, wie Eva vor Wut zitterte. Steger hatte ihr nicht nur die Tiere weggenommen, nein, er stellte dies auch noch öffentlich zur Schau, als sei nichts dabei.

„Habe ich dir nicht schon einmal gesagt, dass du mir vernünftige Antworten geben sollst, mein Junge?"

„Das habe ich getan."

„Hör auf, mich für dumm zu verkaufen. Was wollt ihr hier?"

„Wir werden die nächsten Tage in der Burg verbringen."

„Bei den Verrückten?"

„Nein, de Winter. Bei den Inspirierten." Wieder einmal ärgerte Julius sich maßlos über die Art, wie der Belgier mit und über andere

Menschen sprach. Er sah Steger an, doch der schwieg und tat so, als ginge ihn die Unterhaltung nichts an.

„Wenn ihr meint. Mir soll es recht sein. Wie seht ihr überhaupt aus?"

„Wir wurden angegriffen", antwortete Julius.

„Wann?"

„Das ist noch nicht lange her. Die Bestie hat mich vom Rücken des Pferdes gezogen und zu Boden geschleudert."

„Und wieso lebst du dann noch?" De Winter schien irritiert zu sein. Sicher hatte er nicht damit gerechnet, dass jemand einen Kontakt mit dem Mörder unbeschadet überstehen konnte. Mit Ausnahme von ihm selbst natürlich.

„Plötzlich ist die Gestalt aufgesprungen und im Wald verschwunden."

„Da hattet ihr großes Glück. Wie sah sie aus?"

„Sie war komplett in Schwarz gekleidet und auch der Kopf war verhüllt. Wir konnten sie nicht genau erkennen."

„Du auch nicht?", fragte de Winter und schaute zu Eva.

„Nein", antwortete das Mädchen.

„Dieselbe Beschreibung hat uns Weiland gegeben."

„Heißt das, er ist wach?", fragte Julius.

„Ihr seid ja immer noch hier!", schrie Jan Bergmann. Mit hochrotem Kopf trat der Inspirierte aus dem Tor und blieb mit verschränkten Armen vor de Winter stehen. „Ihnen haben wir es zu verdanken, dass German Weiland wieder ohnmächtig geworden ist."

„Was soll das heißen?"

„Dass er wieder das Bewusstsein verloren hat. Kein Wunder, nachdem sie ihn so angegangen sind. Ich kann Sie nur warnen. Verlassen sie die Burg und kommen Sie nicht wieder zurück."

„Wer sollte mir das verbieten?", fragte der Jäger höhnisch. „Die Burg gehört euch nicht. Ihr habt kein Recht, jemanden daran zu hindern, sie zu betreten."

„Aber ich", mischte sich Julius ein.

„Du halt den Mund."

„Das werde ich nicht tun."

„Wie kommst du darauf, dass du hier etwas zu sagen hast?", wollte Josef Steger wissen, der sich bis jetzt zurückgehalten hatte.

„Weil er der Sohn des Grafen ist", antwortete Eva.

Der Wirt brach in schallendes Gelächter aus und tippte sich mit dem Zeigefinger an die Stirn. „Hat er dir das erzählt?"

„Ja, du Pferdedieb", sagte Eva. „Und ich glaube ihm."

„Ich auch", stimmte Jan Bergmann zu. „Er hat ein Amulett des Grafen."

„Das ist der größte Unsinn, den ich je gehört habe", sagte Steger. „Gestern hat er noch erzählt, dass er der Sohn einer Magd ist. Jetzt ist auf einmal der Graf sein Vater."

„Das eine schließt das andere nicht aus", sagte Julius zornig.

„Doch, das tut es. Ich weiß nicht, was Johanna dir erzählt hat. Aber eines steht fest. Du bist nicht ihr Sohn."

„Was soll das jetzt wieder heißen?" Julius sprang vom Pferd, rannte auf den Wirt zu und packte ihn am Kragen. Steger stieß ihn einfach zur Seite.

„Wenn du so etwas noch einmal machst, lernst du mich kennen", sagte er und hob die Faust.

„Wieso soll Johanna nicht meine Mutter sein?"

„Weil das nicht sein kann. Ich kann dir versichern, dass sie nie etwas mit dem Grafen gehabt hat. Vielleicht ist es sogar möglich, dass er wirklich dein Vater ist. Auf keinen Fall aber ist Johanna deine Mutter."

„Was macht dich da so verdammt sicher?", schrie Julius.

„Das, mein Junge, wirst du selbst herausfinden müssen. Erfülle du deinen Teil unserer Abmachung, dann erfülle ich meinen."

„Wir haben keine Abmachung." Julius bebte vor Zorn. Am liebsten hätte er sich auf den Wirt gestürzt, sah aber ein, dass er ihm körperlich unterlegen war. Außerdem war da noch de Winter, der sich sicher auf die Seite von Steger schlagen würde.

„Wovon zum Teufel redet ihr da eigentlich?", fragte der Belgier.

„Das erzähle ich dir auf dem Rückweg. Lass uns gehen. Die beiden haben den Mörder nicht erkannt. Sie können uns nichts Neues sagen."

De Winter und Steger stiegen auf Evas Pferde und ritten den Hang hinunter.

33

„Ein unmöglicher Mensch", schimpfte Bergmann, als die beiden außer Hörweite waren.

„Welchen der Männer meinst du?", entgegnete Julius. „Ich finde, es trifft auf beide zu."

„Mit Steger kann man normalerweise reden. Ihr hättet aber mal sehen sollen, wie sich dieser Belgier aufgeführt hat."

„Hat German den Angreifer denn erkannt?"

„Nein, er redete nur von einer schwarz gekleideten Gestalt."

„Mehr haben wir auch nicht gesehen."

„Wieso ihr?" Bergmann schaute Julius überrascht an. „Wann seid ihr denn auf den Mörder getroffen?"

„Er hat uns auf dem Weg hierher angefallen", antwortete Eva. „Er hatte Julius bereits auf dem Boden, ist dann aber plötzlich verschwunden."

Bergmann wurde bleich. „Das hätte ins Auge gehen können."

„Ja", bestätigte Julius. „Es war schon eigenartig. Er ist genauso schnell wieder verschwunden, wie er gekommen ist. Nachdem er mir das Hemd zerfetzte, sah er mein Amulett. Danach ließ er von mir ab."

Julius dachte daran, dass er dies de Winter und Steger gar nicht erzählt hatte. Er wollte es bei der nächsten Gelegenheit nachholen. Auch wenn er sie nicht mochte, lag auch ihm viel daran, dass der Mörder endlich gefasst wurde.

„Das verstehe, wer will", sagte Jan. „Es ist viel passiert in den letzten Tagen. Vieles davon ergibt keinen Sinn. Dazu gehört auch der Angriff auf German Weiland."

„Was mich auch wundert, ist das Verhalten des Wirtes", sagte Julius. „Einerseits setzt er alles daran, die Bestie zu fassen, andererseits versucht er aber, aus den Vorfällen seine Vorteile zu ziehen."

„Was für eine Abmachung hast du mit Steger?"

„Keine", antwortete Julius. „Er will mir mehr über meine Mutter sagen, wenn ich Eva überrede, ihm ihren Hof zu verkaufen. Das werde ich aber nicht tun."

„Nein", bestätigte Jan. „Du kannst ihm nicht trauen. Er weiß aber mit Sicherheit mehr, als er sagen will, und schien verdammt sicher zu sein, dass Johanna nicht deine Mutter ist."

„Ich weiß auch nicht, was ich noch denken soll. Sie hat mir

erzählt, dass sie ein paar Treffen mit dem Grafen hatte. Ich habe das Amulett, und ihr sagt, ich würde dem Grafen ähnlich sehen. Was ist denn nun die Wahrheit?"
„Es ist durchaus möglich, dass Johanna sich nur um dich gekümmert hat, und der Graf ein Verhältnis mit einer anderen Frau hatte."

„Wozu die Geheimniskrämerei? Jede andere Frau hätte den Ort mit mir genauso verlassen können wie meine Mutter. Warum sollte sie sich um ein fremdes Kind kümmern?"

„Das ist das Rätsel, das du lösen musst. Aber auch Steger hat keinen Grund zu lügen." Nachdenklich schaute der Inspirierte Julius ins Gesicht. „Ich habe den Grafen nicht gut gekannt, aber die Ähnlichkeit zwischen euch ist zweifellos vorhanden. Ich glaube, dass er dein Vater ist. Und alles Weitere werden wir noch herausfinden. Ich denke, dass Johanna die ganzen Jahre über darauf gewartet hat, dass sich der Graf bei ihr meldet. Warum dies nicht geschehen ist, wissen wir ja jetzt."

„Vielleicht weiß German mehr", sagte Eva.

„Mit Sicherheit", bestätigte Jan. „Er hatte am meisten von uns mit den Herrschaften zu tun und kannte auch Johanna am besten. Er wird uns weiterhelfen."

„Wenn er wieder wach wird", sagte Julius.

„Ja. Dieser unmögliche Mensch hat ihm nicht einmal die Zeit gelassen, richtig zu sich zu kommen, und ist sofort auf ihn losgestürzt. Ich hätte die beiden nicht zu ihm lassen dürfen."

„Du konntest ja nicht ahnen, dass so etwas passiert", entgegnete Julius. Er sah die Verzweiflung im Gesicht des Inspirierten und wollte nicht, dass sich der Mann mit Selbstvorwürfen plagte. Im Moment hatte Jan genug andere Sorgen.

„Findet die Beerdigung heute wie geplant statt?", wechselte Julius das Thema.

„Ja, wir werden den Grafen am Nachmittag bestatten. Vorher könnt ihr euch schon seine Wohnräume ansehen, wenn ihr wollt. Zunächst essen wir aber. Ihr habt sicher Hunger."

„Und wie", bestätigte Julius. Die Vorfälle des Vormittages hatten es nicht geschafft, ihm den Appetit zu verderben. Er sah zu Eva, die leicht das Gesicht verzog.

„Viel essen möchte ich nicht", sagte das Mädchen. „Ich brauche nur an den Angriff zu denken, dann vergeht mir der Appetit."

Julius nahm seine Gefährtin in den Arm und hauchte ihr einen Kuss auf die Wange. Bergmann wandte sich grinsend ab. Sicher hatte auch der Inspirierte längst gemerkt, wie es um die beiden stand. Warum auch nicht? Julius sah keinen Grund, seine Beziehung zu Eva vor dem Mann zu verbergen. Immerhin war er im Moment der Einzige, dem er und Eva voll vertrauen konnten.

„Lasst uns gehen", sagte Jan schließlich und führte seine Besucher zum Speisesaal. Hier sahen sie zum ersten Mal, wie groß die Gruppe der Inspirierten war. Etwa fünfzig Personen verteilten sich an die Tische. Fast alle warfen den Neuankömmlingen neugierige Blicke zu.

34

Nach dem Essen bot Jan Bergmann Julius und Eva an, ihnen die Burg zu zeigen. Beide stimmten begeistert zu und folgten dem Inspirierten aus dem Speisesaal hinaus. Neben dem Eingang zum Palas, durch den sie die Burg bisher immer betreten hatten, befand sich ein kleiner Raum. An der linken Seite stand ein Schrank mit mehreren Regalböden, auf denen jeweils vier Kisten nebeneinander standen. Deren Vorderseiten zeigten verschiedene Kräuter oder Beschriftungen.

„Das ist unsere kleine Burgapotheke. Die meisten der Mittel darin haben wir selbst hergestellt", erklärte Jan Bergmann stolz.

Er führte sie weiter in die Küche der Burg. Das Feuer brannte noch und es war angenehm warm in dem Raum. In den Geruch nach verbranntem Holz mischte sich noch der Duft der gerade eingenommenen Mahlzeit. Die Feuerstelle war so groß, dass man mühelos einen Ochsen auf der Glut hätte grillen können. Die Wände des Raumes waren schwarz von Ruß und voller Regale, auf denen Töpfe, Pfannen und Teller lagerten.

Über eine Treppe, die so schmal war, dass die drei hintereinandergehen mussten, gelangten sie in den ersten Stock. Über der Küche war das Nähzimmer. Hier stellten die Inspirierten alle ihre Kleidungsstücke selbst her. „Sogar die Farben für die Stoffe erzeugen wir selbst", sagte Jan.

Sie gingen durch einen weiteren Raum und gelangten an einer Treppe vorbei in die Kapelle. Diese lag direkt über dem Speisesaal und hatte auch die gleichen Maße. Der Altar stand vor dem Fenster. Davor standen zwei Reihen mit jeweils fünf Holzbänken hintereinander.

„Wir verlassen jetzt den Palas und gehen in den Kemenatenbau", erklärte Jan und führte seine Gäste wieder durch das Nähzimmer und dann durch eine Tür nach rechts. Sie gelangten in einen Raum, in dem Arbeitstische und Bänke aufgestellt waren. „In diesem Teil der Burg waren früher die Herrengemächer. Als unsere Gruppe immer größer wurde, zog der damalige Graf in die Räume im Bau gegenüber."

„Er war ein sehr großzügiger Mensch", sagte Julius.

„Ja, das stimmt. Er gab sich mit weniger Platz zufrieden und war froh darüber, anderen Menschen helfen zu können. Im obersten Stock des Palas und hier im Kemenatenbau wurden Zwischenwände eingezogen, um Zimmer zur Unterbringung für immer mehr Menschen zu schaffen. Wir kommen jetzt in das Arbeitszimmer von German Weiland."

Der Raum war nicht sehr groß. Der schwere Eichenschreibtisch vor dem Fenster füllte ihn fast aus. An den oberen Bereichen der Wände waren noch alte Wandmalereien zu sehen. „Was steht dort?", fragte Eva und zeigte auf einen Schriftzug neben der Tür.

„Frid ist besser denn Krieg diweil ungewis ist der sig", las Julius den Text vor.

„Wahre Worte", sagte Bergmann lächelnd.

Auf der anderen Seite des Raumes gab es eine weitere Treppe. Gegenüber war eine verschlossene Tür.

„Dort war früher der Rittersaal. Viele rauschende Feste sind damals hier gefeiert worden. Jetzt wohnen meine Brüder und Schwestern darin."

„Was ist über uns?", fragte Julius.

„Ebenfalls Wohnräume."

Sie gingen die Treppe hinab und gelangten zu einem kleinen Flur. Es gab zwei Ausgänge. Einen in den Burghof und den zweiten genau gegenüber aus dem Komplex hinaus.

„Wenn wir rechts weitergehen, kommen wir wieder in die Küche. In den Kammern auf dem Weg dorthin lagern wir unsere Speisen." Jan ging voraus in den Hof und wartete bis Julius und Eva den

Kemenatenbau ebenfalls verlassen hatten. „Den Bergfried könnt ihr euch später anschauen. Bei gutem Wetter habt ihr einen phantastischen Ausblick über das Ronneburger Hügelland."

Der Inspirierte führte die beiden zu einer Tür neben dem Eingang zum Bergfried. Über eine Treppe gelangten sie in den ersten Stock des kleinsten der Gebäudeteile der Burg, in dem die Herrengemächer des Grafen untergebracht waren.

„Vielen Dank", sagte Julius und lächelte Jan Bergmann an. „Das ist wirklich eine wunderschöne Burg. Ich wäre gerne hier unter euch aufgewachsen."

„Du kannst den Rest deines Lebens hier verbringen, wenn du es willst", antwortete Jan. „Ich muss euch jetzt alleine lassen und hole euch später wieder ab. Schaut euch die Räume des Grafen in Ruhe an. Wir haben sie in den letzten zwanzig Jahren nur betreten, um sie sauber zu halten." Bergmann lächelte den beiden noch zu und ging zurück in den Innenhof.

„Jetzt sind wir endlich einmal alleine", sagte Eva und ging lächelnd auf Julius zu, der am Fenster stand und über das Ronneburger Hügelland schaute.

„Und wir haben noch ein paar Stunden Zeit, bis uns Bergmann abholt", antwortete er und drehte sich um.

„Niemand wird uns stören."

Eva blieb dicht vor Julius stehen. Der umfasste sie sanft mit beiden Händen und zog sie langsam zu sich. Ein Blick in die Augen des Mädchens reichte ihm, um zu erkennen, dass sie alles das nachholen wollte, wobei sie in den letzten Tagen immer wieder gestört worden waren. Sie standen jetzt so nahe beieinander, dass Julius Evas Brüste an seinem Oberkörper spürte. Er neigte seinen Kopf vor, bis sich ihre Nasenspitzen berührten. Eva schlang ihre Arme um seinen Hals. Dann küssten sie sich. Zunächst ganz zärtlich, dann immer intensiver und fordernder.

Julius schob das Mädchen sanft in Richtung Himmelbett. Dabei küssten sie sich weiter, und seine Hand wanderte unter Evas Bluse. Zärtlich strich er über die nackte Haut ihres Rückens.

Plötzlich wurden sie durch ein Klopfen zurück in die Realität gerissen.

„Das darf nicht wahr sein", stöhnte Julius.

Die Tür ging auf, und Peter Bergmann stürmte in das Zimmer. „Mein Vater schickt mich", sagte er. „Ihr sollt sofort zu ihm kommen. German Weiland ist gestorben."

35

„Wenn das so weitergeht, werde ich noch zum Säufer", sagte Josef Steger und trank seinen Kognak in einem Zug leer. Er saß in seinem Amtszimmer und genoss die Ruhe. In einer Stunde sollte Richards Beerdigung beginnen. Danach würde sich das halbe Dorf zur Trauerfeier in der Krone treffen. Dies bedeutete viel Arbeit für den Wirt, aber auch guten Umsatz.

Josef brauchte unbedingt Zeit zum Nachdenken. Dieser Meyer wollte ihm einfach nicht mehr aus dem Kopf gehen. Sicher, er hielt es für möglich, dass Julius der Sohn von Albert zu Büdingen-Ronneburg war. Aber wer in Gottes Namen war dann seine Mutter? Und warum hatte Johanna ihn einfach genommen und mit ihm die Gegend bei Nacht und Nebel verlassen? Was hatte sie dazu gebracht, mit dem Bastard des Grafen in die Fremde zu ziehen, wo sie hier in Hüttengesäß ein glückliches und reiches Leben an seiner Seite hätte führen können? „Warum, Johanna? Warum?"

Plötzlich wurde die Tür zur Amtsstube aufgerissen, und Klaus stürzte herein.

„Wie oft soll ich dir noch sagen, dass du mich hier nicht stören sollst?", schimpfte Josef. „Kannst du nicht wenigstens anklopfen?"

„Sie haben den Künstler geschnappt."

„Was sagst du da?" Der Wirt sprang auf, lief um den Schreibtisch herum und packte seinen Gehilfen an der Schulter. „Erzähl. Und zwar von Anfang an."

„Einer von Manfred Zeigers Knechten kam in den Ort und erzählte, dass er Krämer erwischt hat, wie er sich an seinen Schafen zu schaffen machte, und er ihn auf dem Baumwieserhof festhält. Dieser Belgier ist dann mit zwei weiteren Männern von uns losgezogen, um den Künstler zu holen."

„Wann war das?"

„Sie sind eben erst losgegangen."

„Das darf nicht war sein“, fluchte Steger. „Warum muss Krämer auch so blöd sein, am hellichten Tag bei den Zeigers einzusteigen?“
„Sicher dachte er, dass alle schon zu Richards Beerdigung sind.“

„Wahrscheinlich. Trotzdem war das dumm. Der Künstler ist harmlos und sicher nicht der Mörder. Der Einzige der das glaubt, ist vermutlich Zeiger.“

„Immerhin wollte er dem Bauern ein Schaf klauen.“

„Weil er Hunger hat und weiß, dass es Zeiger am wenigsten schadet. Los, komm. Wir nehmen sie in Empfang. Ich will nicht, dass dem Künstler etwas passiert. Wenn die Leute ihn doch für den Mörder halten, bringen sie ihn um.“

Seinen Gehilfen im Schlepptau ging Steger in Richtung Baumwieserhof. Er wusste, dass er die anderen nicht mehr einholen konnte, wollte aber unbedingt dabei sein, wenn Karl Krämer in den Ort geführt wurde. Er ärgerte sich darüber, dass de Winter mit zu Zeiger gegangen war. Dass der Künstler nicht der Mörder war, musste auch dem Belgier klar sein.

„Diesmal schützt du ihn nicht, Josef“, sagte Manfred Zeiger, als der Wirt mit seinem Gehilfen am Hof ankam. „Diesmal haben wir ihn auf frischer Tat ertappt.“

„Was hat Krämer gesagt?“

„Nichts. Er kann sich aber auch nicht herausreden. Ich habe ihn am Gatter zu den Schafen erwischt.“

„Das beweist gar nichts.“

„Doch, das tut es, Josef. Er ist nicht nur aus Spaß dort gewesen.“

„Vielleicht wollte er die Tiere auch nur malen“, sagte Josef und grinste sein Gegenüber an.

„Das glaubst du doch selbst nicht“, antwortete Zeiger zornig und erhob die Faust. „Ich weiß, dass du einen Narren an diesem angeblichen Künstler gefressen hast, wenn ich es auch nicht verstehe. Diesmal aber kann ihm keiner helfen. Ich verlange eine harte Strafe.“

„Wir werden den Fall untersuchen.“ Steger wusste, dass er den Bauern nicht weiter provozieren durfte. Er kannte dessen Wutanfälle und wollte ihn nicht zu einer unüberlegten Handlung treiben. Im Grunde achtete er den Mann, der neben ihm selbst zu den reichsten Einwohnern von Hüttengesäß zählte.

„Oh nein, Josef. Sperrt den Kerl ein. Wenn ich ihn noch einmal erwische, hilft ihm niemand mehr. Das schwöre ich.“

„Soll das eine Drohung sein?“, fragte Josef.

„Nenne es, wie du willst. Aber sperr diesen Verrückten ein."

In diesem Moment traten de Winter, Karl Krämer und die anderen beiden Männer zwischen den Gebäuden hervor. Dem Künstler hatten sie die Hände zusammengebunden und zogen ihn mit einem Strick hinter sich her.

„Was soll das, de Winter?", fragte Josef.

„Euer Spinner wollte sich ein Schaf rauben", antwortete der Belgier.

„Karl ist kein Spinner. Nehmt ihm die Fesseln ab."

„Nein", sagte de Winter. „Ich mache ihn los, wenn wir ihn sicher untergebracht haben. Vorher nicht."

„Was hast du gemacht, Karl?", wandte sich Josef an den Künstler.

„Ich habe nichts gemacht. Ich bin nur spazieren gegangen."

„Auf meinem Hof?", schrie Zeiger. Wieder erhob er die zur Faust geballte Hand.

„Lass ihn, Manfred", sagte Josef und sprach dann wieder zu Karl Krämer. „Wir bringen dich in den Ort. Du weißt, dass wir dich für diese Tat bestrafen müssen?"

„Ich habe nichts getan."

„Das wird sich zeigen."

Der Wirt lief schweigend neben de Winter her und wartete, bis sie sich weit genug vom Baumwieserhof entfernt hatten, sodass Zeiger sie nicht mehr hören konnte. Dann sprach er den Jäger an.

„Was soll das? Du weißt doch genauso gut wie ich, dass Krämer nicht der Mörder ist."

„Ja, Josef. Er ist zwar nicht ganz richtig im Kopf, aber die Morde traue ich ihm tatsächlich nicht zu. Wir mussten ihn abholen. Hätten wir es nicht getan, wäre er jetzt tot. Sperr ihn ein paar Tage ein. Dann mach ihm klar, dass er sich nie mehr auf dem Baumwieserhof blicken lassen soll und sprich noch einmal mit Zeiger. Im Moment haben wir andere Sorgen."

„Einverstanden", sagte Josef. „Das wird in der Tat das Beste sein."

Der Künstler war die ganze Zeit schweigend und mit gesenktem Kopf hinter den Männern hergegangen und protestierte auch nicht, als sie durch den Nebeneingang in die Krone gingen. Erst als er die Kellertreppe heruntergeführt werden sollte, fing er an sich zu wehren.

„Nicht da hin!", schrie er und schlug mit den noch immer aneinandergebundenen Händen um sich. „Ich habe nichts getan. Nicht in den Keller."

„Sei jetzt still, Karl“, zischte Josef. „Du machst alles nur noch schlimmer.“

„Lass mich. Bring mich zum Pfarrer. Sperr mich nicht ins Dunkel.“

De Winter machte kurzen Prozess und zog heftig am Strick. Karl Krämer konnte sich nicht halten und stürzte die Treppe hinunter. Heulend blieb er auf dem Boden liegen.

„Musste das sein?“, fragte der Wirt.

„Ja.“ Der Belgier stieg ebenfalls nach unten und zog den Gefangenen in einen Raum neben der Treppe. Dort nahm er ihm die Fesseln ab und verriegelte die Tür.

Vom Flur aus konnten Josef und die anderen Männer den Künstler schreien und heulen hören.

„Der beruhigt sich schon wieder“, sagte de Winter.

„Ich werde den Pfarrer bitten, nach ihm zu sehen, wenn die Beerdigung vorüber ist. Ihn kennt Karl am besten von uns. Auf ihn wird er hören.“

36

Julius und Eva folgten Peter Bergmann über den Vorhof der Burg zum Hauptgebäude der Inspirierten. Im Freien trafen sie auf einige Menschen, denen das Entsetzen ins Gesicht geschrieben stand. Die Nachricht von Germans Tod musste sich herumgesprochen haben wie ein Lauffeuer. Vor dem Raum, in dem Weiland untergebracht worden war, standen drei Männer, die Julius und Eva böse anschauten.

„Was wollt ihr denn hier?“, fragte einer von ihnen.

„Jan Bergmann hat uns durch seinen Sohn rufen lassen“, antwortete Julius, dem ein Kloß im Hals steckte.

Die Inspirierten traten zur Seite und ließen die beiden eintreten. Jan saß am Bett von Weiland und sah erst auf, als Julius ihn ansprach. Seine Augen waren vom Weinen rot umrandet.

„Die Verletzungen waren einfach zu schwer“, sagte Bergmann.

„Es tut mir leid.“

„Wir müssen die Bestattung deines Vaters verschieben. Deshalb habe ich euch rufen lassen. Damit ihr Bescheid wisst.“

„Was wollt ihr jetzt machen?“, fragte Julius.

„Wir werden die nächsten drei Tage Totenwache halten. Danach können wir German und auch den Grafen bestatten.“

„In Ordnung. Können wir irgendetwas für dich oder die anderen tun?“

„Nein, Julius. Am besten haltet ihr euch die nächsten Tage etwas im Hintergrund. Meine Leute werden euch nichts vorwerfen, aber die Gruppe will jetzt unter sich sein. Ich hoffe, ihr versteht das.“

„Selbstverständlich“, sagte Julius und auch Eva nickte. „Was ist genau passiert?“

„Ich war nicht hier. Marie sagte, dass sein Herz plötzlich aufgehört hat zu schlagen. Aufgewacht ist er nicht mehr.“

Julius sah sich den Toten näher an. Sein Gesicht zeigte einen ruhigen Ausdruck. Er schien nicht mehr gelitten zu haben. Auch wenn er den Führer der Inspirierten nicht kennengelernt hatte, fühlte Julius Trauer. Nach allem, was er über Weiland gehört hatte, musste er ein großartiger Mensch gewesen sein. Hinzu kam die Enttäuschung, dass der Inspirierte ihm jetzt nicht mehr helfen konnte.

„Lass uns gehen, Julius“, sagte Eva, die sich sichtlich unwohl fühlte.

„Ja. Wir bleiben in der Burg, falls du unsere Hilfe brauchst.“

„Danke. Meine Leute werden sich um alles kümmern. Jeder einzelne von ihnen will einen Teil der Totenwache übernehmen. Sie alle haben German geliebt. Er wird eine sehr große Lücke hinterlassen.“

„Die du ausfüllen wirst.“

„Nein. Ich werde zwar die Nachfolge von German antreten. Ersetzen kann ich ihn aber nicht. Niemand kann das.“

Julius und Eva wandten sich zum Gehen und hatten die Tür fast erreicht, als Jan aufstand.

„Wartet“, sagte er. „Ich komme mit.“

„Was hast du vor?“, fragte Julius.

„Ich muss noch in den Ort.“

„Warum das?“

„Ich werde mit diesem Belgier sprechen.“

„Ich denke nicht, dass das eine gute Idee ist“, entgegnete Julius.

„Ich muss es tun. Das bin ich German schuldig. Sicher, für seine Verletzungen konnte de Winter nichts. Aber durch sein Verhalten hat er ihm stark zugesetzt. Er soll wissen, dass German tot ist.“

„Lass uns das übernehmen."
„Nein."
„Eva hat recht", sagte Julius. „Lass uns gehen. Du wirst hier gebraucht. Du darfst die anderen jetzt nicht alleine lassen. Wir können de Winter und Steger auch informieren."
„Das kann ich nicht von euch verlangen."
„Tust du ja nicht. Wir bieten es dir an."
Jan Bergmann schien nicht so richtig auf den Vorschlag von Eva und Julius eingehen zu wollen. Er sah zwischen ihnen hin und her und kratzte sich an der Stirn. „Ich weiß, dass ihr es nur gut meint. Und ich weiß auch, dass ihr recht habt. Aber ich bin der neue Anführer der Inspirierten. Es ist meine Aufgabe, den Belgier aufzusuchen."
„Warum?", wollte Julius wissen. „Was versprichst du dir davon? Glaubst du wirklich, er wird sich für deine Vorwürfe interessieren? Natürlich müssen er und der Wirt Bescheid wissen. Alleine, damit sie nicht wieder herkommen, sondern euch in Ruhe lassen. Aber du musst doch nicht persönlich mit ihnen reden."
„Meint ihr das wirklich?"
„Ja", sagte Julius.
„In Ordnung. Ich danke euch. Auch dafür, dass ihr mich vor einer Dummheit bewahrt habt. Ich hätte mich vermutlich auf den Belgier gestürzt."
„Gegen ihn kommt keiner von uns an."
„Ich weiß, Julius."
Wie auch schon am Morgen bestand Jan Bergmann darauf, dass Julius und Eva ein Pferd nahmen. So machten sie sich zum zweiten Mal an diesem Tag auf den Weg nach Hüttengesäß.

37

Karl Krämer kroch zur Tür und lehnte sich mit dem Oberkörper dagegen. „Nicht einsperren", wimmerte er leise. „Ihr dürft mich nicht einsperren." Der Künstler sank zu Boden und schützte mit den Armen seinen Kopf, als erwartete er einen Schlag. Warum tat man ihm das an? Er hatte doch nichts verbrochen. Er wollte nur seine Ruhe haben und malen.

Zeiger soll sich nicht so anstellen, dachte Karl. Warum musste er ihm den bösen Mann schicken? Der böse Mann, der ohne Erlaubnis in sein Heim eingedrungen war. Keiner durfte ohne seine Erlaubnis in die Hütte. Sein Kunstwerk war nicht fertig. Niemand durfte es ansehen. Schon gar nicht der böse Mann. Wie einen Hund hatte er ihn abgeführt. An eine Leine gebunden und hinter sich hergezogen. Karl hasste den bösen Mann.

Der Raum hatte keine Fenster, Karl konnte gar nichts sehen. Plötzlich hörte er hinter sich ein Rascheln und hob zitternd den Kopf.

„Wer ist da?", fragte er zögerlich, bekam aber keine Antwort. Auch das Geräusch hörte er nicht wieder.

Der Künstler kroch von der Tür weg und tastete sich am Boden entlang bis zur Wand. Dorthin setzte er sich mit dem Rücken an die Steine.

Warten, dachte er. *Ich muss nur warten. Der Pfarrer wird kommen, um mich zu holen. Danach kann ich wieder in den Wald gehen. Ich muss meine Arbeit beschützen. Vor dem bösen Mann und auch vor Zeiger.*

Was, wenn der Bauer zur Hütte ging und seine Werke zerstörte? Nein, sie war da. Sie würde aufpassen und seine Sachen schützen. Sie hatte ihn immer beschützt. Gesprochen hatte Karl nie mit ihr. Sie wollte keinen Kontakt. Aber sie war stets da gewesen. Der Wald war ihr Zuhause. Genau wie er Karls Zuhause war. Vielleicht würde sie sogar kommen, um ihn zu befreien. Dagegen konnte nicht einmal der böse Mann etwas tun. Sie war stärker. Viel stärker.

Die Dunkelheit setzte Karl Krämer immer mehr zu. War es noch Tag oder schon Nacht? Er wusste es nicht. Der Künstler spürte nur, wie es kälter wurde. Was war das für ein Raum? Gab es hier Ratten? Hatten sie das Geräusch verursacht? Karl mochte diese Tiere nicht. Sie waren eklige, kleine Nager und lebten im Dreck.

„Lasst mich bloß ihn Ruhe!", rief der Künstler ins Dunkel. Dann wartete er weiter. Warum kam sie nicht? Wusste sie etwa nicht, dass man ihn hier gefangen hielt? Das konnte nicht sein. Sie musste es wissen. Nichts konnte man vor ihr verbergen. Sie war schlauer als die anderen. Auch schlauer als Karl, aber das war ihm egal. Sie war keine Feindin. Sie war nicht so wie der böse Mann. Stand er Wache vor der Tür? Lauerte er darauf, dass sie kam, um Karl zu befreien? Der Künstler bekam Angst. Was, wenn der Fremde doch stärker war? Er hatte ein Gewehr. Sie hatte keine Waffen. Aber sie war schlau. Vielleicht wartete sie, bis der böse Mann wegging. So musste es sein. Deshalb konnte sie ihn nicht befreien. Nicht, solange er noch da war. Aber bald. Sehr bald.

Plötzlich hörte Karl wieder ein Geräusch. Kam es von draußen? War jemand im Flur? Der Künstler lauschte, aber es blieb still. Dann raschelte es an der Tür. Der Riegel wurde zurückgezogen. Ein schmaler Streifen Licht fiel in den Raum, und Karl konnte die Gestalt am Eingang erkennen. War das der böse Mann? Nein, dafür war die Person zu klein. Sie könnte es sein. *Ja*, dachte er. *Sie muss es sein.*

„Kommst du, um mich zu befreien?"

„Pst."

„Ja, ich bin leise", flüsterte der Künstler. „Ich verstehe schon. Niemand soll uns hören."

Die Tür öffnete sich nun ganz, und Karl wurde vom hereinfallenden Licht geblendet. Er rieb sich die Augen. Als er wieder sehen konnte, war die schwarz gekleidete Person direkt vor ihm.

Der Künstler wollte aufstehen, doch der Besucher drückte ihm die Hände auf seine Schulter. Dann ging er selbst in die Hocke.

„Ich dachte schon, ich komme nicht mehr hier raus", sagte Karl Krämer. „Du nimmst mich doch mit, oder?"

„Nein."

Die Gestalt holte aus und zerfetzte Karls Kleidung mit einem Schlag. Sofort spürte er das Brennen. Der zweite Hieb kratzte Hautfetzen aus seiner Brust. Der Künstler war von dieser Attacke vollkommen überrascht und vergaß sogar zu schreien.

„Warum tust du das?", wimmerte er.

Der nächste Schlag traf ihn seitlich am Kopf. Der Angreiferzog an seinen Haaren, bis der Hals freilag. Genau dort riss ihm der Mörder die Haut bis zur Schlagader auf. Ein nie gekannter Schmerz durchzuckte den Körper des Künstlers, und er war kurz davor, sein Bewusstsein zu verlieren. Bevor er auch nur einen Gedanken an Gegenwehr verschwenden konnte, spürte er einen Stich an seiner Kehle. Dann nichts mehr.

38

„Sprich mit ihm. Biete ihm an, dass er ein paar Tage bei dir im Pfarrhaus wohnen kann. Auf dich wird er hören."

„Warum habt ihr ihn nicht einfach wieder laufen lassen?", fragte der Pfarrer.

„Solange die Dorfbewohner glauben, dass Karl der Mörder ist, werden sie Jagd auf ihn machen. Wir müssen ihn schützen, bis wir den wahren Täter gefasst haben. Nimm ihn zu dir. Dort wird er vor der Meute sicher sein."

„Du hast recht, Josef. Es war gut, dass du ihn eingesperrt hast, nachdem ihr ihn bei Zeiger erwischt habt."

„De Winter brachte den Künstler zu mir."

„Wo ist der Belgier? Ich habe ihn bei der Beerdigung vermisst."

„Er wollte geeignete Stellen suchen, wo wir die Wachen aufstellen können", antwortete Josef. „Sicher wird er bald auftauchen."

Die beiden Männer waren auf dem Weg vom Friedhof zur Krone. Die anderen Trauergäste waren schon vorausgegangen und hatten den Schankraum sicher bereits besetzt. Der Wirt hoffte, dass seine Gehilfen zurechtkamen, bis er selbst die Krone erreichte. Für heute hatte er zwei Frauen zusätzlich eingestellt, die die Gemeinde bewirten sollten.

„Lass mich zunächst alleine mit ihm sprechen", sagte der Pfarrer, als sie den Hintereingang der Krone erreichten, und betrat das Gebäude. Josef blieb vor der Tür stehen und schaute die Straße hinab. Dort sah er Luuk de Winter, der gemächlich auf das Wirtshaus zukam.

„Was ist los?", fragte der Jäger, als er den Wirt erreichte.

„Der Pfarrer ist unten und spricht mit dem Künstler, ich ..."

Josef kam nicht dazu, den Satz zu beenden, weil die Tür von innen aufgestoßen wurde. Der Pfarrer trat mit der Hand vor dem Mund nach draußen, taumelte bis hinter das Haus, ging in die Hocke und übergab sich.

„Was zum Teufel ist hier los?", fluchte de Winter und stürmte die Treppe hinunter. Steger warf noch einen Blick auf den Pfarrer und folgte dem Belgier. Schon von der Treppe aus konnte er sehen, dass die Tür zum Verlies offen stand, in das sie den Künstler gebracht hatten. Neben de Winter blieb er stehen.

„Wie ist das möglich?", stöhnte der Wirt.

„Du hättest ihn niemals unbewacht lassen dürfen“, sagte de Winter.

„Aber Karl ist harmlos.“

„Der Mörder scheint dies nicht so zu sehen. Er war hier. Am hellichten Tag spaziert dieser Mistkerl hier herein und tötet den Verrückten. Und keiner von euch Bauern merkt etwas.“

Die Worte des Belgiers bohrten sich tief in Stegers Gehirn. Am liebsten wäre er dem Jäger an die Gurgel gegangen. Andererseits hatte der Mann aber recht. Sie hätten besser auf Karl Krämer aufpassen müssen. Einen Moment lang starrte Josef auf die übel zugerichtete Leiche des Künstlers. Genau wie bei Richard waren die Augen in den Schädel gedrückt. Hals und Brust waren zerfetzt und zeigten das rohe Fleisch.

„Ich muss hier raus“, sagte Steger und ging die Treppe herauf nach draußen. Dort traf er auf den Pfarrer, der sich wieder einigermaßen gefangen zu haben schien. Er saß auf einer Bank hinter dem Haus und atmete tief durch.

„Es tut mir leid.“

„Das weiß ich, Josef.“

„Karl hat das nicht verdient.“

„Kein Mensch verdient so etwas.“

Auch de Winter kam aus dem Gebäude und blieb neben Steger und dem Pfarrer stehen.

„Ich werde dieses Monstrum erwischen“, sagte der Jäger. „Und wenn ich bis zum Ende meines Lebens hier in Hüttengesäß bleiben muss. Ich werde nicht aufgeben. Niemals.“

Josef sah den Belgier überrascht an. Zum ersten Mal, seit er hier im Ort angekommen war, zeigte de Winter eine Gefühlsregung. Das Entsetzen stand ihm ins Gesicht geschrieben. Dieser Zustand dauerte allerdings nur kurz. Danach setzte er wieder den kalten und abweisenden Blick auf, den die Dorfbewohner von dem belgischen Jäger gewohnt waren.

„Die Bestie wird immer mutiger“, sagte er schließlich.

Scheinbar schloss de Winter genau wie Josef aus, dass einer der Männer aus dem Ort oder vom Baumwieserhof den Künstler getötet hatten. Nein, es war die Bestie gewesen, die auch schon die anderen Menschen auf dem Gewissen hatte.

„Ich möchte, dass so wenige Leute wie möglich den Toten sehen.“

„Wir können ihn nicht im Keller liegen lassen", entgegnete Josef. „Nein. Herr Pfarrer, schicken Sie mir zwei der Männer, die auch den Säufer ins Leichenhaus gebracht haben. Um den Rest werde ich mich kümmern. Außerdem will ich herausfinden, wie der Mörder in den Keller gekommen ist."

Weder der Pfarrer noch Steger widersprachen. Es war die beste Lösung, wenn der Jäger die Leiche wegschaffte. Sie selbst mussten in den Schankraum gehen. Es würde auffallen, wenn sie zu lange wegblieben. Josef gab de Winter recht. Es würde zu einer Panik kommen, wenn die Leute aus dem Dorf den toten Künstler sahen.

„Die haben mir jetzt gerade noch gefehlt", sagte de Winter und deutete auf Julius und Eva, die in diesem Moment die Straße heraufritten.

39

„Es fällt mir schwer, zu glauben, dass ihr zufällig ausgerechnet jetzt auftaucht", begrüßte de Winter Julius und Eva.

„Wie meinen Sie das?"

„Ganz einfach, mein Junge. Wir haben gerade die Leiche des verrückten Malers gefunden."

„Wo?"

Luuk de Winter erzählte Julius und Eva, was passiert war. „Was wollt ihr hier?", fragte er dann.

„German Weiland ist tot", antwortete Eva.

„Das ist schlecht. Ich hatte mir noch ein paar Informationen von ihm gewünscht."

„Mehr fällt Ihnen nicht dazu ein?", schrie Julius den Belgier an. Er konnte es nicht fassen. Bedeutete dem Kerl ein Menschenleben denn gar nichts? „Was sind Sie nur für ein herzloser Mensch?"

„Denk ruhig von mir aus, was du willst, Kleiner. Ich bin auf der Suche nach einem mittlerweile sechsfachen Mörder. Glaub nicht, dass mir die Toten egal sind. Ich will weitere Morde verhindern. German Weiland hätte mir vielleicht dabei helfen können."

„Ihr seid doch nicht nur hierhergekommen, um uns von Weilands Tod zu erzählen", sagte Steger, „habe ich recht?"

„Ja", antwortete Julius. „Ich habe heute Morgen noch ein paar Sachen vergessen." Er erzählte den Männern, wie der Mörder auf sein Amulett reagiert hatte, und von der Warnung, dass er nicht nach ihm suchen sollte.

„Ich wusste doch, dass du etwas mit den Morden zu tun hast", sagte der Jäger.

„Ich war es nicht", sagte Julius. „Das können Sie doch nicht ernsthaft denken."

„Nein. Aber der Mörder kennt dich, oder besser gesagt, kannte er den Grafen. Er hat dich bewusst verschont. Ich will wissen, warum."

„Er weiß es." Julius deutete auf den Wirt.

„Ja, Josef", sagte der Pfarrer. „Es wird Zeit, dass du redest."

„Die Bestie muss den Grafen gekannt haben", erklärte der Wirt. „Wenn der Junge wirklich sein Sohn ist, erklärt dies, warum er verschont wurde."

„Das ist uns auch klar", sagte de Winter. „Ich will jetzt alles wissen, verstanden?" Der Jäger ging einen Schritt auf Steger zu und packte ihn an der Schulter. „Hier geht es um mehr als um persönliche Interessen. Rede!"

„Ich verkaufe den Hof."

„Nein, Eva", rief Julius entsetzt. „Das kannst du nicht machen."

„Doch. Nach allem, was passiert ist, werde ich sicher nicht in Hüttengesäß bleiben. Dann kann ich den Hof auch gleich verkaufen."

„Jetzt hast du, was du wolltest", sagte de Winter, bevor Julius etwas erwidern konnte. „Und jetzt mach dein verdammtes Maul auf."

„Also gut", sagte Steger. „Sehr viel kann ich euch aber auch nicht sagen."

„Sprich endlich." Julius spürte, wie ihn der Zorn zu übermannen drohte. Er musste sich zusammenreißen, dem fetten Wirt nicht die Faust ins Gesicht zu schlagen. Was bildete sich dieser Kerl ein? Was musste noch passieren?

„Johanna Meyer und ich wollten heiraten. Sie hatte bereits meinen Antrag angenommen und wir standen kurz davor, unsere Verlobung bekannt zu geben."

„Was?", schrie Julius. Bei dem Gedanken, dass dieser gemeine Kerl und seine Mutter ein Paar gewesen waren, wurde ihm übel.

„Willst du jetzt die Wahrheit hören, oder nicht?"

„Schon gut, Steger. Sprich weiter."

„Johanna hat im Auftrag des Grafen für dessen Gattin gearbeitet. Ich habe sie fast jeden Abend besucht, und wir wollten gemeinsam das Gasthaus meiner Eltern übernehmen. Als der Graf davon erfuhr, verbot er Johanna, sich weiter mit mir zu treffen. Sie sollte ganz für seine Gattin da sein. Im Gegenzug dazu förderte mich Albert und weihte mich immer mehr in seine Geschäfte ein. Dann wurde Johanna schwanger."

Julius erschrak. Wollte Steger ihm jetzt etwa sagen, dass er selbst sein Vater war? Nein, das konnte nicht sein. Es durfte nicht sein! „Warum ist meine Mutter dann weggegangen?", fragte er.

„Wegen dir."

„Das verstehe ich nicht", sagte Julius.

„Johanna Meyer und ich hatten eine gemeinsame Tochter. Sie starb am 18. November 1799, eine Stunde nach ihrer Geburt."

„Drei Tage später bin ich geboren."

„Siehst du, Julius. Und deshalb kann Johanna Meyer nicht deine Mutter gewesen sein."

Julius hatte das Gefühl, als würde ihm eine Nadel ins Herz gestoßen. Er glaubte dem Mann. Josef hatte keinen Grund, jetzt noch zu lügen. Johanna Meyer war nicht seine Mutter. Sie hatte ihn sein ganzes Leben lang beschützt und alles für ihn getan. Sie hatte ihn mit Liebe großgezogen, war immer für ihn da gewesen. Aber sie war nicht seine Mutter. Er spürte, wie eine Träne seine Wange herablief, und fühlte eine entsetzliche Leere.

„Was ist danach passiert?", wollte de Winter wissen.

„Ich war Tag und Nacht bei Johanna. Auch während sie schlief. Dann kam der Graf und redete lange mit ihr. Er sagte mir, dass sie Ruhe brauche, und schickte mich nach Hause. Ich dachte mir nicht viel dabei und nahm mir vor am nächsten Morgen wiederzukommen. Der Graf hätte mich an diesem Abend nicht mehr zu Johanna gelassen. Sein Wort war Gesetz. Widerspruch duldete er nicht. Am nächsten Tag war sie dann weg. Ohne ein Wort des Abschiedes."

Die letzten Worte hatte der Wirt immer leiser gesprochen. Er war blass geworden, und Julius tat der Mann leid - zumindest einen kurzen Augenblick lang. Josef Steger hatte viel durchgemacht. Vielleicht wäre er jetzt ein anderer Mensch, wenn Johanna bei ihm geblieben wäre.

„Wenn Johanna nicht meine Mutter war, wer dann?" Die Frage fiel Julius schwer. Sicher, er war nach Hüttengesäß gekommen, um mehr über seine Vergangenheit zu erfahren. Was er jetzt hörte, ließ ihn diesen Schritt bereuen. Sein ganzes Leben war eine einzige Lüge. Dennoch. Nun wollte er die ganze Wahrheit wissen. So bitter sie vielleicht auch war.

„Ich weiß es nicht. Das schwöre ich. Es gab keine andere Schwangere in der Burg, auch in den Orten in der Umgebung nicht. Zumindest keine, die kurz vor der Niederkunft gestanden hätte. Ich kann dir nicht sagen, woher du kommst. Aber wegen dir hat mich meine Johanna verlassen. Mehr weiß ich nicht. Und jetzt lass mich in Ruhe. Ich habe zu tun." Josef Steger drehte den Männern den Rücken zu und verschwand in der Krone. Keiner hielt ihn auf.

Julius war geschockt. Er hatte viel erfahren, aber seine Fragen waren dadurch nur noch zahlreicher geworden. Er musste herausfinden, wer seinen Vater umgebracht hatte. Vielleicht bekam er so einen Hinweis auf seine richtige Mutter.

„Ihr werdet jetzt sicher zurück zur Burg wollen", vermutete de Winter.

„Ja", bestätigte Julius. Noch immer kam es ihm vor, als stünde er neben sich selbst. Er wollte nur noch weg von diesem Ort.

„Beeilt euch. Es wird bald dunkel. Hast du dein Gewehr noch?"

„Nein, ich habe es wohl im Verlies der Burg liegen lassen. Vielleicht hat es Bergmann."

„Ich hole dir ein anderes. Warte hier."

Luuk de Winter betrat die Krone und kam bald darauf mit einer Jagdflinte zurück. Eva und Julius saßen bereits wieder auf ihrem Pferd. Der Pfarrer hatte sich verabschiedet und war im Wirtshaus verschwunden. De Winter gab Julius das Gewehr und ein Päckchen mit Munition.

„Passt auf euch auf. Wenn ihr etwas Neues erfahrt, lasst es mich wissen."

„Das werden wir", sagte Julius. „Wir haben vor, den Nachlass des Grafen zu untersuchen. Vielleicht finden wir einen Hinweis."

„Macht das." Der Jäger ging auf die Nebentür der Krone zu und verschwand in Richtung Keller.

„Ich mag ihn immer noch nicht", sagte Eva.

„Ich auch nicht. Aber wir müssen mit ihm zusammenarbeiten, wenn wir die Bestie erwischen wollen."

„Das ist aber nicht unsere Aufgabe."

„Doch, Eva. Der Mörder ist der Schlüssel zu den Antworten, die wir suchen. Du willst doch auch wissen, wer die Schuld am Tod deiner Eltern trägt."

Eva nickte stumm. Auf dem Weg zurück zur Burg sprachen beide nicht viel. Peter erwartete sie am Eingang und nahm ihnen das Pferd ab. Jan Bergmann sahen sie nicht. Julius beschloss, ihn erst am nächsten Tag über die Vorfälle zu informieren. Für heute hatte der Inspirierte Probleme genug, und auch er selbst musste die Ereignisse des Tages zunächst verdauen. Er wollte nicht mehr an seine Herkunft denken, fühlte sich leer.

Was Julius jetzt brauchte, war Ablenkung. Er wollte spüren, dass er noch lebte, und nicht mehr an seine Eltern denken. Zumindest nicht mehr an diesem Tag. Er ging mit Eva direkt zu den Herrengemächern, wo sie die Nacht verbringen wollten. Die nächsten Stunden sollten ihnen gehören. Ihnen alleine.

Sie fielen sich in die Arme. Julius schob seine Gefährtin sanft in Richtung Bett. Die junge Frau tat nur so, als wolle sie sich wehren, und lächelte ihn auffordernd an. Dann schlang sie die Arme um seinen Hals und küsste ihn zärtlich auf den Mund.

„Was ist los, Julius?", fragte Eva, als er den Kuss nicht erwiderte.

„Ich kann die Ereignisse des Tages einfach nicht vergessen. So gerne ich das auch würde."

Eva drückte Julius noch fester an sich und küsste ihn erneut. „Wir haben alle Zeit der Welt", sagte sie. „Wenn das alles hier vorbei ist, wird ein neues Leben für uns anfangen."

„Ja, das wird es." Er drückte das Mädchen sanft nach hinten und gab ihr einen leichten Schubs, sodass sie auf die Bettdecke fiel. Er ging auf sie zu, legte sich neben sie und nahm sie in den Arm. Jetzt erwiderte er den Kuss, der zunächst zaghaft war und dann immer leidenschaftlicher wurde. Die Welt um sie herum schien verschwunden. In den nächsten Stunden gab es nur noch sie beide.

40

Die ersten Sonnenstrahlen, die durch das offene Fenster fielen, weckten Julius. Um ihn herum war alles ruhig. Er öffnete die Augen und sah Evas schwarze Haare. Julius blieb auf dem Rücken liegen und genoss die Stille. Das Mädchen lag halb auf ihm und er konnte ihre nackte Brust auf seinem Oberkörper spüren. Er streichelte mit seiner Hand sanft über Evas Rücken. Nicht erst seit dieser Nacht wusste Julius, dass er sie über alles liebte. Er wollte und würde mit ihr den Rest seines Lebens verbringen. Dabei war es ihm egal, ob sie hier oder an einem anderen Ort leben würden.

Seine Gedanken wanderten zu der Frau, die er sein ganzes Leben lang als seine Mutter angesehen hatte. Was hatte Johanna Meyer ihm verschwiegen? Welches Geheimnis hatte die Frau damals dazu bewogen, die Gegend um die Ronneburg zu verlassen?

Für heute hatte sich Julius vorgenommen, die Gemächer des Grafen nach Hinweisen zu untersuchen, die ihm vielleicht einen Teil seiner Fragen würden beantworten können. Auch wollte er Jan Bergmann darüber berichten, was er von Steger erfahren hatte. Auch wenn der Inspirierte nicht wusste, was damals passiert war, sah Julius in ihm den Einzigen, der ihm bei seinen Nachforschungen unterstützen konnte. Außer Eva natürlich. Sie würde an seiner Seite bleiben, ganz egal was geschah. Das hatte das Mädchen Julius nicht nur gesagt, sondern in der vergangenen Nacht auch bewiesen. Er dachte daran, dass sich einige Leute furchtbar darüber aufregen würden, wenn sie die beiden so in dem Bett sähen. Es war unschicklich, wenn zwei junge Menschen, die noch nicht einmal verlobt waren, derartig freizügig miteinander umgingen. Ganz zu schweigen von dem, was in der Nacht passiert war. Das war Julius aber egal. Die Leute sollten denken, was sie wollten. Allen voran Luuk de Winter und Josef Steger.

Der junge Mann wollte aufstehen und beginnen, die Gemächer des Grafen zu durchsuchen. Eva sollte ruhig noch etwas schlafen. Auch für sie waren die letzten Tage sehr anstrengend gewesen.

„Warum machst du nicht weiter?", fragte das Mädchen, als Julius die Hand von ihrem Rücken nahm. Sie hob den Kopf und sah ihn lächelnd an.

„Ich wollte dich nicht wecken."

„Das hast du auch nicht. Ich bin schon länger wach und habe es genossen, einfach nur hier bei dir zu liegen. Es ist so schön ruhig."

„Das wird es nicht bleiben", sagte Julius. „Wir müssen aufstehen." Mit dem Zeigefinger strich er seiner Gefährtin eine Haarsträhne aus dem Gesicht und küsste sie dann sanft auf die Nasenspitze.

„Ja, das müssen wir. Aber noch nicht sofort."

Eva schob sich etwas nach oben und suchte mit ihren Lippen Julius` Mund. Beide gaben sich einem langen und intensiven Kuss hin. Dann löste er sich von ihr und setzte sich auf.

„Wir sollten angezogen sein, wenn Peter oder einer der anderen kommt, um uns zum Frühstück zu holen."

Lächelnd gab das Mädchen ihrem Freund recht. Sie standen auf und streiften sich ihre Kleidung über.

„Willst du warten, bis jemand kommt, oder sollen wir nach unten gehen."

„Wir warten", entschied Julius. „Ich möchte mich noch ein wenig in den Räumen meines Vaters umsehen. Vielleicht finden wir ja etwas."

„Wonach suchst du?"

„Ich weiß es nicht. Vielleicht gibt es noch irgendwelche Schriftstücke, die etwas über meine Herkunft enthüllen. Hier hat ja niemand etwas weggenommen, nachdem Albert zu Büdingen-Ronneburg verschwunden ist."

„Wo willst du anfangen?"

„ Im Raum unter uns. Dort steht der Schreibtisch des Grafen. Wenn es noch Unterlagen gibt, werden sie sicher in seinem Arbeitsbereich zu finden sein."

„Ich kann mich ja in der Zwischenzeit hier oben noch etwas umsehen."

„Ja, Eva, mach das."

Über eine Wendeltreppe ging Julius einen Stock tiefer. Gespannt ging er über die Holzdielen auf den mächtigen Schreibtisch zu und setzte sich auf den Sessel davor. Die Arbeitsplatte selbst war mit Ausnahme eines eingetrockneten Tintenfasses leer. Eine dicke Staubschicht bedeckte das Holz. Entschlossen öffnete Julius die oberste Lade des Unterschrankes. Dort fand er einige Bücher mit schwarzem Einband. Er nahm das oberste heraus, wischte den Staub von der Arbeitsplatte und legte den Wälzer darauf. Beschriftet war das Buch nicht, sodass Julius es öffnen musste, um etwas über den Inhalt zu erfahren. *Jetzt wird es spannend*, dachte er, klappte den Deckel auf und blickte auf ein Zahlenmeer, das fein säuberlich untereinander in Blöcken aufgeschrieben war. Er hatte die Abrechnungen des Grafen gefunden, die ihn sicherlich nicht weiterbringen würden. Enttäuscht klappte er das Buch wieder zu und nahm das nächste aus der Lade. Schnell musste er feststellen, dass auch die anderen Bände das Gleiche beinhalteten.

Julius nahm sich eine Schublade nach der anderen vor, fand aber nichts, was irgendeinen Hinweis auf seine Herkunft enthielt. Er atmete tief durch und wollte sich gerade von seinem Platz erheben, als Eva den Raum betrat.

„Ich glaube, ich habe die Tagebücher der Gräfin gefunden“, sagte sie.

„Was steht da?“

„Das weiß ich nicht.“

„Dann schau doch mal nach.“ Julius blickte zu Eva, die ihn traurig ansah. „Was ist los?“

„Ich kann nicht lesen.“

„Nicht?“

„Nein. Wir sind hier auf dem Dorf nicht so gebildet wie ihr Städter.“

Julius hörte den trotzigen Unterton in Evas Stimme, stand auf, ging zu ihr und nahm sie in den Arm. „Das ist doch nicht schlimm“, sagte er. „Ich kann auch nur lesen, weil meine Mutter darauf bestanden hat, es mit mir gemeinsam zu lernen. Gib mir das Buch. Ich lese es dir vor.“

„Es sind zwei.“

Eva drückte Julius die beiden Bände in die Hand, die in dasselbe Material eingebunden waren wie die Abrechnungsbücher des Grafen. Beide gingen zum Schreibtisch. Während Julius sich wieder auf dem Sessel niederließ, nahm Eva einfach auf der Arbeitsplatte Platz. Gerade als er anfangen wollte zu lesen, klopfte es an die Tür.

„Mein Vater schickt mich“, sagte Peter und betrat den Raum. „Ich soll euch abholen, damit wir alle gemeinsam frühstücken können.“

„Vielleicht ist es besser, wenn wir alleine essen“, sagte Julius. „Sicher wollt ihr so kurz nach Germans tragischem Tod lieber unter euch sein.“

„Mein Vater hat vorausgesagt, dass ihr so antworten würdet. Ich soll euch sagen, dass wir alle froh sind, dass die Gemächer des Grafen wieder bewohnt sind, und es uns eine große Ehre wäre, wenn ihr uns Gesellschaft leisten würdet."

„Wenn das so ist, kommen wir natürlich gerne mit", sagte Julius. Gemeinsam mit Eva folgte er Peter in den Speisesaal der Inspirierten, die soeben ihr Morgengebet beendet hatten und aus der Kapelle herunterkamen. Die Trauer um den verstorbenen Anführer lag fast greifbar in der Luft. Selbst Prinz kam nicht aus seiner Hütte hervor und schaute nur traurig aus dem Eingang heraus.

41

Zwei Stunden später saßen Julius und Eva wieder am Schreibtisch des Grafen. Nach dem Frühstück hatten sie Jan Bergmann in das Rätsel, welches sich um Julius' Herkunft rankte, eingeweiht und ihm erzählt, was sonst noch passiert war. Der neue Anführer der Inspirierten zeigte sich betroffen, konnte den beiden aber nicht weiterhelfen. Von einer schwangeren Frau, die in der Burg oder der Umgebung gelebt hatte, als Johanna Meyer der Gegend damals den Rücken kehrte, wusste auch er nichts. Da Jan noch viele Vorbereitungen für die Beerdigungen treffen musste, verabschiedete er sich wieder von seinen Gästen, die es eilig hatten, zurück in ihre Gemächer zu kommen.

„Jetzt bin ich wirklich gespannt, was in den Tagebüchern der Gräfin steht", sagte Julius.

„Wahrscheinlich wusste sie nichts davon, dass ihr Gatte ein Kind mit einer anderen Frau gezeugt hat."

„Das mag stimmen. Dennoch sollten wir ihre Aufzeichnungen anschauen. Vielleicht gibt es ja doch einen Hinweis."

Julius nahm das erste der Tagebücher und fing an zu lesen.

17. Mai 1797

Drei Tage ist es jetzt her, seit mich mein Gatte in meine neue Heimat geführt hat. Die Ronneburg ist noch größer, als ich es erwartet hatte, und voller Menschen. Den Großteil der Gebäude bewohnt eine Gruppe von Gläubigen, die sich die Inspirierten nennen. Die Männer und Frauen sind sehr zurückhaltend und bislang habe ich lediglich ihren Führer German Weiland kennengelernt. Albert liest mir jeden Wunsch von den Lippen ab. In den ersten Tagen meiner Anwesenheit hier hat er mir alles gezeigt und wir sind ausgeritten, um uns die wunderschöne Gegend anzuschauen. Daher ist es mir erst heute möglich, mit meinen Aufzeichnungen zu beginnen. Weil es ein neuer Abschnitt in meinem Leben ist, fange ich auch ein neues Buch an, welches mir mein Gatte freundlicherweise zur Verfügung gestellt hat.

Meine Ängste und Sorgen, die mich vor der Hochzeit quälten, haben sich als unbegründet erwiesen. Mein Ehemann behandelt mich höflich und hat mich bisher nicht dazu gedrängt, meine ehelichen Pflichten zu erfüllen. Dennoch zeigen mir seine Blicke, wie sehr er mich begehrt. Auch ich fühle mich zunehmend von der Gestalt Alberts angezogen. Wenn er heute Nacht um Zutritt zu meinem Gemach ersucht, werde ich ihn nicht abweisen.

„Ich hoffe, das geht nicht so weiter", sagte Julius grinsend.

„Warum? Ich finde es schön geschrieben", entgegnete Eva.

„Sie scheint noch sehr jung gewesen zu sein, als sie den Grafen heiratete."

„Zwei Jahre später ist sie dann gestorben."

„Ich wüsste gerne, woran", sagte Julius. „Bisher hat keiner mehr über die Gräfin gesagt, als dass sie kurz vor dem Verschwinden ihres Gatten nach einem Unfall gestorben ist."

„Vielleicht weiß Jan mehr."

„Wir werden ihn fragen."

„Lies weiter, Julius", bat Eva. „Vielleicht kommt doch noch etwas Wichtiges."

Auf den nächsten Seiten schilderte Hildegard zu Büdingen-Ronneburg, wie sich das Liebesleben zwischen ihr und Albert weiterentwickelte. Aus den Worten wurde deutlich, wie sehr die Gräfin ihren Ehemann geliebt hatte. Während es Julius zunehmend unangenehm wurde, so viele intime Details der Adeligen zu erfahren, hing Eva wie gebannt an seinen Lippen. Hildegard schilderte, wie ihr Albert ein Liebesnest eingerichtet hatte, in dem sie so tun konnten, als würden sie sich heimlich dort treffen. Der Ort lag so versteckt, dass sie nicht fürchten mussten, von anderen Menschen entdeckt zu werden. Mehrfach schrieb die Gräfin, dass sie an die Nächte mit ihrem Gatten denken musste, wenn sie von ihrem Fenster aus diesen Ort sah. Julius stand auf und ging zum Fenster. Unter sich sah er aber lediglich die Stallungen der Burg. Dort würde er den geheimen Platz sicher nicht finden. In der Ferne war nichts als Wiesen und Wälder. Es war unmöglich zu erkennen, ob es dort vielleicht eine Höhle oder etwas Ähnliches gab. Enttäuscht ging Julius zurück zum Schreibtisch, um zu lesen, wie es damals weitergegangen war.

Das Liebesglück der beiden schien nicht lange anzuhalten. Hildegard schilderte, wie sich der Graf zunehmend von ihr abwendete und die gemeinsamen Ausritte immer seltener wurden. Auch die Sprache der Gräfin veränderte sich. Julius und Eva hatten den Eindruck, dass sie immer verbitterter wurde. Sie musste sich sehr einsam gefühlt haben. Für die beiden wurde es jetzt interessanter.

Wenn das anfängliche Feuer, das die Liebe zwischen Hildegard und ihrem Gatten am lodern hielt, tatsächlich so schnell erloschen war, konnte dies vielleicht eine Erklärung dafür sein, warum sich Albert zu Büdingen-Ronneburg einer anderen Frau zugewandt hatte. Auch wenn beide das Verhalten des Grafen damit nicht entschuldigen wollten, konnte es kaum anders gewesen sein. Irgendwann musste Albert Julius ja gezeugt haben. An den Daten der Einträge in Hildegards Tagebuch erkannten sie, dass dieser Zeitpunkt langsam näherrücken musste.

Plötzlich wurde Julius bleich.

„Warum liest du nicht weiter?“, fragte Eva.

„Sie ist meine Mutter“, stieß Julius hervor und spürte, wie ihm langsam schwindlig wurde.

„Wie kommst du darauf?“

„Weil sie schwanger war. Warte bitte einen Moment. Ich muss erst etwas trinken, dann lese ich dir die Stelle vor.

Julius‘ Gedanken überschlugen sich. Konnte das wirklich stimmen? War er der Sohn von Albert und Hildegard zu Büdingen-Ronneburg? Falls ja, hätten sie dem Grafen unrecht getan, den sie bis jetzt im Verdacht hatten, seine Gattin betrogen zu haben. Julius leerte zwei Gläser Wasser und kehrte dann zu Eva zurück, die ihn gespannt ansah. Seine Hände zitterten, als er wieder nach dem Tagebuch der Gräfin griff.

3. April 1799

Heute habe ich Albert darüber in Kenntnis gesetzt, dass meine monatlichen Blutungen bereits seit sechs Wochen überfällig sind. Ich wollte es ihm schon viel früher sagen, habe mich aber noch nicht einmal getraut, diese Tatsache meinem Tagebuch anzuvertrauen. Schon lange habe ich den Verdacht, dass Albert meine Aufzeichnungen heimlich liest. Die Kälte, mit der er auf die Schwangerschaft reagierte, hat mich gleichermaßen überrascht wie entsetzt. Meine Hoffnung, mein Gatte würde mir in Erwartung des Kindes wieder mehr Zuneigung entgegenbringen, ist zerbrochen wie ein Krug, der zu Boden fällt. Ich habe Angst vor meinem Ehemann.

„Das ist ja furchtbar", sagte Eva und schaute Julius entsetzt in die Augen.

„Es muss etwas Schreckliches geschehen sein", stimmte der dem Mädchen zu. „Ich denke, dass der Graf mich nach meiner Geburt an Johanna Meyer übergeben hat und sie zwang den Ort zu verlassen. Kurz darauf starb die Gräfin."

„Vergiss das Skelett deines Vaters nicht. Was kann damals passiert sein?"

„Genau diese Frage müssen wir beantworten, Eva. Dies war leider die letzte Seite im Tagebuch. "

„Was willst du jetzt tun?"

„Wir gehen zu Jan."

„Wenn Hildegard wirklich deine Mutter ist, macht dich das zum leibhaftigen Grafen zu Büdingen-Ronneburg", sagte der Anführer der Inspirierten. Die beiden waren ihm auf dem Burghof regelrecht in die Arme gelaufen und hatten ihm sofort die Stelle im Tagebuch gezeigt. „Ist dir klar, was das bedeutet?"

„Nicht in vollem Umfang", gab Julius zu.

„Du bekommst damit eine große Verantwortung für die Burg und das Land hier."

„Noch ist nichts bewiesen."

„Doch, Julius. Es passt alles genau zusammen. Was auch immer damals geschehen ist: Du bist der legitime Nachfolger von Graf Albert."

„Und wenn ich das nicht sein will?"

„Niemand kann dich zwingen, dieses Erbe anzutreten. Dennoch. Für mich ist die Sache klar. Du musst dir den Titel vom Landgrafen bestätigen lassen. Dann gehören die Burg und das Umland rechtmäßig dir."

Julius sah Jan Bergmann zweifelnd an. Er fühlte sich mit der Aufgabe, die ihm der Anführer der Inspirierten zusprechen wollte, überfordert. Was sollte er mit der Burg? Julius wusste nicht einmal genau, was ein Graf alles tun musste. Er sah sich nicht in der Lage, die Verantwortung für andere Menschen zu übernehmen. Julius war noch viel zu jung und bis vor ein paar Tagen hatte er noch in ärmlichsten Verhältnissen gelebt. Nein. Er wollte die Rolle des Grafen zu Büdingen-Ronneburg nicht übernehmen - auf keinen Fall, bevor die Umstände seiner Geburt nicht lückenlos aufgedeckt waren. Tat er es doch, würden die Menschen an der Rechtmäßigkeit seines Titels zweifeln und in ihm womöglich einen Betrüger sehen, der sich bereichern wollte.

„Was weißt du über Hildegard zu Büdingen-Ronneburg?", fragte Julius den Inspirierten. „Du musst sie doch gekannt haben."

„Als sie damals hier in die Burg kam, war sie eine schöne, lebensfrohe junge Frau. Im Laufe der Zeit zog sie sich immer mehr zurück, bis sie ihre Gemächer schließlich kaum noch verließ. Es ging das Gerücht um, dass die Gräfin den Verstand verloren hätte. Irgendwann hieß es dann ohne weitere Erklärungen, sie sei nach einem Unfall gestorben. Wir haben alle an der Beerdigung teilgenommen."

„Wann war das genau?"

„Daran kann ich mich nicht erinnern. Vielleicht weiß der Pfarrer das genauer. Er muss eine Sterbeurkunde haben."

„Hast du die Tote gesehen?"

„Nein, Junge. Der Graf hatte nur wenige Vertraute, die wissen könnten, was damals genau passiert ist. German gehörte dazu."

„Wer noch? Steger vielleicht?"

„Das kann sein. Ihr solltet ihn danach fragen."

„Darauf kannst du dich verlassen. Und auch mit dem Pfarrer werden wir noch einmal reden. Hast du denn nie mit der Gräfin gesprochen?"

„Doch. Ich habe sie zweimal im Burghof getroffen und mich kurz mit ihr unterhalten. Das war aber im ersten Jahr, in dem sie in der Burg lebte. Später sah ich sie nur noch ab und an am Fenster des Bergfrieds. Dort hat sie immer gesessen, wenn sie in ihren Tagebüchern geschrieben hat."

„Wo war das genau?", fragte Julius aufgeregt.

„Sie saß auf der dem Hof abgewandten Seite und hat oft stundenlang einfach nur in die Wälder gestarrt."

„Das ist es", rief Julius, sprang auf und rannte zum Eingang des Bergfrieds.

Eva, die dem Gespräch der beiden Männer nur schweigend zugehört hatte, und Jan sahen sich überrascht an. Dann folgten sie Julius, der bereits im Turm verschwunden war. Auf der ersten Plattform trafen sie auf ihn. Er stand am Fenster und schaute hinaus.

„Was sind das für Gebäude, Jan?"

„Das ist die Herrnhaag. Oder besser gesagt das, was davon übrig geblieben ist."

„Wohnt dort noch jemand?"

„Nein, Julius. Schon lange nicht mehr."

„Nun erzähl schon. Du weißt doch mehr über diesen Ort."

„Die Ronneburg wird seit vielen Jahren von verschiedenen religiösen Gruppen bewohnt, zu denen auch die Inspirierten gehören."

„Was hat das mit der Herrnhaag zu tun?"

„Alles", antwortete Jan Bergmann und lächelte, als er in die fragenden Gesichter von Julius und Eva blickte. „Zu den Glaubensflüchtlingen auf der Ronneburg gehörte Mitte des 18. Jahrhunderts auch die protestantische Herrnhuter Brüdergemeinde unter Führung von Graf Zinzendorf. Aufgrund der beengten Verhältnisse zogen sie aber schnell weiter. Ihr Anführer erwarb bei Diebach am Haag ein großes Gelände, auf dem er im Verlauf von zwölf Jahren insgesamt achtzehn Gebäude errichtete."

„Woher weißt du das alles?", wollte Julius wissen.

„Auch wenn wir hier in einfachen Verhältnissen leben, heißt dies nicht, dass wir unkultiviert sind und uns nicht mit der Vergangenheit beschäftigen."

„Das wollte ich damit auch nicht sagen."

„Ich weiß, Julius. Wir haben eine kleine Bibliothek in der Burg eingerichtet, wo wir diese und andere Dinge festhalten."

„Könnte ich dort auch einen Hinweis auf meine Herkunft finden?"

„Nein. Ich habe nach unserem ersten Gespräch bereits dort nachgesehen. Über die Privatangelegenheiten des Grafen wirst du dort nichts finden."

„Es war einen Versuch wert", sagte Julius. „Was ist jetzt aber mit der Herrnhaag? Es ist ja weniger als hundert Jahre her, dass die Gebäude errichtet wurden. Was ist aus der Gruppe geworden, die dort lebte?"

„Auf Herrnhaag lebten ein paar Jahre später über tausend Personen. Für die Büdinger Regierung und auch für die Handwerker und Geistlichen der Stadt waren die Herrnhuter zu einer Gefahr geworden."

„Warum?", fragte Julius.

„Die Gruppe war wirtschaftlich autonom und hatte sehr viele Besucher aus aller Welt. Hier wurden Hunderte Missionare ausgebildet, die in alle möglichen Länder reisten."

„Das heißt, man wollte die Gruppe wieder loswerden?"

„Ja. Letztendlich waren es Neid und Missgunst, die dem Grafen von Zinzendorf zum Verhängnis wurden. Nach einem Regierungswechsel in Büdingen verlangte der neue Landgraf von ihm die Aufgabe der bisherigen Privilegien und Kirchenrechte binnen drei Jahren. Diese Auflagen nötigten die Herrnhuter Brüdergemeinde, die Siedlung zu verlassen."

„Unglaublich. Lebten die Inspirierten zu dieser Zeit bereits in der Ronneburg?"

„Ja. Und wir sind bis heute hier geblieben. Der Platz ist ausreichend für unsere kleine Gruppe. Ein Umzug in die Herrnhaag kam für uns nie in Frage."

„Wurden die Gebäude dort denn nicht mehr genutzt?"

„Nein. Da keine neuen Bewohner gefunden werden konnten, diente die Siedlung den umliegenden Gemeinden in der Folge als Steinbruch und zerfiel recht schnell."

„Was für eine Verschwendung."

„Das stimmt, Julius. Es war damals aber sicher nicht leicht, einen so großen Komplex zu unterhalten. Die Leute in der Gegend sind nicht so reich. Auch der Graf von Büdingen-Ronneburg hatte kein Interesse, seine Ländereien um die Herrnhaag zu erweitern."

„Ich muss da unbedingt hin."

„Warum, Julius?"

„Die Gräfin schrieb in ihren Tagebüchern über ein Liebesnest, das ihr Gatte für sie eingerichtet hat. Ich möchte es finden."

„Meinst du, dass es noch existiert?", fragte der Inspirierte. „Immerhin ist das jetzt zwanzig Jahre her."

„Ich muss es versuchen. Vielleicht finde ich dort eine Spur. Zumindest möchte ich aber den Ort sehen, an dem ich wahrscheinlich gezeugt wurde."

43

Josef Steger fühlte sich so leer wie noch nie in seinem Leben. Er gab es ungern zu, aber die Situation drohte ihm über den Kopf zu wachsen. Auch wenn der Sangwaldhof so gut wie in seinem Besitz war, wurden seine Probleme nicht weniger. Johannas Sprössling würde bestimmt nicht aufhören, nach seiner Herkunft zu forschen. Der Wirt hatte ihm alles gesagt, was er wusste, und war sich selbst nicht sicher, ob er die volle Wahrheit erfahren wollte. Manche Dinge sollten lieber in der Vergangenheit verborgen bleiben. Die Umstände der Geburt des Jungen gehörten dazu. Es gefiel Steger nicht, dass Julius mit Eva in der Burg wohnte, wo er ihn nicht mehr unter Kontrolle halten konnte.

Besonders getroffen hatte den Wirt der Tod des Künstlers. Josef nahm es sich sehr zu Herzen, was mit Karl passiert war, der keiner Fliege etwas zuleide tun konnte. Ihn im Keller des Gasthauses einzusperren war ein Fehler gewesen. Weder Steger noch de Winter hätten aber damit rechnen können, dass der Mörder sich traute in die Krone einzudringen, um den Maler zu ermorden.

Josef beschloss, gegen den ausdrücklichen Rat des belgischen Jägers, einen längeren Spaziergang zu machen. Er musste einmal für ein paar Stunden alleine sein und nachdenken. Zu viel war passiert. Steger brauchte einen klaren Kopf, wenn er die nächsten Tage überstehen wollte, ohne weitere Federn zu lassen. Das Geheimnis um seine Liebe zu Johanna preiszugeben war ihm schwer genug gefallen. Er hatte es all die Jahre verdrängt.

Der Wirt verließ den Ort und marschierte in Richtung Pfingstberg. Hier glaubte er sich sicher, da die Morde alle auf der anderen

Seite des Ortes passiert waren. Die Wachposten hatte Luuk de Winter vor etwa einer Stunde aufgelöst. Die Männer würden erst am Abend zu ihren Positionen zurückkehren, da sie davon ausgingen, dass die Bestie es nicht wagen würde, sich dem Ort bei Tage zu nähern.

Als er die ersten Bäume erreichte, setzte sich Steger auf einen Baumstumpf und blickte über Hüttengesäß hinweg zum Florstädter Berg. Irgendwo dort musste der hinterhältige Mörder seinen Unterschlupf haben. Als vor etwa zwanzig Jahren die ersten Schafe verschwanden, hatte man noch an ein gefährliches Raubtier geglaubt. Jetzt war klar, dass die Morde von einem menschlichen Wesen verübt worden waren. Wie konnte sich ein Mann so lange in den Wäldern versteckt halten, ohne entdeckt zu werden? Und vor allem: Warum tat er dies? Josef war überzeugt, dass Karl seinen Mörder gekannt hatte. Ansonsten wäre der sicher nie so nahe an den Künstler herangekommen, ohne dass der um Hilfe gerufen hätte. Er musste dem Kerl vertraut haben. Eine andere Erklärung gab es für den Wirt nicht. Karl hätte ihm sicher etwas von der menschlichen Bestie im Wald erzählt, wenn er Angst vor ihr gehabt hätte.

Plötzlich spürte Josef einen Schlag im Rücken, der ihn nach vorne stieß. Ehe er zu einer Reaktion fähig war, traf ihn ein weiterer Hieb an der Schläfe. Benommen stürzte Steger zu Boden. Für einen kurzen Augenblick verlor er das Bewusstsein. Dann riss ihn etwas am Arm herum. Der Wirt sah einen Schatten über sich. Die Gestalt sprang vor, setzte sich auf seinen Brustkorb und rammte Josef ihre Beine auf die Arme, sodass er keine Chance hatte, nach dem Angreifer zu schlagen. Steger versuchte sich mit den Füßen hochzustemmen. Ein weiterer Schlag gegen den Kopf raubte ihm sämtliche Kraft zur Gegenwehr. Der Mann, der in den vergangenen Jahren in seinem Gasthaus jede Schlägerei ihm Keim erstickt hatte, war plötzlich so wehrlos wie ein kleines Kind. Mit vor Schreck geweiteten Augen sah Steger auf die Gestalt über sich. Sie war ganz in Schwarz gekleidet und ihr Kopf war so verhüllt, dass lediglich die Augen zu erkennen waren. Diese funkelten ihn voller Zorn an.

„Ich kann deine Angst riechen."

Die weibliche Stimme irritierte Josef. Irgendwo hatte er sie schon einmal gehört. Er konnte sich aber nicht erinnern, wo. Er wusste nur, dass es schon eine sehr lange Zeit zurücklag. „Was willst du von mir?", fragte er mit zitternder Stimme.

„Deinen Tod."

„Wieso?“

„Das wirst du noch erfahren, Steger. Für heute reicht es mir, den großen Herrn über Hüttengesäß im Dreck liegen zu sehen. Dich hebe ich mir für den Schluss auf.“

„Wer bist du?“

Die Angreiferin antwortete nicht. Sie sah den Wirt noch einen Moment mit funkelnden Augen an und versetzte ihm dann einen weiteren Hieb gegen die Schläfe.

Steger sah nur noch ein verschwommenes Bild vor seinen Augen. Als sein Blick wieder klar wurde, war die Mörderin verschwunden. Er begann am ganzen Körper zu zittern. Erst jetzt wurde ihm klar, wie knapp er wirklich mit dem Leben davongekommen war. Als er aufstehen wollte, spürte Josef die warme Feuchtigkeit in seinem Schritt. Er beschloss mit keinem Menschen über diesen Vorfall zu sprechen - vor allem nicht mit Luuk de Winter. Die Peinlichkeit, wenn sich der belgische Jäger über ihn lustig machte, wollte sich der Wirt unbedingt ersparen. Zunächst musste er es aber schaffen, ungesehen die Krone zu erreichen, wenn er nicht zum Gespött des ganzen Ortes werden wollte.

44

„Runter!“, schrie Julius, riss Eva am Arm zu Boden und starrte auf das Loch, das die Kugel in die Mauer geschlagen hatte.

„Wer war das?“, fragte Eva, als der Schall des Schusses über den Feldern verhallt war. Julius konnte spüren, wie sie unter seinem Arm zitterte.

„Kommt sofort raus!“, rief eine den beiden wohlbekannte Stimme.

„Das ist de Winter.“

„Ja, Eva.“ Julius stand auf und ging mit erhobenen Händen um die Hausecke.

„Wo ist das Mädchen?“

„Hier bin ich.“

„Kommt hierher zu mir.“

Die beiden gingen auf Luuk de Winter zu, der neben einem Brunnen auf der Mitte des Platzes stand. Dreistöckige Wohnhäuser, die zum Teil sehr stark verfallen waren und eher als Ruinen zu bezeichnen waren, bildeten einen Wall um den Innenhof.

„Sind sie wahnsinnig?“, fragte Julius. „Sie hätten uns beinahe getroffen.“

„Wenn ich euch hätte treffen wollen, hätte ich nicht vorbeigeschossen“, antwortete der Belgier. „Was treibt ihr hier?“

„Wir machen einen Ausflug.“

„Mein Junge, ich warne dich jetzt zum letzten Mal. Gib mir vernünftige Antworten auf meine Fragen oder ich prügele sie aus dir heraus.“

„Es ist aber die Wahrheit. Wir haben die Gebäude von der Burg aus gesehen und wollten sie uns aus der Nähe anschauen.“

„Einfach so?“

„Ja.“ Julius wollte dem Belgier auf keinen Fall von dem Liebesnest seiner Eltern erzählen, welches er in den Häusern zu finden hoffte. Jans Warnung zum Trotz war er mit Eva hierhergeritten, um die Herrnhaag genau zu erkunden. Das Pferd hatten sie auf der anderen Seite der Gebäude an einem Baum festgebunden.

„Ist dir nicht in den Sinn gekommen, dass es für euch gefährlich werden könnte, alleine hierher zu reiten?“

„Nein“, antwortete Julius. „Auf dieser Seite von Hüttengesäß hat es ja keine Toten gegeben.“

„Das bedeutet aber nicht, dass ihr hier sicher seid“, erklärte der Jäger. „Die verfallenen Häuser eignen sich hervorragend für ein Versteck. Und so weit von Hüttengesäß oder der Ronneburg sind wir nun auch nicht entfernt.“

„Suchen sie hier nach dem Mörder?“, wollte Julius wissen.

„Wonach sonst?“

„Haben Sie etwas gefunden?“

„Bisher nicht. Ich wollte mir gerade den Brunnen näher anschauen, als ich euch kommen hörte.“

„Sie hätten nicht auf uns schießen dürfen.“

„Ich habe euch nicht gleich erkannt“, erklärte der Belgier und zuckte mit den Achseln.

Julius glaubte dem Mann nicht und war überzeugt, dass er absichtlich auf sie geschossen hatte. Nur, aus welchem Grund? Wollte er ihnen einfach nur Angst einjagen? Es machte wenig Sinn, mit ihm darüber zu diskutieren. Er war froh, dass sich de Winter ihm und Eva gegenüber im Augenblick wieder recht friedlich verhielt und wollte ihn nicht unnötig reizen.

Der Brunnen war rund und von einem etwa einen Meter hohen tönernen Ring umgeben. Die Erbauer hatten um den Schacht ein Viereck errichtet, von dem nur noch die erste Steinreihe stand. Auch der Boden in diesem Quadrat war mit Steinen ausgelegt. Julius vermutete, dass der Brunnen früher einmal überdacht gewesen war.

„Dort unten schimmert etwas Helles", sagte Eva, die an der Brüstung stand und in die Tiefe sah. Julius und de Winter gingen zu ihr und senkten ihren Blick ebenfalls zum Grund des Schachtes. Dieser war bei Weitem nicht so tief wie der in der Ronneburg.

„Das dürften etwa zwanzig Meter sein", schätzte Julius.

„Eher die Hälfte", entgegnete der Belgier und ließ einen Stein hineinfallen. Etwa eine Sekunde später hörten sie einen dumpfen Aufschlag. „Wie es aussieht, ist der Brunnen ausgetrocknet. Wir müssen den Grund untersuchen."

„Wie wollen Sie das machen?"

„Indem einer von uns nach unten klettert."

„Vergessen Sie das", sagte Julius, der sich schon denken konnte, wen der Jäger für diese Aufgabe vorgesehen hatte.

„Ich werde dich mit einem Seil sichern."

„Nein. Ich mache das nicht. Warum gehen Sie nicht selbst nach unten?"

„Weil ich der Schwerste von uns bin. Ihr könnt mich nicht halten. Also musst du das machen. Oder willst du etwa das Mädchen dort hinab schicken?"

„Nein, natürlich nicht." Julius sah den Belgier böse an. Natürlich war die Begründung des Mannes logisch. Es gefiel ihm dennoch nicht, dass er Eva mit de Winter hier oben allein lassen sollte, obwohl der Mann keinen Grund hatte, etwas gegen Eva oder Julius zu unternehmen.

„Was ist nun?"

„Ich gehe", sagte Julius und lächelte Eva zu, die ihn entsetzt ansah. „Es wird schon nichts passieren."

De Winter ging zu seinem Pferd, das er vor einem der alten Wohnhäuser angebunden hatte, und holte ein Seil aus der Satteltasche. Mit ein paar wenigen, gekonnten Handgriffen knüpfte er eine Doppelschlinge und wies Julius an, mit den Füßen hineinzusteigen und sie bis zu den Hüften hochzuziehen. Dann verknotete der Belgier das Seil noch einmal vor seiner Brust.

„Es kann dir nichts passieren. Du musst dich mit den Füßen am Brunnenschacht abstützen. Ich werde langsam Seil nachgeben. Wenn etwas ist, rufst du sofort."

„Wie wollen Sie mich denn die ganze Zeit über festhalten?"

„Indem ich das Seil an meinem Pferd befestige und das Tier langsam rückwärts gehen lasse", antwortete der Belgier.

„Was, wenn es losrennt?"

„Das wird es nicht."

Wohl war Julius bei der Sache nicht. Einen Rückzieher konnte er jetzt aber nicht mehr machen. Es blieb ihm nichts anderes übrig, als der Aufforderung des Jägers zu folgen. Mit weichen Knien ging er daher auf die Umrandung des Brunnens zu.

45

„Nun mach schon, Junge", sagte de Winter.

Julius schaute ärgerlich in das Gesicht des Belgiers, der etwa einen Meter von ihm entfernt stand und das Seil mit beiden Händen festhielt. Er selbst war in den Brunnen hineingestiegen, konnte sich aber nicht überwinden, die Umrandung des Schachtes loszulassen und ganz auf de Winters Sicherung zu vertrauen. Er sah zu Eva, deren Blick verriet, wie sehr sie mit ihrem Freund litt. Sie hatte die Hände zu Fäusten geballt und blickte stur zum Rand des Brunnens. Julius nahm seinen ganzen Mut zusammen und ließ mit der linken Hand den Stein los. Panisch griff er sofort nach dem Seil. Dann suchte er mit den Füßen einen festen Punkt, konnte aber keine Lücke im Gemäuer finden. Vorsichtig nahm er seine Rechte von der Umrandung des Brunnens. Sofort spürte er, wie sein Halt wackliger wurde. Er rutschte langsam mit dem rechten Fuß nach unten und hielt sich wieder am Sicherungsseil fest.

„So ist es richtig", sagte de Winter. „Du musst dich Stück für Stück in den Brunnen hinunterlassen."

„Das tue ich doch", stieß Julius gepresst hervor. Noch war die Sicht dank einfallenden Sonnenlichts gut. Die Steinwand vor ihm war trocken, aber mit Moos bewachsen. Immer wieder rutschte Julius mit den Füßen ab und hielt sich krampfhaft am Seil fest. Der Belgier gab langsam nach. Julius näherte sich Zentimeter für Zentimeter dem Grund des Brunnens. Er hob den Kopf und sah das Gesicht von Eva, die sich über die Schachtumrandung beugte. Die Seilschlingen begannen ihn zu schmerzen. Immer fester drückten sie sich in seinen Körper. Er hatte jetzt ein gutes Stück des Weges hinter sich gebracht und sah nach unten zum Boden des Brunnens. Einzelheiten konnte er immer noch nicht erkennen, aber irgendetwas Helles lag dort. Die Luft wurde schlechter, roch faulig. Außerdem fror Julius trotz der Anstrengung. Es ärgerte ihn immer mehr, dass er sich nicht gegen de Winters Aufforderung, in den Brunnen zu steigen, gewehrt hatte. Das war Irrsinn. Er glaubte nicht, dass er dort unten etwas finden würde, das bei der Suche nach dem Mörder half.

„Kannst du schon was erkennen?“

„Nein. Es ist verdammt dunkel hier unten. Eva, nimm deinen Kopf zurück, damit wenigstens ein bisschen Licht herunterscheint.“ Julius schätzte, dass er jetzt noch etwa drei Meter vom Grund des Brunnens entfernt war. Die Wand des Schachtes war noch genauso trocken wie weiter oben. Wasser gab es hier wohl schon lange nicht mehr. Vielleicht war der Brunnen ursprünglich tiefer gewesen und später zugeschüttet worden.

Julius kam es vor, als kletterte er schon ewig durch dieses Loch, als er endlich etwas unter seinem Fuß spürte. Erleichtert stellte er sich auf den Boden und ließ das Seil los. Seine Hände waren fast taub. Julius konnte sie nicht ganz öffnen, ohne dass die Schmerzen durch seine Arme hindurchzogen. „Ich bin unten“, rief er.

„Was ist dort?“

„Das weiß ich nicht.“

„Dann sieh nach.“

Was denn sonst?, dachte Julius. Er ging in die Hocke und griff nach einem hellen, astdicken Etwas, das er auch schon von oben gesehen hatte. Aus Holz war der Gegenstand nicht. Dafür war er zu glatt. Er hob den Arm, um sich das Stück näher anzusehen. Mit einem erschreckten Schrei ließ er den Knochen wieder fallen.

„Was ist los?“, rief de Winter.

Julius antwortete nicht. Wie gebannt, stand er auf dem Boden des Brunnens und wagte nicht sich zu bewegen. Was, wenn er hier unten auf eine Leiche gestoßen war?

„Antworte, Junge. Was ist passiert?“

„Julius?"

Evas panischer Schrei riss ihn aus der Erstarrung.

„Ich habe einen Knochen gefunden."

„Was für einen Knochen?"

„Das weiß ich nicht."

„Sind da noch mehr?"

Julius wusste, dass der Belgier sich nicht damit zufrieden geben würde, dass Julius den einen Knochen mit nach oben nahm, ohne vorher nach weiteren gesucht zu haben. Julius hatte das Gefühl, ihm würde langsam die Kehle zugeschnürt, als er wieder in die Knie ging. Er griff nach einem Ast und kratzte damit über den Boden. Das klappernde Geräusch ging ihm durch Mark und Bein. Unter einer sehr dünnen Dreckschicht schien sich ein ganzer Berg von Knochen zu befinden. Julius gelang es nur mit Mühe, seinen Brechreiz zu unterdrücken. Der bittere Geschmack von Gallenflüssigkeit erfüllte seinen Mund.

„Julius?"

„Es ist alles in Ordnung, Eva", krächzte der Junge. „Hier liegt alles voller Knochen. Zieht mich wieder hoch."

„Du musst so viele hochbringen, wie du kannst", sagte de Winter. „Am besten einen Schädel."

„Wozu?"

„Ich will wissen, ob sie von einem Menschen stammen."

Julius zitterte am ganzen Körper. Er hatte nur noch den Wunsch, so schnell wie möglich wieder aus diesem Loch herauszukommen. Er griff vorsichtig nach einem der größeren Knochen und band ihn am unteren Ende des Seiles fest. Vier kleinere steckte er angeekelt in seine Taschen. Einen Schädel sah er nicht und konnte sich auch nicht überwinden in dem Knochenberg danach zu suchen. „Jetzt zieht", schrie er nach oben.

Julius kam es so vor, als wäre der Weg aus dem Brunnenschacht endlos. Längst hatte er sein Zeitgefühl verloren. Er zwang sich, nicht an seinen Fund zu denken und blickte stur nach oben. Julius stützte sich mit den Füßen ab und hielt sich mit beiden Händen am Seil fest. De Winter führte sein Pferd vorwärts und zog Julius so nach oben. Endlich bekam er die Brunnenumrandung zu fassen und zog sich mit letzter Kraft daran hoch. Sofort versuchte er sich von der Sitzschlinge zu befreien, bis de Winter ihn schließlich davon erlöste. Als er Julius am Arm ergriff, um ihm aufzuhelfen, riss der sich los und lief ein Stück von dem Belgier weg. Dann ging er auf die Knie und erbrach sich so lange, bis sich nichts mehr in seinem Magen befand.

46

Etwa drei Stunden später standen Julius und Eva mit Josef Steger am Brunnen auf der Herrnhaag. Luuk de Winter leitete die Durchsuchung der Häuser und Ruinen. Der Belgier hatte nach kurzer Betrachtung des Knochens festgestellt, dass er von einem Wildschwein stammen musste. Julius' Befürchtung, dass er im Schacht die Reste eines oder mehrerer Menschen gefunden hatte, hatte sich somit nicht bewahrheitet.

Sie hatten nicht alleine bei den Gebäuden warten wollen und waren de Winter nach Hüttengesäß gefolgt. Nach einer kurzen Pause mit einem Mittagessen in der Krone waren sie dann mit den Männern des Ortes zur Herrnhaag zurückgekehrt.

„Es war sehr leichtsinnig von dir, alleine mit Eva hierher zu kommen", sagte der Wirt. „Ihr hättet in der Burg bleiben sollen, anstatt wegen eines Schäferstündchens im Grünen so ein Risiko einzugehen."

„Warum?", entgegnete Julius. „Es ist ja nichts passiert. Die Morde sind alle auf der anderen Seite der Ronneburg verübt worden."

„Trotzdem war der Mörder hier." Das Gesicht des Wirtes hatte wieder die bedrohliche rote Färbung angenommen, die zeigte, wie wütend er war.

„Es kann auch ein Zufall sein, dass wir die Knochen jetzt gefunden haben. Wie es aussieht, liegen sie schon Jahre dort unten. Dieser Meinung ist auch der Belgier."

„Vergiss nicht, dass die Bestie seit mittlerweile zwanzig Jahren ihr Unwesen treibt", sagte Steger.

Julius sah den Wirt nachdenklich an. Selbst wenn er recht hatte und die Knochen wirklich von dem gesuchten Mörder in den Brunnen geworfen worden waren, auf ihrer Suche nach dem Mann brachte sie das keinen Schritt weiter. Julius ärgerte sich außerdem, dass er jetzt nicht mehr nach dem Platz suchen konnte, an dem sich der Graf mit seiner Gattin vergnügt hatte. Wenn das geheime Liebesnest wirklich auf der Herrnhaag war, würden die Männer aus Hüttengesäß es finden und vermutlich in ihrem Eifer alle Hinweise auf seine Vergangenheit zerstören. Er beobachtete, wie de Winter mit drei von Stegers Leuten aus einem der Gebäude herauskam und die Ruine nebenan ansteuerte. Lediglich zwei Häuser waren noch gut erhalten. Die anderen zeigten bereits deutliche Anzeichen des Verfalls. Julius wunderte sich darüber, dass hier überhaupt noch etwas stand, nachdem die Herrnhaag einmal als Steinbruch auserkoren worden war.

„Warum hilfst du nicht bei der Suche?“, fragte Eva den Wirt.

„Einer muss hier an einem zentralen Punkt bleiben, die Informationen sammeln und die Suche koordinieren“, antwortete Steger.

„Das macht de Winter“, sagte Eva mit Spott in ihrer Stimme.

„Erlaub dir keine Frechheiten, Mädchen.“

„Sie hat doch recht“, sagte Julius.

„Wie auch immer“, sagte der Wirt und machte eine wegwerfende Handbewegung. „Nachdem zwischen uns nun alles geklärt ist, sollten wir zusammenarbeiten. Zumindest so lange, bis der Mörder gefasst ist.“

Julius sah Steger ins Gesicht. Er konnte keine Arglist darin erkennen, wusste aber, dass er dem Wirt niemals voll vertrauen konnte. Natürlich musste er dem Mann in diesem Punkt zustimmen. Sie würden in Zukunft nur einen Erfolg erzielen, wenn sie an einem Strang zogen. Als rechtmäßiger Graf war der Verwalter des Ortes sein direkter Ansprechpartner. Selbst wenn Julius diese Rolle nicht annehmen wollte, würde ihm nichts anderes übrig bleiben, als einige Dinge mit Josef Steger zu besprechen. Diese Dinge mussten jedoch warten. Noch wollte er den Wirt nicht in seine Vermutung einweihen, dass die Gräfin seine Mutter war. Hierzu fehlte Julius der letzte Beweis. Er wusste, dass der Wirt immer seine eigenen Interessen vor die des Ortes stellen würde und nur darauf wartete, gerade ihm ein Bein zu stellen und seine Macht zu stärken. Dennoch war Steger der Einzige, der ihm etwas über den Tod der Gräfin sagen konnte. Sie war im Moment die letzte offene Spur, die ihm und Eva noch geblieben war.

„Ich habe nie gegen dich gearbeitet“, sagte Julius. Seit dem Streit gestern war er dem Wirt gegenüber beim vertraulichen Du geblieben, wogegen der auch nichts zu haben schien.

„Es war für mich nicht leicht, als du als Johannas angeblicher Sproß hier in Hüttengesäß aufgetaucht bist. Außerdem war der Zeitpunkt schlecht. Wir müssen diesen hinterhältigen Mörder endlich fassen. De Winter ist offensichtlich der Meinung, dass du irgendetwas mit den Vorfällen zu tun hast. Wenn auch indirekt und ohne dein Wissen. Vorstellen kann ich mir das nicht, aber wir müssen die Wahrheit herausfinden."

Julius war froh, dass der Wirt ebenfalls Interesse daran zeigte, die Rätsel zu lösen, mit denen auch er sich beschäftigte. Ihm fiel auf, dass das Verhalten Stegers anders war als sonst. Irgendetwas stimmte nicht mit dem Mann. Ständig sah er sich nach allen Seiten um. Fast als hätte er vor etwas Angst.

„Was weißt du über den Tod der Gräfin?", fragte Julius.

„Das war damals eine mysteriöse Geschichte", erklärte Steger.

„Was bedeutet das?"

„Hildegard zu Büdingen-Ronneburg hatte einen Unfall, über dessen Umstände nie etwas bekannt wurde. Die meisten Menschen wussten nicht, wie die Frau gestorben ist."

„Du denn?"

„Nein, Julius. Graf Albert hat damals ein großes Geheimnis daraus gemacht. Nur seine engsten Vertrauten wussten Bescheid."

„Und dazu gehörtest du nicht?"

„Nicht in diesen Dingen. Ich war nur der Verwalter. Als der Tod von Hildegard bekannt wurde, hat der Graf die Burg regelrecht abgeriegelt. German Weiland, der Schäfer und Hermann Sangwald waren die Einzigen, die Zutritt zu den Gemächern seiner Gattin hatten."

„Mein Vater?"

„Ja, Eva."

Das Mädchen schaute den Wirt der Krone überrascht an. „Ich wusste nicht, dass er ein Vertrauter des Grafen war."

„Das konntest du auch nicht. Du warst zu dieser Zeit ja noch nicht einmal geboren. Der Schäfer und dein Vater waren Jagdgefährten von Albert zu Büdingen-Ronneburg. Sie sind oft gemeinsam durch das Revier gezogen."

„Was ist los, Julius?", wollte Eva wissen und sah Julius besorgt an, der sich auf den Rand der Brunnenumrandung setzte und Josef geschockt ansah.

„Fällt euch nichts auf?"

„Nein", sagte Eva. „Was ist los?"

Steger stieß einen Pfiff aus. „Ich weiß, was Julius meint", sagte er.

„Was?", wollte Eva wissen.

„Alle vier Personen, die wussten, was damals mit der Gräfin passiert ist, sind tot", erklärte Julius. „Nach dem Grafen war der Schäfer das erste Opfer in der jüngsten Vergangenheit, dann folgten dein Vater und German."

Eva sah zwischen den beiden Männern hin und her. „Das kann kein Zufall sein", sagte sie schließlich.

„Nein", stimmte Julius zu. „Das kann es nicht. Der Mörder muss ebenfalls Bescheid wissen. Irgendetwas hat er mit dem Grafen und seiner Gattin zu tun."

„Und damit mit dir."

„Was willst du damit sagen, Josef?"

„Ganz einfach, Julius. Du bist der Sohn des Grafen. Zumindest behauptest du das. Wir müssen herausfinden, wer deine Mutter ist. Vielleicht führt uns das zum Mörder."

Das glaube ich nicht, dachte Julius, sagte aber nichts. Die Gräfin war ebenfalls tot. Auch sie würde ihnen nicht helfen können. Er überlegte, ob er dem Wirt nicht doch von seiner Vermutung erzählen sollte, dass Hildegard seine Mutter war, entschied sich aber dagegen.

„Wann genau ist die Gräfin gestorben?" Julius konnte dem Gesicht des Wirtes entnehmen, wie sehr er unter den Erinnerungen an diese Zeit litt. Auch wenn er ihn nicht mochte, war er sich doch sicher, dass Steger damals ein anderer Mensch gewesen sein musste. Sonst hätte sich Johanna niemals in ihn verliebt. Ihr Verschwinden musste dem Wirt sehr viel mehr zugesetzt haben, als er zugab.

„Das muss etwa zwei Monate vor deiner Geburt gewesen sein. Da lebte Johanna noch in der Burg."

Das kann nicht sein, dachte Julius. Wenn Hildegard zu Büdingen-Ronneburg seine Mutter war – und daran glaubte Julius fest – konnte sie nicht zwei Monate vor seiner Geburt gestorben sein. Oder stimmte etwa sein Geburtsdatum nicht. Er hatte nie eine Urkunde gesehen. Das war aber kein Wunder. Johanna konnte dieses Dokument nicht besitzen. Bestimmt war sie damals Hals über Kopf aufgebrochen.

Eva schien zu merken, wie sehr es in Julius arbeitete, und sagte nichts.

„Was unternehmen wir jetzt?“, fragte Julius schließlich.

„Ihr müsst in der Burg nach einem Hinweis suchen.“

„Das haben wir schon. Gefunden haben wir allerdings nichts.“

„Dann müsst ihr das noch einmal tun“, sagte Josef.

In diesem Moment kam Luuk de Winter zu ihnen. Julius, Eva und Josef sprachen nicht darüber, aber es war klar, dass sie den Belgier nicht über ihr Gespräch informieren würden - nicht, solange es die Jagd nach dem Mörder nur indirekt betraf.

„Habt ihr etwas gefunden?“, fragte Steger.

„Nein. Die Gebäude sind unbewohnt. Wir haben alles durchsucht und auch die Keller nicht ausgelassen. Da ist nichts.“

„Also fangen wir wieder von vorne an“, stellte der Wirt ärgerlich fest.

„Sieht so aus“, bestätigte de Winter.

Die Männer beschlossen nach Hüttengesäß zurückzukehren. Vorher wollte der Belgier noch dafür sorgen, dass die Wachen richtig postiert waren. Der Sonnenuntergang stand kurz bevor. Julius und Eva machten sich auf den Weg zur Ronneburg. Wieder hatten sie einiges erfahren, ohne dass die Fragen weniger geworden wären.

47

Zurück in der Ronneburg wollten Julius und Eva Jan Bergmann darüber informieren, was sie an diesem Tag erlebt hatten. Der Anführer der Inspirierten war aber gerade dabei, den Gottesdienst vorzubereiten, den er am Abend zu Ehren von German Weiland abhalten wollte. Durch Peter ließ er den beiden mitteilen, dass er sich sehr über ihre Teilnahme daran freuen würde. Am nächsten Morgen sollten dann die Trauerfeier und die Beerdigung stattfinden.

Julius und Eva gingen in den Waschraum, um sich den Staub der Herrnhaag vom Körper zu waschen. Gerade rechtzeitig, bevor das Orgelspiel begann, erreichten sie die Kapelle über dem Speisesaal. Der Raum war bis auf den letzten Platz besetzt. Keiner der Inspirierten wollte bei diesem Ehrengottesdienst fehlen.

Julius war mit den Gedanken nicht bei der Sache. Ihm gingen die Fragen, die das Gespräch mit Josef Steger aufgeworfen hatte, nicht aus dem Kopf. Auch Eva schien sich damit zu beschäftigen. Nervös rutschte sie auf ihrem Platz hin und her und hielt Julius an der Hand. Für sie war es eine große Überraschung gewesen zu erfahren, dass ihr Vater etwas mit den Ereignissen vor zwanzig Jahren zu tun hatte. Julius fragte sich, ob ihre Eltern wirklich deswegen ermordet worden waren. Konnte es sein, dass sich hier ein Mensch auf einem späten Rachefeldzug befand?

Nach einem Gebet sprach Jan Bergmann davon, wie viel die Inspirierten ihrem ehemaligen Anführer zu verdanken hatten. Julius merkte an der stockenden Stimme, wie sehr der Mann unter dem Tod von German Weiland litt. Vielen der Anwesenden liefen Tränen über die Wangen. Hin und wieder war ein leises Schluchzen zu hören. Der Gottesdienst zog sich über zwei Stunden hin. Es wurde viel gesungen und Jan las mehrere Bibelverse vor. Julius fiel das Sitzen auf der schmalen Bank immer schwerer. Er atmete erleichtert auf, als der Inspirierte das Abschlussgebet ankündigte, in dem er Gott darum bat, die Seele des Verstorbenen zu behüten.

Als die Orgel zum letzten Mal verstummte, verließen die Inspirierten die Kapelle. Jan nickte Julius und Eva zu. Beiden war klar, dass sie ihr Gespräch mit ihm auf den nächsten Tag verschieben mussten, wenn die Beerdigung vorbei war. Vor dem Palas begrüßten sie noch Prinz, der auf sie zugelaufen kam und sich streicheln ließ. Julius mochte den Hund und hätte ihn gerne einmal mitgenommen, damit er richtig rennen konnte. Er beschloss Jan bei nächster Gelegenheit zu fragen, ob er etwas dagegen hatte. Zurück in ihren Gemächern merkten sie, wie sehr sie der Tag angestrengt hatte. Sie gingen zu Bett. Julius legte seinen Arm um Eva, die ihn müde anlächelte. Beide genossen den Augenblick und waren glücklich einfach nur nebeneinander zu liegen. Julius küsste seine Gefährtin und wünschte ihr eine gute Nacht. Wenig später war sie in seinen Armen eingeschlafen.

48

Als Julius am nächsten Morgen erwachte, fiel sein Blick auf eine Kiste aus Eichenholz, die direkt unter dem Fenster stand. Bisher hatte er das Möbelstück nicht bewusst wahrgenommen und seine Suche auf das Stockwerk mit dem Arbeitszimmer konzentriert. Die Truhe konnte nur dem Grafen gehört haben. Julius stand auf, ging zum Fenster und blieb vor der Kiste stehen. Sie war etwa einen halben Meter hoch wie breit und dreimal so lang. Das dunkle Holz wurde von Eisenbeschlägen, die mit dem Wappen der Familie Büdingen-Ronneburg geschmückt waren, zusammengehalten. Auf dem Deckel war die Zahl „1764" eingebrannt. Julius vermutete, dass es sich hierbei um das Jahr handelte, in dem die Kiste hergestellt worden war. Er ging auf die Knie und sah sich den Riegel genauer an. Er war mit einem Schloss versehen und Julius stellte enttäuscht fest, dass er es ohne Schlüssel nicht aufbekommen würde.

„Was machst du da?"

Julius drehte sich zum Bett um, in dem sich Eva aufgesetzt hatte und ihn anlächelte. „Ich habe eine alte Truhe gesehen, die mir vorher noch nicht aufgefallen war", antwortete er.

„Die stand aber gestern auch schon da. Ich wollte sie öffnen, fand aber keinen Schlüssel."

„Wir müssen sie aufbekommen."

„Bestimmt sind da nur alte Kleidungsstücke drin."

„Vielleicht hast du recht. Vielleicht aber auch nicht. Ich werde Jan oder Peter nach einer Eisensäge fragen."

„Jetzt?"

„Nein. Ich warte bis nach der Beerdigung. Im Moment haben die Inspirierten andere Sorgen."

Julius und Eva zogen sich an und gingen zum Frühstück. Die Trauerfeier für German Weiland fand wieder in der Kapelle statt. Danach trugen sechs Männer den Sarg zum Friedhof. Angeführt von Jan Bergmann bildeten die Inspirierten einen Trauerzug, dem Julius und Eva folgten. Das Grab war bereits ausgehoben. Mit daumendicken Tauen ließen die Männer den Sarg mit ihrem verstorbenen Anführer auf den Grund sinken. Die Gruppe sang drei Lieder. Dann sprach Bergmann ein letztes Gebet. Die Träger warteten, bis die Inspirierten den Friedhof verlassen hatten, und schaufelten das Grab zu. Jan Bergmann blieb bei ihnen stehen, bis sie mit der Arbeit begonnen hatten. Dann verließ er den Platz. Julius und Eva folgten ihm.

„Wir reden heute Nachmittag“, sagte der Inspirierte zu den beiden.

„Es ist klar, dass du jetzt keine Zeit hast und wir werden auch nicht lange stören. Wir wollten dich nur nach einem Werkzeug fragen“, sagte Julius.

„Geht in den Stall. Gregor wird euch geben, was ihr braucht.“ Ohne ein weiteres Wort beschleunigte Bergmann seinen Schritt und betrat die Burg.

Kurze Zeit später saßen die beiden wieder vor der Holzkiste in den Gemächern des Grafen. Von Gregor hatte Julius eine Eisensäge bekommen und versuchte jetzt, damit das Schloss zu öffnen. Aufbrechen wollte er das Möbelstück nicht. Trotz aller Anstrengung gelang es ihm nur sehr langsam, den Bügel zu durchtrennen. Nach wenigen Minuten standen ihm die Schweißperlen auf der Stirn. Seine Hand schmerzte, weil er den Griff der Säge fest umklammert hielt. Eva sah ihrem Gefährten mit zusammengepressten Lippen zu.

Es kam Julius vor, als würde er bereits eine Ewigkeit an dem Bügel sägen, bis er ihn endlich durchhatte. Der Verschluss ließ sich aber noch immer nicht öffnen. Er musste das Schloss entweder aufbiegen oder ein Stück davon heraussägen. Weil er kein Hebelwerkzeug hatte, entschloss er sich nach einer kurzen Pause für die zweite Möglichkeit.

Endlich fiel das Schloss zu Boden und er konnte den Riegel nach oben drücken. Er stand auf und öffnete den Deckel der Truhe. Den Fluch auf seinen Lippen schluckte er herunter, als er auf den dunklen Stoff schaute, der in der Kiste lag.

„Jetzt war die ganze Mühe vergebens“, sagte Eva leise.

„Vielleicht nicht“, entgegnete Julius, der sich mit diesem Gedanken nicht abfinden wollte. Entschlossen nahm er einen Mantel, eine Hose und zwei Hemden aus der Truhe und warf sie achtlos hinter sich. Ein modriger Geruch schlug ihnen entgegen und Eva wich niesend zurück.

„Mach langsam und wirble nicht so viel Staub auf.“

„Hier ist etwas“, sagte Julius und hob eine löchrige, graue Decke hoch. Es kam eine kleinere Holzkiste zum Vorschein, die von Hemden umgeben in der Mitte der größeren Truhe stand. „Jetzt bin ich wirklich gespannt, was wir darin finden.“

„Mach sie auf“, sagte Eva. Sie rückte wieder näher zu Julius und beugte sich mit dem Kopf über seine Schulter. Ein paar Haarsträhnen fielen auf seine Hand und er schob sie zärtlich zur Seite. Dann nahm er die Kiste heraus und öffnete den unverschlossenen Deckel.

„Gütiger Gott“, rief Eva und hielt sich die Hände vor das Gesicht.

Julius schluckte nur und starrte auf den Inhalt der kleinen Truhe. Er hatte damit gerechnet, dass er Dokumente darin finden würde und konnte nicht fassen, was er sah. Fast ängstlich griff er mit der rechten Hand in die Truhe und nahm eine der Silbermünzen heraus, mit denen sie bis zum Rand gefüllt war.

„Wie viel wird das sein?“, wollte Eva wissen.

„Auf jeden Fall genug.“

„Genug wofür?“

„Für uns beide, Eva. Damit können wir den Ort verlassen und uns irgendwo eine neue Existenz aufbauen.“

„Du willst das Geld behalten?“

„Warum nicht? Ich bin der Erbe des Grafen. Wenn irgendjemand einen Anspruch auf die Münzen hätte oder auch nur von deren Existenz wüsste, wären sie nicht mehr hier.“

„Das können wir nicht tun.“

„Warum nicht?“

„Es kommt mir falsch vor.“

„Unsinn, Eva. Wir werden die Silbermünzen erst einmal behalten. Wenn wir uns entschließen fortzugehen, haben wir zusammen mit dem Geld, das du noch von Steger für den Hof bekommst, ein ausreichendes Kapital für einen Neuanfang.“

„Und wenn wir hierbleiben?“

„Das weiß ich noch nicht.“ Julius sah Eva einen Moment nachdenklich an. „Wenn ich das Erbe meines Vaters antrete, wird sich sicher eine Verwendung dafür finden. Vielleicht können wir damit den Bauern helfen. Noch streicht Steger als Lehnsherr den Zehnten von ihnen ein. Wenn ich aber die Verantwortung für die Menschen hier übernehme, habe ich die Möglichkeit, diese Abgabe zu senken.“

„Das heißt, du möchtest doch in der Burg wohnen bleiben?“

„Zunächst will ich wissen, was mit meinen Eltern passiert ist. Danach sehen wir weiter.“

„Da liegt noch etwas in der Truhe“, sagte Eva.

In der Tat sah Julius an der Stelle, wo die Kiste mit den Silbermünzen gestanden hatte, den schwarzen Einband eines Buches. Er nahm es heraus, schlug die erste Seite auf und stieß einen Pfiff aus.

„Was steht da?"

„Wir haben das dritte Tagebuch der Gräfin gefunden", antwortete Julius. Er spürte, wie ihm das Blut ins Gesicht schoss. Würde er jetzt endlich die erhofften Antworten finden?

49

„Und du glaubst wirklich, dass die Morde in einem Zusammenhang mit dem Tod von Hildegard zu Büdingen-Ronneburg stehen?"

„Ja, Herr Pfarrer", antwortete Josef Steger. „Es kann kein Zufall sein, dass die vier Menschen, die wussten, was damals mit der Gräfin passiert ist, jetzt nicht mehr leben."

„Die Sache ist über zwanzig Jahre her."

„Trotzdem. Ich kann es mir nicht erklären, aber es muss eine Verbindung geben. Vielleicht ist Julius Meyer der Schlüssel."

„Wie kann er das sein? Er kam erst nach Hüttengesäß, nachdem die ersten Morde verübt worden waren."

„Ich weiß es nicht." Steger sah sein Gegenüber nachdenklich an. Die beiden saßen im Büro des Pfarrhauses und hatten die Kirchenchronik für die Jahre 1798 bis 1800 vor sich auf dem Tisch liegen. Josef hatte lange darüber nachgedacht, ob es wirklich richtig war, hierher zu kommen. Immerhin hatte er mit dem Pfarrer in den letzten Jahren wenig zu tun gehabt, hatte ihn regelrecht gemieden. Schließlich war ihm klar geworden, dass er keine andere Möglichkeit hatte. In die Gemächer des Grafen kam er nicht hinein. Er hoffte zwar, dass Johannas vermeintlicher Spross ihn informieren würde, falls er etwas herausfand. Sicher war das aber beileibe nicht.

Der Pfarrer schlug die Kirchenchronik auf und blätterte von hinten zurück. Er lächelte, als er die richtige Seite gefunden hatte.

„Hier habe ich einen Eintrag über den Tod der Gräfin", sagte er. „Er stammt vom 17. September 1799."

„Steht da auch, woran sie gestorben ist?"
„Nein."
„Dann hilft uns das nicht viel weiter."
„Was hast du erwartet?"
„Es wurde damals ein großes Geheimnis daraus gemacht. Ich hatte gehofft, dass uns die Chronik etwas verrät."
„Du warst doch ein Vasall des Grafen."
„Ja", bestätigte Steger. „Aber nur, wenn es um geschäftliche Dinge ging. Ich habe die Ländereien verwaltet, was ich ja auch heute noch tue. Über seine privaten Angelegenheiten hat er nie mit mir gesprochen."
„Und Johanna?"
Die Frage des Pfarrers versetzte Josef einen Stich. Wieder wurde er an seine große Liebe und den Schock erinnert, als sie ihn verließ. Das geschah für seinen Geschmack in den letzten Tagen zu oft.
„Möglich, dass sie mehr wusste. Wir haben aber nie über die Gräfin oder ihren Gatten gesprochen."
„Stimmt es, dass Julius nicht ihr leiblicher Sohn ist?"
„Ja. Woher wissen sie das?"
„Er hat es mir erzählt. Wer sind seine Eltern?"
„Offensichtlich ist Julius Meyer der Sohn des Grafen. Wer seine Mutter ist, wüsste ich auch gerne. Diese Information würde einige Fragen klären."
„Vermutlich. Vor allem die, warum Johanna damals verschwunden ist."
Josef Steger antwortete nicht. Genau diese Frage hatte er sich in den letzten zwanzig Jahren immer wieder gestellt. Er wollte nicht mehr darüber spekulieren. „Sie haben mir trotzdem sehr geholfen", sagte er und stand auf.
„Du willst schon gehen?"
„Ja. Ich muss den Schankraum öffnen."
„Es wäre schön, dich einmal wieder in der Kirche zu sehen."
Josef gab dem Pfarrer die Hand. „Vielleicht. Wenn es vorbei ist."
Den Weg zur Krone legte Josef schnell zurück. Bevor er den Schankraum öffnete, wollte er sich noch einen Moment Ruhe in seinem Büro gönnen. Er betrat das Gasthaus durch die Hintertür und steuerte sein Heiligtum an.
„Was zum Teufel machst du hier?"

„Ich warte auf dich“, antwortete Luuk de Winter, ohne die Füße von der Schreibtischplatte zu nehmen.

Josef ärgerte sich maßlos darüber, dass der Belgier hier einfach eingedrungen war. „Was fällt dir ein, hier in meinen Unterlagen herumzuwühlen?“

„Dein Geschäfte interessieren mich nicht.“

„Ich gebe dir noch drei Tage“, sagte Steger und ging auf seinen Schreibtisch zu. De Winter räumte den Stuhl nun und stellte sich mit dem Rücken zu Josef ans Fenster.

„Was soll das heißen?“

„Ich kann mir deine Dienste nicht länger leisten. Wenn wir in drei Tagen keinen Erfolg erzielt haben, ziehe ich den Auftrag zurück.“

„Das geht nicht Steger.“ De Winter sah Josef mit funkelnden Augen an. „Ich habe meine Arbeit bisher immer zu Ende geführt. Ich werde nicht aufgeben.“

„Du hast ja auch noch drei Tage Zeit. Wenn bis dahin nichts passiert, müssen wir die Sache beenden.“

„Glaubst du etwa, der Mörder verzieht sich freiwillig?“

„Nein. So kommen wir aber auch nicht weiter. Ich brauche ein Ergebnis. Die Leute im Ort fordern das von mir.“

„Darum geht es also.“

„Was soll das heißen?“ Josef spürte wie ihm das Blut ins Gesicht schoss. Normalerweise gelang es ihm, die Ruhe zu bewahren. De Winter schaffte es sehr schnell, ihn aus der Fassung zu bringen.

„Du hast Angst, dass dein Ansehen in Hüttengesäß leidet.“

„Mein Ansehen sollte nicht deine Sorge sein. Aber für deinen Ruf ist es besser, wenn du den Mörder schnell fasst.“

„Pass auf, was du sagst, Steger. So hat noch kein Auftraggeber mit mir gesprochen.“

„Dann ist es eben jetzt das erste Mal. Was willst du eigentlich in meinem Büro?“

„Ich wollte wissen, ob dich das Gespräch mit dem Pfarrer weitergebracht hat.“

„Woher weißt du, dass ich dort war?“ Josef bereute diese Frage sofort, nachdem er sie gestellt hatte. Natürlich hatte de Winter ihn beobachtet. Es war schwer etwas zu unternehmen, ohne dass der Belgier es bemerkte. Ein Grund mehr, warum der Wirt den Mann nicht mochte.

„Also?“

„Es ging um Johanna Meyer“, sagte Josef. Die Wahrheit wollte er dem Belgier nicht sagen, zumindest nicht, solange er nicht dazu gezwungen war. „Das Gespräch hatte nichts mit den Morden zu tun.“

„Wenn du mich anlügst, darfst du mir nicht vorwerfen, dass ich den Mörder noch nicht gefasst habe. Ich muss alles wissen. Verstehst du das?“

„Natürlich. Diesmal ging es aber wirklich um Johanna. Ich will wissen, wessen Sohn sie großgezogen hat.“

„Hat das nicht Zeit, bis die Morde aufgeklärt sind?“, fragte de Winter.

„Das hätte es, wenn der Junge nicht hier wäre.“

„Ich verstehe. Ich gehe jetzt zu den Wachposten und melde mich dann morgen wieder bei dir.“

„Meinetwegen“, antwortete Steger, froh darüber, dass der Belgier endlich verschwand.

Natürlich wollte Josef den Jäger nicht loswerden, bevor er die Mörderin gefasst hatte. Der Angriff dieses Scheusals war ihm allzu gut in Erinnerung. Es musste endlich etwas passieren. Vielleicht konnte er de Winters Ehrgeiz weiter anstacheln, wenn er ihn ein wenig unter Druck setzte.

50

12. August 1799

Albert hasst mich. Ich weiß, dass er mich umbringen wird, wenn das Kind erst einmal geboren ist. Heute hat er mich zum ersten Mal geschlagen. Ich bin ausgeritten, und als ich zurückkehrte, ging er voller Zorn und Wut auf mich los. Ich darf die Burg nicht mehr verlassen.

Ich habe Angst. Was passiert mit meinem Gatten? Warum kann es nicht sein wie früher? Er hat mich geliebt. Ich weiß, dass es so war. Davon ist jedoch nichts mehr übrig geblieben. Er will mich nicht mehr. Nur das Baby rettet mir noch das Leben.

„Das ist furchtbar“, sagte Eva. „Es klingt fast so, als wäre der Graf wahnsinnig geworden und nicht seine Gattin.“

„Das stimmt. Diesen Eintrag hat sie vier bis sechs Wochen vor ihrem Tod geschrieben. Ich fürchte es wird noch schlimmer werden."

Julius saß mit Eva wieder am Schreibtisch seines Vaters. Sie hatten das dritte Tagebuch der Gräfin vor sich liegen. Draußen hatte es zu regnen begonnen und es war kälter geworden. Bergmann war noch beschäftigt. Er würde später am Nachmittag zu ihnen kommen.

„Lies weiter", sagte Eva.

Ich war ein letztes Mal bei unserem Versteck. Es hat die Explosion unbeschadet überstanden. Alles ist noch wie es war, als Albert den Platz für mich eingerichtet hat. Doch diese Zeit ist vorbei. Wir werden nie mehr zusammen dort sein. Der lange Weg auf dem Pferd hat mich sehr angestrengt und mein Rücken schmerzt von Alberts Schlägen.

„Ich glaube nicht, dass dieser geheime Ort auf der Herrnhaag war", sagte Eva.

„Wie kommst du darauf?"

„Hildegard spricht von einem langen Weg. So weit ist es nicht bis zu der Siedlung."

„Sie spricht auch von einer Explosion", sagte Julius. „Ich kann mir schon vorstellen, dass die eines der Häuser gesprengt haben, um besser an die Steine zu kommen."

„Wir haben aber dort nichts gefunden. Das Liebesnest muss in einem Keller liegen. Diese Räume hat de Winter aber alle durchsucht."

„Schon, Eva. Allerdings kann in zwanzig Jahren viel geschehen sein. Vielleicht wurde der Platz beim Abtransport der Steine zerstört. Oder jemand hat die Stelle gefunden und alles mitgenommen."

Eva schüttelte den Kopf. „Ich glaube nicht, dass die Herrnhaag der richtige Ort ist."

„Dann müssen wir Jan fragen, ob er etwas über eine Sprengung weiß."

„Oder Steger. Bergmann beschäftigt sich mehr mit den Dingen, welche die Inspirierten betreffen. Wir müssen mit Josef sprechen."

„Das würde aber bedeuten, dass wir ihm auch von den Tagebüchern erzählen müssten."

„Wäre das so schlimm, Julius? Du musst ihm die Bücher ja nicht geben."

„Wahrscheinlich hast du recht. Ich möchte aber nicht, dass Steger erfährt, dass die Gräfin meine Mutter war."

„Wenn sie es war."

„Wie meinst du das?"

„Wir vermuten das bisher nur. Hildegard zu Büdingen-Ronneburg ist gestorben, bevor du geboren wurdest. Zumindest sagt Josef das."

„Er könnte sich irren."

„Du solltest ihn einweihen, Julius. Ich weiß, dass du Josef nicht magst, aber er kann dir helfen."

„Was er aber nicht will."

„Gestern hat er sich uns gegenüber schon anders verhalten. Wenn du das Erbe des Grafen antreten willst, musst du ohnehin mit ihm sprechen. Das wird sich nicht vermeiden lassen."

„Hast du vergessen, was er alles getan hat, um dir den Hof abzuluchsen?"

„Nein, Julius. Das habe ich nicht."

„Siehst du."

„Ich sage ja nicht, dass du ihm blind vertrauen und ihm alles erzählen sollst. Aber alleine kommen wir nicht weiter."

Julius nahm Eva in den Arm, drückte sie fest an sich und küsste sie. „Du hast ja recht."

27. August 1799

Ich weiß nicht, wie viele Tage ich jetzt geschlafen habe, aber eines ist sicher: Ich werde diese Burg nicht mehr lebend verlassen. Albert hält mich in meinen Gemächern gefangen. Johanna darf nicht mehr zu mir. Ich weiß nicht, ob sie überhaupt noch in der Burg ist. Das Essen bekomme ich von Albert gebracht. Gestern habe ich aus dem Fenster heraus mit einem der Inspirierten gesprochen. Sofort kam Albert herbeigeeilt und zog den jungen Mann weg. Dann hat er mein Fenster geschlossen und mir verboten es wieder zu öffnen. Seitdem steht der Schäfer vor meiner Tür und bewacht mich. Er spricht kein Wort und starrt mich immer nur stumm an. Ich bin sicher, dass er mich töten wird, wenn der Graf es ihm befiehlt. Wenn das Kind geboren ist, werde ich sterben.

Julius musste eine Pause machen. Er war nicht mehr in der Lage weiterzulesen. Zu sehr schockierten ihn die Worte der Gräfin.

„Furchtbar", sagte Eva. Eine Träne lief ihr die Wange hinab. Sie schmiegte sich enger an Julius.

„Egal, ob Hildegard von Büdingen-Ronneburg wirklich verrückt war", sagte Julius. „Ihr muss Schlimmes widerfahren sein."

„Und mein Vater hat dabei geholfen", schluchzte Eva.

„Wie kommst du darauf?"

„Wir wissen, dass der Schäfer und mein Vater zu den engsten Vertrauten des Grafen gehört haben, und nur sie und Weiland damals eingeweiht waren. Wenn der Schäfer Hildegard bewacht hat, war mein Vater sicher auch beteiligt. Darum ist er jetzt tot. Und meine Mutter auch."

„Das ist nicht bewiesen."

„Doch, Julius. Ich weiß nicht, was genau damals geschehen ist. Doch eines steht fest. Die Morde haben damit zu tun."

„Dann müsste es jemanden geben, der auf ihrer Seite gestanden hat. Wenn wir herausfinden, wer das war, haben wir den Mörder."

„Was ist mit deiner Mutter?"

„Du meinst Johanna?"

„Ja."

„Sie muss zu diesem Zeitpunkt noch in der Burg gewesen sein. Ich bin erst später geboren und wir wissen, dass Johanna Hüttengesäß erst nach meiner Geburt verlassen hat."

„Vielleicht hat sie einen Vertrauten gehabt."

„Wenn ja, wäre das sicher Steger gewesen. Die beiden haben sich geliebt."

„Meinst du, er ist der Mörder?"

„Steger?"

„Ja."

„Auf keinen Fall. Ich traue Josef vieles zu, aber das nicht. Außerdem war er es, der de Winter überhaupt hierher geholt hat. Nein. Es muss noch eine andere Person geben. Da ist noch ein Tagebucheintrag. Lass uns sehen, was dort steht."

16. September 1799

Heute ist seit langem der erste Tag, an dem ich einen klaren Gedanken fassen kann. Ich habe seit gestern nichts gegessen. Ich bin davon überzeugt, dass mir Albert etwas unter das Essen mischt. Deshalb schlafe ich so viel. Ich weiß nicht, warum er mich so hasst. Aber er tut es. Mein Tod ist beschlossene Sache. Ich hoffe nur, dass er meinem Baby nichts tut.

„Das war es“, sagte Julius. „Mehr steht hier nicht.“
„Glaubst du, dass sie wirklich wahnsinnig war?“
„Ihre Worte klingen zumindest nicht so. Hildegard zu Büdingen-Ronneburg war einsam. Verrückt war sie aber, denke ich nicht.“
„Was machen wir jetzt?“
„Wir gehen zu Steger.“

51

Der Schankraum der Krone war leer, als Julius und Eva das Gasthaus betraten. Steger musste die Tür gehört haben. Der Wirt kam aus dem Raum hinter der Theke und sah die beiden überrascht an.
„Was macht ihr denn hier?“
„Wir wollen mit dir reden.“, entgegnete Julius.
„Ich habe jetzt keine Zeit.“
„Es ist niemand hier. Was soll das? Ich dachte, wir wollten zusammenarbeiten.“
„Also gut, Junge. Was ist los?“
„Wir haben die Tagebücher von Hildegard zu Ronneburg-Büdingen gefunden“, sagte Julius.
„Das ist interessant.“ Stegers Gesichtsausdruck wurde schlagartig freundlicher. „Nehmt Platz. Ich bringe euch etwas zu trinken.“
Der Wirt stellte drei Krüge mit Bier auf den Tisch und setzte sich zu Julius und Eva. „Nehmt mir meine abweisende Begrüßung nicht übel. Ich hatte eben eine Diskussion mit dem Belgier, über die ich mich sehr geärgert habe.“
„Wo ist de Winter?“, wollte Julius wissen. „Und was wollte er?“
„Ich habe im klargemacht, dass wir endlich Ergebnisse bei der Jagd brauchen. Vermutlich kontrolliert er jetzt die Wachposten. Ich habe mit dem Pfarrer gesprochen. Den Kirchenchroniken nach ist die Gräfin am 17. September 1799 gestorben.“

„Das ist ein Tag nach dem letzten Tagebucheintrag", stieß Eva hervor.

„Erzählt von Anfang an."

Julius zögerte einen Moment, sah dann aber ein, dass es besser war, Josef Steger in alles einzuweihen. Er und Eva berichteten abwechselnd von den Tagebüchern und ihrer Vermutung, dass die Gräfin die Mutter von Julius war. Der Wirt hörte schweigend zu und stellte keine Fragen. Als die beiden mit ihrem Bericht fertig waren, nahm er einen kräftigen Schluck aus seinem Krug.

„Da stimmt etwas nicht", sagte Josef schließlich. „Als du geboren wurdest, war die Gräfin schon zwei Monate tot. Und von ihrer Schwangerschaft wusste ich nichts. Johanna hat nie ein Wort davon erwähnt."

„Du glaubst die Tagebücher sind gefälscht?"

„Das habe ich nicht gesagt. Es gibt da aber noch ein paar offene Fragen. Wenn du der leibliche Sohn von Albert und Hildegard zu Büdingen-Ronneburg bist, dann stimmt entweder dein Geburtsdatum nicht, oder die Urkunde vom Tod der Gräfin ist gefälscht. Beides kann ich mir nicht vorstellen. Außerdem verstehe ich nicht, warum dein Vater dich hätte weggeben sollen, wenn du aus seiner Ehe mit Hildegard hervorgegangen wärest."

„Wir müssen herausfinden, was damals genau passiert ist", sagte Julius.

„Das ist richtig. Wenn wir diese Frage beantworten, haben wir die Mörderin."

„Mörderin?" Julius sah den Wirt überrascht an. Wusste er doch mehr, als er bisher gesagt hatte?

„Was ich euch jetzt erzähle, muss unter uns bleiben", sagte Steger. „Ich werde es leugnen, wenn ihr davon erzählt. Und ich schwöre euch, dass ihr es bereuen werdet." Das Gesicht des Wirtes wurde rot. Er räusperte sich und nahm noch einen Schluck aus dem Krug. Dann erzählte er von dem Überfall.

„Und du hast die Person nicht erkannt?", fragte Eva.

„Nein. Die Stimme habe ich schon einmal gehört. Ich kann mich aber nicht daran erinnern, wo."

„Könnte es die wirkliche Mutter von Julius gewesen sein?"

„Das wäre eine Möglichkeit", gab Steger zu. „Dann kann er aber nicht der Sohn der Gräfin sein."

„Wenn weder Johanna noch die Gräfin meine leibliche Mutter waren, welches Interesse sollte der Graf dann daran gehabt haben, dass Johanna mich großzog."

„Vielleicht hatte Albert eine Affäre mit einer Minderjährigen und wollte nicht, dass du bei dem Mädchen bleibst", vermutete Steger.

„Ich sehe darin zwar auch wenig Sinn, aber das ist die einzige mögliche Erklärung."

„In den Tagebüchern war immer wieder von einem Liebesnest die Rede, das der Graf für seine Gattin eingerichtet hat", wechselte Julius das Thema. „Wir vermuteten es auf der Herrnhaag, sind dort aber nicht fündig geworden."

„Deshalb wart ihr also dort. Es hat sich in den letzten zwanzig Jahren viel in dieser Gegend verändert", sagte Steger.

„In den Tagebüchern ist von einer Explosion die Rede."

Josef Steger sah Julius nachdenklich an. Dann lächelte er. „Ich weiß, wo dieser Ort ist."

„Wo?", fragten Eva und Julius zugleich.

„Auf der Hardeck."

„Was ist das?"

„Die Hardeck war einmal eine keltische Burg. Auch im Mittelalter ist sie noch genutzt worden. Kurz vor der Jahrhundertwende haben die Österreicher die Ruine gesprengt, um Steine für den Bau der Straße zwischen Hüttengesäß und Altwiedermus zu gewinnen."

„Wo ist das?", fragte Julius. „Kann man die Stelle von der Ronneburg aus sehen?"

„Von dort wird man außer Bäumen nichts erkennen können. Zumindest jetzt nicht mehr. Früher war die Ruine bei gutem Wetter vom Bergfried aus zu sehen. Die Herrnhaag liegt ziemlich genau zwischen der Hardeck und der Ronneburg."

„Wir müssen dorthin", sprach Eva aus, was Julius dachte.

„Was wollt ihr da? Mehr als ein paar Mauerreste werdet ihr nicht finden."

„Möglicherweise doch", entgegnete Julius. „Ich bin mir sicher, dass die Mörderin auf der Herrnhaag war. Vielleicht hat sie auch in der Hardeckruine ein Versteck. Wir müssen das überprüfen."

„Das ist ein Argument", gab der Wirt zu. „Wir sollten de Winter mitnehmen."

„Um Himmels willen, nein", widersprach Eva.

„Ich halte das auch für keine gute Idee", stimmte Julius dem Mädchen zu.

„Wir müssen ihn ja nicht in deine komplette Lebensgeschichte einweihen", sagte Steger. „Wenn diese Bestie aber dort oben einen Unterschlupf hat, ist es besser, wenn ihr nicht alleine dorthin geht."

„Willst du nicht mitkommen?", fragte Julius.

„Doch. Wir werden aber auch de Winter und drei weitere Männer mitnehmen. Ich habe nur fünf Pferde. Zu Fuß können wir den Weg bis zum Einbruch der Dunkelheit nicht mehr schaffen."

Julius und Eva waren nicht überzeugt von Josefs Vorschlag. Ein treffendes Gegenargument konnten sie allerdings auch nicht vorbringen. Während der Wirt die notwendigen Vorbereitungen traf, blieben die beiden am Tisch sitzen und tranken ihre Krüge aus.

52

„Mir ist immer noch nicht klar, was die Tagebücher der Gräfin mit den Morden zu tun haben sollen", sagte de Winter.

Der Belgier ritt zwischen Josef und Eva und Julius, die wie gewohnt zu zweit auf einem Pferd saßen. Die Gruppe hatte die Herrnhaag inzwischen passiert und steuerte nun auf den Hardeckhügel zu.

„Vermutlich gar nichts", sagte Josef Steger. „Aber als mir Julius von der Explosion erzählte, fiel mir ein, dass dort ein geeigneter Platz wäre, wo sich der Mörder verstecken kann."

„Es ist recht weit von den Orten entfernt, wo es die Toten gegeben hat", sagte de Winter.

„Wir dürfen keine Möglichkeit auslassen", entgegnete der Wirt.

Julius grinste Josef an. Steger hatte sich gut aus der Sache herausgeredet. Sie hatten vereinbart, dass sie dem Jäger nur von seiner möglichen Beziehung zur Gräfin erzählen würden, wenn es nicht anders ging. Es musste ein Zusammenhang zwischen den Morden und dem Tod von Hildegard zu Büdingen-Ronneburg bestehen. Diesen würden sie aber auch ohne die Hilfe des Belgiers herausfinden. Ihn würden sie nur dafür brauchen, die Mörderin außer Gefecht zu setzen.

Die Gruppe erreichte den Hang und Steger beschloss, dass sie die Pferde an den Bäumen festbinden und den Rest der Strecke zu Fuß gehen sollten. Einen richtigen Weg zur Hardeck gab es nicht und die Verletzungsgefahr für die Tiere war auf dem unebenen Waldboden zu groß.

Sie gingen zwischen den Bäumen hindurch auf die Kuppe des Hügels zu, auf dem die Reste der Keltenburg standen. Julius war überrascht, wie steil es bergan ging, und es dauerte nur wenige Minuten, bis sein Atem schwerer wurde. Auch die anderen Männer neben ihm keuchten. Schweiß stand ihnen auf der Stirn. Lediglich de Winter schien der Gang durch den Wald nichts auszumachen. Stur schritt er vorneweg, ohne dabei sein Tempo zu reduzieren.

Sie hatten die Strecke bis zur Ruine beinahe geschafft, als der Belgier stehen blieb, um auf die anderen zu warten. Julius und Eva waren die ersten, die den Jäger erreichten. Sie schauten auf einen Graben, der sich um den Hügel herumzog. Er war fast zehn Meter tief und Julius war klar, dass sie Probleme damit bekommen würden, durch diesen alten Ringwall hindurch zu klettern. „Hier geht es nicht weiter“, sagte er.

„Wir müssen an dem Graben entlanggehen“, sagte Josef, der die Stelle jetzt ebenfalls erreicht hatte. „Auf der anderen Seite ist er teilweise zugeschüttet. Das ist der einzige Weg.“

Ohne eine Antwort zu geben, wandte sich de Winter nach rechts und ging los. Den anderen blieb nichts anderes übrig, als auf eine kurze Rast zu verzichten und ihm zu folgen. Wie der Wirt es vorausgesagt hatte, kamen sie nach kurzer Zeit an die Stelle, an der sie den ehemaligen Graben um die Burg überqueren konnten. Jetzt sahen sie auch die ersten Mauerreste. Zwischen den Steinen waren Bäume und Sträucher gewachsen. Das Ausmaß und die Form der Burg waren nicht mehr genau zu erkennen.

„Hier werden wir nichts finden“, sagte de Winter und warf Steger einen bösen Blick zu. „Warum führst du uns hierher?“

„Nicht so voreilig. Wir haben uns noch nicht einmal umgesehen.“

„Warum auch? Hier ist nichts“, sagte der Belgier.

Julius und Eva kümmerten sich nicht um die Diskussion der beiden Männer und gingen auf die mit Moos überwachsenen Mauerreste zu. An einer Stelle waren die Steine etwa mannshoch. Es waren einige Löcher in der Wand, sodass Julius problemlos daran hochklettern konnte. Eva wählte den Weg um die Steine herum und sah Julius grinsend an, als dieser sich auf den mit Gras bewachsenen Boden zog. Sie setzte sich neben ihn, schlang ihre Arme um seinen Hals, zog ihn zu sich und küsste ihn.

„Wo steckst du, Julius?", rief Josef Steger in diesem Moment von unten.

„Ich bin hier oben."

„Hast du etwas gefunden?"

„Bisher nicht. Aber wir suchen weiter." Julius lächelte Eva an. „Lass uns aufstehen und weitergehen", flüsterte er ihr zu.

Viel zu sehen gab es nicht. Sie gingen ans andere Ende der Fläche und wollten um die Mauer herum zurück zu den anderen gelangen. Plötzlich blieb Julius wie angewurzelt stehen. „Sie lebt noch", sagte er mit brüchiger Stimme.

„Wer?"

„Meine Mutter."

53

Die modrige Luft schmerzte in ihren Lungen, doch sie blieb weiter in der Dunkelheit sitzen und wartete. Sie wusste, dass sie die Höhle jetzt noch nicht verlassen durfte. Die Männer waren draußen und suchten nach ihr. Irgendwann, das war ihr klar, würde sie von ihren Häschern erwischt werden. Dieser Zeitpunkt war aber noch nicht gekommen. Noch lange nicht. Auch der fremde Jäger würde ihr nichts anhaben können. Kein Mensch würde sie hindern, ihre Rache zu vollenden.

Ihr Versteck war perfekt. Niemand konnte sie hier finden. Sie legte sich auf ihr Lager, um sich von den Anstrengungen des Tages zu erholen. Auf einem Berg aus Stroh hatte sie eine alte Decke ausgebreitet, die durch die vielen Löcher nicht mehr verhindern konnte, dass sie von einzelnen Halmen gepikt wurde. Daran hatte sie sich schon lange gewöhnt.

Zwanzig Jahre waren vergangen, seitdem sie den Menschen den Rücken gekehrt hatte. Sie hatte lange darauf warten müssen, bis die Zeit reif war und sie ihren großen Trumpf ausspielen konnte. Hatte sich immer nur auf eine Sache konzentriert, dieser ihre ganze Kraft gegeben, auf alles verzichtet. Jetzt konnte sie es denen heimzahlen, die damals die Augen vor ihrem Elend verschlossen hatten. Es war niemand dagewesen, als ihre Pein ihren Höhepunkt erreichte. Nicht einer der Bauern aus den Dörfern war gekommen, um ihr zu helfen. Im Gegenteil: Die Menschen aus Hüttengesäß hatten sich auf die Seite des Grafen gestellt. Dafür würden sie nun ihre Strafe erhalten. Jeder einzelne von ihnen.

Sie dachte an Steger. Es war erbärmlich, wie wehrlos er ihr zu Füßen gelegen hatte. Der große Lehnsherr, dem niemand etwas anhaben konnte. Ihn würde sie als Letzten bestrafen. Er sollte für Johanna mitleiden. Ja. Steger traf ein Teil der Schuld. Er würde für die Taten von diesem Miststück büßen. Der lieben Johanna, die immer nur ihr Bestes gewollt und sie dann so schamlos hintergangen hatte.

Schlimme Zeiten lagen hinter ihr. Doch die waren lange vorbei. Es lief alles so, wie sie es sich in den vergangenen Jahren immer wieder vorgestellt hatte. Einzig mit dem Auftauchen des Jungen hatte sie nicht gerechnet. Das Amulett war ein unfehlbares Zeichen, wer er war. Sie musste aufpassen, dass er ihre Pläne nicht durchkreuzte. Vor langer Zeit schon war ihre Hoffnung gestorben, Julius könne noch am Leben sein. Ausgerechnet jetzt, wo sie ihn am wenigsten gebrauchen konnte, war er hier. Sie wollte ihn nicht umbringen, aber er musste verschwinden. Am besten zusammen mit dem Mädchen. Er gehörte nicht hierher. Nicht jetzt und auch nicht in der Zukunft.

54

„Was redest du da?“, fragte de Winter, der plötzlich hinter Julius und Eva stand.

Zu dritt schauten sie auf die mit roter Farbe geschriebenen Worte.

„Noch ist es Zeit, Julius. Geh dorthin, woher du gekommen bist“, las der Belgier leise.

„Meine Mutter lebt noch“, wiederholte Julius. Er stand vor der Mauer und konnte den Blick nicht von der Nachricht abwenden, die dort geschrieben war. Auch Eva war wie erstarrt.

„Was faselst du da? Sprichst du von Johanna Meyer?“

„Nein. Von der Gräfin.“

„Von welcher Gräfin?“

„Hildegard zu Büdingen-Ronneburg.“

„Du erklärst mir jetzt sofort, was das bedeuten soll." De Winter griff Julius am Arm und zog in herum. „Ich will alles wissen, verstehst du? Alles!" De Winter holte mit geballter Faust aus, schlug aber nicht zu.

Mit stockender Stimme berichtete Julius von den Tagebüchern, dem Verdacht, dass die Gräfin seine Mutter war, und von dem Zusammenhang den sie zwischen ihrem Tod und den Morden in der Umgebung vermuteten. Während er sprach trat Josef Steger zu ihnen und betrachtete die Botschaft. Eva ging ein paar Meter von den Männern weg und setzte sich auf einen Baumstumpf.

„Und du hast das alles gewusst?", fuhr de Winter den Wirt an.

„Ja."

„Warum hast du mir das nicht früher gesagt?"

„Weil es nur Vermutungen sind."

„Unsinn. Diese Informationen geben dem Fall eine völlig neue Wendung. Du lässt mich die Gegend absuchen, obwohl du weißt, wer der Mörder oder - besser gesagt - die Mörderin ist."

„Wir wissen ja nicht, ob die Gräfin wirklich noch lebt. In diese Richtung haben wir bisher nicht gedacht", sagte der Wirt.

„Sie lebt", sagte Julius bestimmt. „Niemand sonst konnte wissen, dass wir hierher kommen würden."

„Wie kommst du auf diese Idee?", fragte der Belgier.

„Wir haben schon auf der Herrnhaag nach einem Versteck gesucht, das der Graf für seine Gattin errichtet hat. Dorthin haben sich die beiden zurückgezogen und sich geliebt. Der Hinweis auf die Hardeck stand in den Tagebüchern meiner Mutter. Sie wusste, dass wir früher oder später hier auftauchen würden."

„Woher soll sie wissen, dass du ihre Aufzeichnungen hast?"

„Weil wir dadurch auch schon zur Herrnhaag gelangt sind."

„Das Ganze passt nicht zusammen", sagte de Winter. „Wenn der Todestag der Gräfin zwei Monate vor deiner Geburt liegt, kann sie nicht deine Mutter sein. Du verrennst dich da in etwas."

„Ich sage doch, dass sie noch lebt", schrie Julius den Belgier an. „Hören sie mir nicht zu?"

„Warum wurde sie dann beerdigt?"

„Vielleicht wurde sie das nicht", gab Steger zu bedenken. „Wir begruben damals einen Sarg. Was aber wirklich in der Kiste war, das wussten nur vier Personen, von denen keiner mehr lebt."

„Wir müssen das Grab öffnen", sagte de Winter.

„Was?“, schrie Eva entsetzt. Sie starrte den Belgier an und schüttelte den Kopf.

„Das wird Bergmann niemals zulassen“, sagte Julius.

„Er hat keine andere Wahl“, entschied de Winter. „Habt ihr das Skelett des Grafen schon begraben?“

„Nein“, antwortete Julius. „Das soll morgen geschehen.“

„Gut. Bei dieser Gelegenheit öffnen wir das Grab.“ De Winters eisiger Blick zeigte, dass er in diesem Punkt nicht mehr mit sich reden lassen würde. Für ihn war es eine beschlossene Sache.

Julius ging zur Steinwand und fuhr mit dem rechten Zeigefinger über die Schrift. „Sie ist noch feucht.“

„Das bedeutet, dass dieses Biest noch hier in der Nähe sein muss“, sagte de Winter.

Julius verspürte einen Stich bei diesen Worten. Auch wenn seine Mutter scheinbar eine Mörderin war, war sie doch ein Mensch. Er sah zu Eva, die aber ihren Blick von ihm abwendete.

„Wir müssen dieses Versteck finden, von dem in den Tagebüchern die Rede ist“, sagte Steger. Er rief die anderen Männer zu sich und befahl ihnen, die Mauerreste genau zu untersuchen.

Es dämmerte bereits und die Männer wollten die Suche fast aufgeben, als de Winter sie plötzlich zusammenrief. Er stand neben einem Baum, der unmittelbar an der Mauer wuchs. „An dieser Stelle wächst kein Gras“, sagte er, nachdem sich alle um ihn herum versammelt hatten. Dann bückte er sich, um die Steine genauer zu untersuchen. Tatsächlich lagen diese nur locker übereinander und ließen sich aus der Wand herausnehmen. „Gebt mir eine Fackel.“

Julius folgte dem Belgier in das Loch und hielt den Atem an. Ein fauliger Gestank schlug ihnen entgegen. Julius nahm die Hand vor sein Gesicht, konnte aber nicht verhindern, dass ihm der Geruch in die Nase zog. De Winter leuchtete den Raum aus. Dieser war etwa drei Meter lang wie breit. An der gegenüberliegenden Seite war ein weiteres Loch zu sehen. In der Ecke neben den Männern lag der halbverweste Kadaver eines Schafes, neben einem stark angefaulten Bett aus Holz, das groß genug war, um zwei Menschen Platz zu bieten.

„Das muss es sein“, sagte Julius. Das Sprechen fiel ihm schwer, und ihm war übel. „Das ist der Ort, an den der Graf seine Gattin geführt hat, als zwischen den beiden noch alles in Ordnung war.“

„Vermutlich“, gab ihm de Winter recht. Der Belgier ging zu der Öffnung in der Wand und hielt die Fackel hinein. „Hier ist ein Gang. Wir müssen herausfinden, wohin er führt.“

55

De Winter rief den Rest der Gruppe in den unterirdischen Raum. Lediglich Eva blieb mit einem der Männer im Freien. Die anderen entzündeten ebenfalls Fackeln und folgten Julius und de Winter in den Tunnel.

Der Belgier führte die Gruppe an. Julius ging direkt hinter ihm und Steger bildete den Schluss. Zunächst verlief der Weg steil bergab. Die Männer mussten aufpassen, dass sie auf dem lehmigen Boden nicht ausrutschten. Der Gang war gerade so hoch, dass sie aufrecht stehen konnten. Wenn Julius die Arme ausstreckte, konnte er beide Seiten des Tunnels berühren. Halt fand er dort aber nicht. Auch wenn der Gestank nicht mehr so schlimm war wie in der Kammer, wurde die Luft schlechter und ließ sich kaum atmen. Julius spürte einen zunehmenden Schmerz im Brustkorb. Hinzu kam die Kälte. Vor ihm hüllte der Fackelschein de Winter in ein flackerndes Licht. Es kam Julius gespenstisch vor, in diesem Stollen unter der Erde entlangzulaufen. Abgesehen von kurzen Flüchen, die die Männer ausstießen, wenn sie ausrutschten, war es ruhig. Die Spannung hing spürbar in der Luft. Alle schienen darauf zu warten, die Mörderin aufzuspüren und für ihre grausamen Taten zu bestrafen. Julius hatte gemischte Gefühle. Natürlich wollte auch er, dass sie die feige Mörderin endlich fassten. Nichtsdestotrotz war sie seine Mutter.

Nach wenigen Minuten wurde der Weg flacher. Julius vermutete, dass sie sich jetzt außerhalb des Hardeckhügels befanden.

Kurz darauf kam es Julius so vor, als würde die Luft besser. Dann sahen sie vor sich einen Lichtschein.

„Da vorne ist ein Ausgang“, erklärte de Winter, der mit seinem Körper den anderen Männern im Blickfeld stand.

„Was siehst du?“, fragte Steger.

„Es geht hier nicht mehr weiter. Der Gang ist eingestürzt. Hier liegt alles voller Steine und Dreck. Wir müssen über das Geröll nach oben kriechen. Dort scheint es ins Freie zu gehen."

„Sollten wir nicht lieber umkehren?", fragte Josef.

„Nein. Ich will wissen, wo wir hinauskommen. Wir gehen dann im Freien zurück zur Ruine."

Die Männer mussten auf allen Vieren über den Dreck kriechen, um den Ausgang zu erreichen. Für einen Moment wurde es dunkel vor Julius, weil de Winter mit seinem Körper das Loch nach draußen verdeckte. Lehmbrocken fielen nach unten und trafen Julius im Gesicht. Dann wurde er von den grellen Sonnenstrahlen geblendet.

Einer nach dem anderen verließ auf diesem Weg den Gang. Sie waren etwa dreihundert Meter von der Hardeck entfernt und konnten auf der gegenüberliegenden Seite die Herrnhaag und dahinter die Ronneburg sehen.

„Das hätten wir uns sparen können", schimpfte Steger. Er stand auf und klopfte sich den Lehm aus der Hose.

„Ich bin davon überzeugt, dass die Mörderin diesen Gang benutzt hat. Wie es aussieht, führt er direkt zur Burg. Es würde mich nicht wundern, wenn er früher als Fluchttunnel angelegt worden ist." Der Belgier ging langsam in Richtung Herrnhaag. „Vielleicht finden wir auf der anderen Seite der Einsturzstelle einen anderen Einstieg in den Tunnel."

Die Männer folgten de Winter noch hundert Meter über die Wiesen, dann gab der Jäger auf. „Es macht keinen Sinn weiterzusuchen. Auch bei der Burg werden wir den Eingang zum Tunnel nicht finden. Dazu hätten wir ihn komplett durchlaufen müssen."

Julius dachte an den Gang, durch den er mit Eva dem Burggewölbe entkommen war. Dort hatte er keinen Abzweig in eine andere Richtung gesehen. Möglicherweise gab es beim Friedhof noch einen weiteren Einstieg. Andererseits war das Gelände unterhalb der Ronneburg dicht bewaldet. Es würde Tage dauern, alles abzusuchen.

Steger schlug vor, den Rückweg zur Hardeck anzutreten, als Eva mit ihrem Begleiter den Hang herunterkam. Sie warteten auf die beiden und gingen dann zurück zu ihren Pferden. Für diesen Tag war die Jagd beendet. Alle Männer waren dreckig und müde. Einen Teil des Rückweges blieben Julius und Eva noch bei der Gruppe. Kurz nach der Herrnhaag mussten sie jedoch einen anderen Weg einschlagen, der sie zur Ronneburg führte.

„Morgen früh treffen wir uns auf dem Friedhof und öffnen das Grab der Gräfin“, sagte Luuk de Winter zum Abschied.

56

„Glaubst du wirklich, dass die Gräfin noch lebt?“, fragte Eva und wendete sich von Julius ab, der sie gerade in den Arm nehmen wollte. Die beiden waren in ihre Gemächer in der Ronneburg zurückgekehrt und müde in ihr Bett gefallen. Unterwegs hatten sie kaum miteinander gesprochen.

„Ich bin davon überzeugt“, antwortete Julius. „Nur so ergibt alles einen Sinn.“

„Dann ist sie die Mörderin meiner Mutter und meines Vaters.“

„Vermutlich.“

„Ich kann nicht mit dir zusammenleben.“

„Was?“ Julius glaubte sich verhört zu haben und schaute das Mädchen entsetzt an.

„Ich kann nicht den Rest meines Lebens mit einem Mann verbringen, dessen Mutter meine Eltern umgebracht hat.“ Eva stand auf. Tränen liefen ihr über die Wangen, und sie warf Julius einen Blick zu, der im das Blut in den Adern gefrieren ließ.

„Das kannst du nicht ernst meinen“, sagte er. Es kam ihm vor, als würde sich eine Schlinge um seinen Hals legen, die langsam zugezogen wurde.

„Doch, Julius. Ich liebe dich, aber ich werde immer daran denken, was hier passiert ist.“

„Aber das ist doch nicht meine Schuld. Ich habe die Gräfin noch nicht einmal gekannt. Du weißt, dass ich nichts mit den Morden zu tun habe.“

„Trotzdem! So kann ich nicht leben.“ Eva ging zur Tür.

„Wo willst du hin?“

„Ich schlafe unten“, antwortete Eva. „Sei mir nicht böse, aber ich muss zunächst einmal meine Gedanken ordnen. Das ist alles zu viel für mich.“

Julius wollte dem Mädchen hinterherrennen, sie in den Arm nehmen, ihr sagen, wie dumm sie sich verhielt. Aber er konnte es nicht. Bewegungslos stand er auf dem Fleck und starrte Eva hinterher. Was sollte er tun? Er konnte die Reaktion des Mädchens nicht verstehen. Auch wenn er einsah, dass sie noch immer unter dem Tod ihrer Eltern litt. In den Tagebüchern der Hildegard zu Büdingen-Ronneburg hatten sie gelesen, dass der Gräfin übel mitgespielt wurde. An dieser Tragödie war auch Evas Vater beteiligt gewesen. Nach seiner Überzeugung war dies auch der Grund, warum sich die Gräfin an den Sangwalds gerächt hatte. In den zwanzig Jahren, in denen seine Mutter alleine in den Wäldern gelebt hatte, mussten sich die finsteren Rachepläne der Frau immer weiter gesteigert haben. War es ein Wunder, dass sie in dieser Zeit den Verstand verloren hatte? Julius wollte die schrecklichen Morde nicht entschuldigen. Trotzdem tat ihm die Gräfin auch leid. Sie hatte ein schlimmes Leben hinter sich, war von allen verlassen und später sogar für tot erklärt worden. Sie hatten ihr das Kind genommen. Natürlich musste den schrecklichen Taten ein Ende gesetzt werden. Es durften keine weiteren Morde geschehen. Verurteilen konnte Julius seine Mutter dennoch nicht.

Nach einer Weile gab er die Hoffnung auf, dass Eva von alleine zurückkommen würde. Er beschloss, sie zu suchen und noch einmal mit ihr zu reden. Sie musste einfach einsehen, dass er nichts mit den grausamen Morden zu tun hatte. Das war lächerlich. Er liebte das Mädchen und wollte sie nicht verlieren. Julius ging einen Stock tiefer in die Arbeitsräume des Grafen. Sie waren verlassen. Wo steckte Eva? Julius war sich sicher, dass sie noch in der Burg war. Nur wo? Hielt sie sich bei den Inspirierten vor ihm versteckt? Möglich war es, wobei die Leute sicherlich Fragen stellen würden, die Eva bestimmt nicht beantworten wollte. Blieb der Bergfried. Entschlossen ging Julius die Wendeltreppe nach oben. Als er das höchstgelegene Turmzimmer fast erreicht hatte, hörte er ein leises Schluchzen.

Eva saß unter dem Fenster und hielt die Arme um die Knie verschränkt. Julius ging zu ihr und wollte sie in den Arm nehmen, doch sie wich ihm aus.

„Geh weg, Julius. Ich möchte jetzt nicht mit dir zusammen sein. Kannst du das nicht verstehen?“

„Eva, ich brauche dich.“

„Jetzt nicht. Gib mir Zeit, über alles nachzudenken. Lass mich alleine.“

Julius sah die Tränen in Evas Gesicht und spürte, wie auch seine Augen feucht wurden. Traurig sah er das Mädchen an. Er wollte ihr sagen, wie sehr er sie liebte, schluckte die Worte aber herunter. Mit hängendem Kopf stieg er die Stufen hinab und ging zurück in die Gemächer des Grafen.

57

„Ich kann das nicht zulassen", sagte Jan Bergmann und schüttelte den Kopf. Der Inspirierte stand zusammen mit Julius, Steger und de Winter vor dem Eingang der Ronneburg.

„Wenn wir herausfinden wollen, ob die Gräfin möglicherweise noch lebt, haben wir keine andere Wahl", entgegnete der Belgier. „Wir müssen ihr Grab öffnen."

„Hildegard zu Büdingen-Ronneburg ist vor über zwanzig Jahren gestorben. In dieser Zeit gab es nie auch nur den kleinsten Hinweis, dass sie noch am Leben sein könnte. Es gibt keinen Grund für diesen Frevel."

„Wir müssen das tun", sagte Julius. „Es gibt keinen noch lebenden Menschen, der die Leiche meiner Mutter gesehen hat. Ich bin sicher, dass sie noch lebt."

„Wenn du die Verantwortung dafür übernimmst, werde ich euch nicht im Wege stehen. Richtig finde ich euer Vorhaben allerdings nicht."

„Ich kann dich ja verstehen", sagte Julius zu Jan. „Und ich würde dich niemals um so etwas bitten, wenn ich mir nicht ganz sicher wäre, dass es sein muss. Wir wollten heute ohnehin den Leichnam meines Vaters bestatten. Das könnten wir nun mit der Graböffnung verbinden."

„Der Junge hat recht", sagte de Winter.

„Ich werde die Gebeine des Grafen holen lassen", sagte Bergmann, drehte sich um und ging in die Burg.

Josef gab den drei Männern, die er aus Hüttengesäß mitgebracht hatte, damit sie das Graben übernehmen, ein Zeichen, und sie gingen zum Friedhof. Julius sah sich nach Eva um, konnte sie aber nicht entdecken. Den ganzen Morgen über hatte er das Mädchen noch nicht zu Gesicht bekommen. Jan hatte er nicht nach ihr fragen wollen. Der Inspirierte sollte nichts von ihrem Streit mitbekommen.

Als die Männer den Friedhof an der Mauer der Ronneburg erreichten, begann es zu regnen.

„Das hat uns gerade noch gefehlt", schimpfte Steger. „Als ob die Sache an sich nicht schlimm genug wäre, jetzt werden wir auch noch nass bis auf die Haut."

Sie gingen zum Grab der Gräfin und blieben davor stehen. Die drei Gehilfen des Wirtes fingen sofort mit dem Graben an. Julius war so angespannt, dass ihn der Regen nicht interessierte. Wie gebannt starrte er auf das immer größer werdende Loch vor ihm. Was würden sie finden? War das Grab wirklich leer oder hatte er sich die ganze Zeit etwas vorgemacht und sich nur in die Idee verrannt, seine Mutter könnte noch am Leben sein?

Steger und de Winter schauten den Gehilfen ebenfalls zu. Der Wirt gab Anweisungen, wenn ihm die Abmessung des Loches zu klein erschien, und trieb seine Leute zur Eile an. Jan Bergmann kam mit vier weiteren Inspirierten, die den Sarg mit dem Leichnam des Grafen trugen, als das Grab etwa einen halben Meter tief ausgehoben war.

Je tiefer die Männer in den lehmigen Boden vorstießen, umso schwerer fiel ihnen das Graben. Es verging eine kleine Ewigkeit, bis endlich einer der Gehilfen meldete, dass er auf ein Loch gestoßen sei. Tatsächlich war die Erde an einer Stelle eingebrochen. Der Holzsarg der Gräfin war längst verfault und hatte eine Lücke im Boden hinterlassen.

„Seid vorsichtig", befahl Steger seinen Männern. „Wir müssen sehen, was in dem Sarg liegt."

„Da ist nichts", rief einer der Gehilfen aus dem Loch.

„Legt alles frei."

Der Wirt, de Winter, Jan Bergmann und Julius starrten in das Grab, konnten dort allerdings nichts erkennen. Die Öffnung war noch zu klein. Die Männer arbeiteten unermüdlich weiter und mussten dabei aufpassen, dass sie sich mit ihren Spaten nicht gegenseitig verletzten. Immer wieder rutschten sie auf dem nassen Lehmboden aus.

„Kommt raus aus dem Loch", sagte de Winter, als etwa die Hälfte des Bereichs, in dem der Sarg gestanden hatte, freilag. Dort war der

Boden mit verfaulten Holzresten bedeckt. Als die Gehilfen das Grab verlassen hatten, stieg er selbst nach unten.

Julius folgte dem Belgier. Er ging in die Knie, um zu sehen, ob in dem noch mit Erde bedeckten Bereich etwas lag. Doch auch dort war außer Resten des Sarges nichts mehr zu sehen. Nicht ein einziger Knochen lag in dem Grab.

„Was ist dort unten?", wollte Steger wissen.

„Nichts", antwortete Julius. „Der Sarg ist leer. Ich habe euch doch gesagt, dass meine Mutter noch am Leben ist."

„Das kann nicht sein", sagte Bergmann. „Was hat die Gräfin in den letzten zwanzig Jahren gemacht? Niemand hat sie jemals zu Gesicht bekommen."

„Zumindest hat sie niemand erkannt", sagte de Winter, der inzwischen aus dem Grab herausgeklettert war. „Es fiel ihr sicher nicht schwer sich zu tarnen, wo doch jeder dachte, sie sei nicht mehr am Leben. Eines steht fest. Hier wurde Hildegard zu Büdingen-Ronneburg definitiv nicht begraben."

„Was machen wir nun?", fragte Julius.

„Wir begraben die Überreste deines Vaters", antwortete Bergmann. „Ich wollte heute Nachmittag ein Grab ausheben lassen und den Grafen morgen beerdigen, denke aber nun, es ist besser, wenn wir seine Gebeine jetzt bestatten. Und zwar in dem Grab seiner Gattin. Ich werde mit meinen Leuten den Grabstein ändern lassen, sodass beide Namen darauf eingraviert sind."

„Nein. Meine Mutter lebt noch."

„Willst du das Grab etwa offen lassen?"

„Nein. Aber wir nehmen den Grabstein weg und stellen für den Grafen einen neuen auf."

„Dann machen wir das so", stellte sich Steger auf Julius` Seite und auch Jan Bergmann nickte schließlich zustimmend.

Die Männer ließen den Sarg in das Grab hinab und schaufelten es wieder zu, nachdem ihr Anführer ein kurzes Gebet gesprochen hatte. Noch immer regnete es in Strömen. Die geplante Zeremonie für den Grafen war damit buchstäblich ins Wasser gefallen.

„Kommt mit in die Burg", sagte Jan Bergmann. „Dort könnt ihr euch aufwärmen und auch etwas essen."

„Dabei können wir auch besprechen, was wir als Nächstes unternehmen", sagte Steger und schlug dem Inspirierten freundschaftlich auf die Schulter.

Julius verließ den Friedhof mit gemischten Gefühlen. Er war sich jetzt sicher, dass die Gräfin ihn geboren hatte. Sie war aber auch eine Mörderin. Was würde passieren, wenn ihre Häscher sie fanden? Würden sie seine Mutter einfach erschießen? Julius wünschte sich natürlich auch, dass man Hildegard zu Büdingen-Ronneburg das Handwerk legte, er wollte aber nicht dabei sein, wenn man sie einfach wie ein Stück Vieh über den Haufen schoss. Er glaubte nicht daran, dass sich der Belgier lange mit Reden aufhalten würde, wenn er die Gräfin vor seine Flinte bekam.

58

Auf dem Weg in die Burg sah sich Julius wieder nach Eva um. Weil sie weder im Burghof noch außerhalb der Mauern aufgetaucht war, vermutete er, dass sie sich inzwischen in den Gemächern des Grafen befand und von dort aus den Friedhof beobachtet hatte. Doch auch am Fenster entdeckte er das Mädchen nicht.

Sie schritten auf den Palas zu. Prinz lag in seiner Hütte und hatte den Kopf zwischen den Pfoten liegen. Er schaute zwar auf, als die Männer an ihm vorbeigingen, zog es aber vor, in der Trockenheit seines Fasses zu bleiben.

Als sie im Speisesaal ankamen, schickte Jan eine der Frauen los, um Handtücher zu holen, damit sich die Männer wenigstens die Haare und das Gesicht trocknen konnten.

„Ich kann immer noch nicht glauben, dass der Sarg wirklich leer war“, sagte Jan, als alle an einem Tisch saßen und jeder einen Humpen mit heißem Grog vor sich stehen hatte.

„Auf jeden Fall schränkt das die Suche nach der Bestie ein“, sagte de Winter. „Ihr hättet mir viel früher von der Vermutung erzählen müssen, dass sie die Mutter des Jungen ist.“ Er sah Julius finster an.

„Sicher war ich mir erst, als ich die Warnung auf der Hardeck gelesen habe“, verteidigte der sich.

„Trotzdem. Wir wissen jetzt, dass die Gräfin nicht wahllos tötet. Diese Information wäre schon früher hilfreich gewesen. Durch dein Schweigen haben wir mindestens zwei Tage verloren. Vielleicht hätten wir sogar den Mord an dem Spinner verhindern können.“

„Karl war kein Spinner", sagte Josef.

„Wie auch immer", antwortete der Belgier. „Er ist jetzt nicht mehr wichtig."

Wieder war Julius geschockt, wie gefühllos der Belgier bei seinen Ermittlungen vorging. Und doch nagte der Vorwurf des Mannes an ihm. Wenn er ehrlich war, musste er zugeben, dass man den Künstler niemals eingesperrt hätte, wenn der Verdacht früher auf die Gräfin gefallen wäre. Dann wäre er womöglich noch am Leben. Andererseits hatten sie die Tagebücher erst nach dem Mord an Karl Krämer gefunden. Schließlich waren es erst die Aufzeichnungen gewesen, die Julius und Eva auf die Idee gebracht hatten, dass Hildegard zu Büdingen-Ronneburg seine Mutter sein könnte.

„Schlaf nicht ein, Junge", riss de Winter Julius aus seinen Gedanken. „Wir müssen darüber reden, wie es weitergeht. Also, was wissen wir?", fragte er in die Runde.

„Als er erfahren hat, dass seine Gattin ein Kind erwartet, hat Albert zu Büdingen-Ronneburg den Leuten erzählt, sie würde den Verstand verlieren und verbot ihr, die Gemächer in der Burg zu verlassen", sagte Steger. „Schließlich erklärte er sie für tot und sperrte sie in den Gewölben ein. Als Julius dann geboren wurde, gab er ihn an Johanna Meyer ab, die kurz davor ein Kind verloren hatte." Bei diesem Teil seiner Zusammenfassung kam der Wirt ins Stocken, fing sich aber schnell wieder.

„Weitere zwei Monate später muss es der Gräfin gelungen sein, ihren Gatten zu überwältigen. Sie kettete ihn an, überließ ihn seinem Schicksal und floh. Dann, nach zwanzig Jahren, startete sie ihre Rache und brachte die Menschen um, die Albert damals geholfen hatten."

„Aber warum tat der Graf das alles?", fragte Julius.

„Das weiß ich nicht. Aber es kann nicht anders gewesen sein. Auch wenn die Motive des Grafen noch im Dunkeln liegen, ist dies die einzig mögliche Erklärung für die Vorfälle. Seit du mir das erste Mal erzählt hast, dass Albert dein Vater ist, frage ich mich, warum er dich nicht einfach hierbehalten hat. Warum gab er dich weg?"

„Wie hätte der Graf die Existenz des Jungen erklären sollen?", warf Jan Bergmann ein. „Schließlich galt seine Gattin als tot und begraben. Von ihrer Schwangerschaft wusste niemand. Ich habe das auch erst durch die Tagebücher der Gräfin erfahren."

„Die Mörderin muss euren Künstler gekannt haben", sagte de Winter. „Sie brachte ihn um, weil sie Angst hatte, er könne etwas verraten."

„Ich verstehe nicht, warum Richard sterben musste", sagte Steger.

„Der Säufer ist der Bestie vermutlich zufällig zu nahe gekommen", sagte de Winter.

„Jetzt müssen wir nur noch herausfinden, was meinen Vater dazu gebracht hat, seine Gattin so zu behandeln."

„Richtig", sagte de Winter. „Genau das werden wir aber nur von seiner Witwe erfahren. Falls sie es weiß."

„Wenn wir sie lebend erwischen."

Julius erschrak bei Stegers Worten. Er wusste natürlich, dass die Bewohner von Hüttengesäß und den umliegenden Ortschaften die Mörderin am liebsten tot sehen würden. Sie würden bei der Jagd kein Risiko eingehen und sofort schießen. Dennoch hoffte er darauf, dass es ihnen gelang, sie lebend zu fassen.

„Die Hintergründe interessieren mich nicht", sagte der Belgier. „Wichtig ist nur, dass die grausamen Taten endlich ein Ende haben."

„Wollt ihr der Gräfin nicht wenigstens eine Chance geben, ihre Motive zu erklären? Ihr muss damals schlimmes Unrecht widerfahren sein." Jan Bergmann kratzte sich mit dem Zeigefinger an der Stirn.

„Das hätte sie nach dem Mord an dem Grafen tun können", sagte Steger.

„Niemand hätte ihr damals zugehört." Julius konnte nicht fassen, wie schnell die Männer das Todesurteil über seine Mutter fällten.

„Du solltest dir sehr schnell darüber klar werden, auf welcher Seite du stehst, mein Junge", sagte de Winter gefährlich leise.

„Was wollen Sie damit sagen?"

„Dass du mir besser nicht in die Quere kommen solltest, wenn ich diese Mörderin vor meiner Flinte habe."

„Das reicht jetzt", sagte Jan Bergmann. „Wir sind uns darüber einig, dass Hildegard gefasst werden muss. Sie alleine hat die Morde verübt. Konzentrieren wir uns darauf."

„Nur, wie stellen wir das an?"

„Ganz einfach", beantwortete de Winter Stegers Frage. „Wir sperren den Jungen ein."

„Was soll der Unsinn?" Julius sprang auf und ging ein paar Schritte zurück.

„Du bist unser Köder."

„Nein. Da spiele ich nicht mit. Ich weiß, dass ihr meine Mutter jagen müsst, aber ich werde sie euch nicht auf dem Silbertablett servieren."

„Wie kommst du darauf, dass ich dich um Erlaubnis fragen werde?"

„Julius hat recht", sagte Jan Bergmann. „Sie können ihn nicht einfach einsperren."

„Doch. Das kann ich und das werde ich auch. Sobald seine Mutter kommt, um ihm zu helfen, haben wir sie. Dann ist der Junge wieder frei."

„Und wenn sie nicht mitbekommt, dass ihr mich einsperrt?"

„Ich bin sicher, sie beobachtet uns", sagte der Belgier. „Und wenn nicht, lasse ich dich morgen wieder frei."

Julius warf Jan einen hilfesuchenden Blick zu, doch der schüttelte nur den Kopf. Josef sah zur Seite, als ginge ihn das alles nichts an, und die Gehilfen am anderen Tisch würden es nicht wagen, de Winter zu widersprechen.

Julius sprang auf und warf sein Glas heißen Grog nach dem Belgier. Dann rannte er in Richtung Tür. De Winter holte ihn ein, bevor er den Ausgang erreichte und drehte ihm den Arm auf den Rücken. Jetzt hatte Julius keine andere Wahl mehr. Er musste sich dem Willen des Belgiers beugen.

59

„Habt ihr jetzt völlig den Verstand verloren?", schrie Eva und rannte auf die Männer zu, die gerade den Palas verließen.

Prinz sprang bellend aus seiner Hütte, wurde aber von der Kette aufgehalten. Julius ging zwischen Steger und de Winter. Der Belgier hatte ihm die Hände zusammengebunden und hielt das andere Ende des Strickes fest.

„Mach jetzt kein Theater, Eva", sagte Josef. „Es ist nicht so, wie es aussieht."

„Wieso macht ihr das?"

„Ich sage doch, dass du dich nicht aufregen sollst. Es ist alles nur Schein. Wir wollen die Bestie ködern." Der Wirt sprach sehr leise. Es gelang ihm aber nicht, Eva zu beruhigen.

„Das ist doch Irrsinn. Was wollt ihr damit bezwecken?"

„Wir haben das Grab der Gräfin geöffnet", erklärte Julius. „Es war leer. Es ist, wie ich es gesagt habe. Hildegard zu Büdingen-Ronneburg ist meine Mutter."

„Das ist kein Grund dafür, dich wie einen Verbrecher abzuführen. Außerdem ist das viel zu gefährlich."

„Wir werden schon auf den Jungen aufpassen", sagte de Winter.

Der Belgier ging an Eva vorbei und zog Julius hinter sich her. Das Mädchen blieb bei Jan Bergmann stehen und schaute den anderen Männern kopfschüttelnd nach.

„Ich werde sie begleiten", sagte sie zu dem Inspirierten.

„Nimm das Pferd! Ich denke, dass die Sache schnell ausgestanden sein wird und ihr morgen wieder hierher zurückkehren könnt."

Ob und was Eva darauf antwortete, konnte Julius nicht mehr verstehen. Im Schlepptau des Belgiers hatte er die Vorburg fast erreicht. Die Männer bestiegen die Pferde und de Winter gab etwas Seil nach.

„Soll ich etwa laufen?", fragte Julius.

„Natürlich", antwortete der Belgier. „Schließlich bist du der Gefangene. Falls deine Mutter uns beobachtet, muss es echt aussehen. Außerdem haben wir nicht genug Pferde."

„Das macht Ihnen wohl richtig Spaß."

„Nein, Junge. Aber ich könnte mir Schlimmeres vorstellen."

Julius ärgerte sich über das dreckige Lachen des Belgiers. Ihm blieb nichts anderes übrig, als den Reitern zu folgen. Er musste aufpassen, dass er auf dem nassen Boden nicht ausrutschte, was ihm mit zusammengebundenen Händen nicht leichtfiel. Der Regen hatte aufgehört. Dafür begann es, langsam zu dämmern. Vor Einbruch der Dunkelheit würden sie Hüttengesäß kaum erreichen. Julius hatte ein mulmiges Gefühl bei dem Gedanken an den Ort. Wie würden die Dorfbewohner reagieren, wenn ihnen Steger und de Winter den vermeintlichen Mörder präsentierten? Daran, dass seine Mutter ihm unterwegs helfen würde, glaubte er nicht. Wenn überhaupt, konnte er frühestens in der Nacht mit einer Rettung rechnen. Dann würde die Falle des Belgiers zuschnappen und das Drama war beendet.

Eva holte die Männer ein, als diese etwa ein Drittel des Weges nach Hüttengesäß hinter sich gebracht hatten. Julius hörte das Getrampel der Pferdehufe, blieb stehen und drehte sich um. Weil de Winter nicht anhielt, zog sich das Seil straff, und Julius verlor das Gleichgewicht. Er konnte den Sturz nicht mehr abfangen und landete bäuchlings im nassen Gras.

„Was soll das?“, fuhr Steger das Mädchen an. „Ich dachte, ich hätte mich klar genug ausgedrückt. Was willst du hier?“

„Ich will zu meinem Hof. Oder dachtest du, ich bleibe alleine in der Burg.“

„Dann reite voraus und halte Abstand zu uns.“

„Nein“, widersprach de Winter. „In unserer Mitte ist das Mädchen sicherer, als wenn es alleine durch die Abenddämmerung reitet. Sollte uns die Mörderin beobachten, ist es sogar glaubwürdiger, wenn Eva bei uns ist. Ich bin mir sicher, dass die Gräfin den Jungen in den letzten Tagen beobachtet hat und einige Zusammenhänge kennt oder erahnt.“

„Meinetwegen“, brummte Steger.

Julius stand wieder auf und die Gruppe konnte den Weg fortsetzen. Er lächelte Eva zu, doch das Mädchen verzog keine Miene. Mit hängenden Schultern ging Julius weiter. Noch nie in seinem Leben hatte er sich so gedemütigt gefühlt. Er wurde an der Leine geführt wie ein Hund, seine Kleidung war voller Dreck und das Mädchen, das er liebte, ritt hinter ihm und würdigte ihn keines Blickes. Sein Aufenthalt im Ronneburger Hügelland hatte einen traurigen Tiefpunkt erreicht.

60

Kurz nachdem sie die ersten Häuser von Hüttengesäß erreicht hatten, verließ Eva die Männer und ritt zu ihrem Hof. Traurig sah Julius dem Mädchen nach. Leider war es ihm den ganzen Tag über nicht möglich gewesen, mit ihr zu reden, und der Streit vom Vorabend stand noch immer zwischen ihnen. Im Moment sah er keine Chance, schnell zum Sangwaldhof zu kommen. Wenn er Pech hatte, würde der wahnsinnige Belgier ihn die ganze Nacht über festhalten.

„Sie hätten das Seil ruhig ein bisschen lockerer binden können", sagte Julius und versuchte die Fessel zu lösen.

De Winter zog einmal kräftig. Julius verlor das Gleichgewicht und fiel auf die Knie.

„Muss das sein?", schimpfte Steger.

„Falls wir beobachtet werden, soll es echt aussehen."

Julius stand wieder auf und die Gruppe setzte den Weg fort. Er wunderte sich darüber, dass er keinen der Bewohner von Hüttengesäß sah. Wenige Schritte später erkannte Julius, warum.

Vor der Krone stand mindestens die halbe Bevölkerung des Ortes. Die Nachricht über die Gefangennahme des Mörders musste sich herumgesprochen haben wie ein Lauffeuer. Als die Meute die Männer und den gefesselten Julius erblickte, brach der Tumult los.

Noch bevor Julius in der hereinbrechenden Dunkelheit die Gesichter der Menschen erkennen konnte, flog der erste Stein und landete direkt vor seinen Füßen. Der zweite traf ihn am Oberschenkel, der dritte am rechten Ellenbogen.

„Sofort aufhören", schrie de Winter in die Menge.

„Der Mistkerl hat es nicht besser verdient", rief eine Frau.

„Genau", brüllten mehrere Männer und bewarfen ihn erneut. Julius wurde am Arm und am Schienbein getroffen.

Ein großer, kräftiger Dorfbewohner mit einem vor Zorn gerötetem Gesicht drängte sich nach vorne.

Der Belgier nahm sein Gewehr von der Schulter und gab einen Warnschuss ab. „Ich habe gesagt, dass ihr aufhören sollt. Noch ist die Schuld des Jungen nicht erwiesen."

„Das kannst du uns nicht erzählen", rief einer der Männer.

„Wir wollen Rache für den Schäfer und die Sangwalds", schrie ein zweiter.

Der Pfarrer kam auf Steger zu und hielt dessen Pferd an den Zügeln fest. „Was soll das werden, Josef? Warum führt ihr den jungen Meyer ab? Ihr wisst doch genau, dass er noch gar nicht in der Gegend war, als die ersten Morde passierten."

„Das ist eine längere Geschichte, Herr Pfarrer. Ich erzähle Ihnen später alles. Zunächst müssen wir Julius in Sicherheit bringen."

Die Menschen aus Hüttengesäß beschimpften den Gefangenen weiter und wären sicherlich auf Julius losgegangen, wenn nicht der Belgier, der mittlerweile von seinem Pferd abgestiegen war, mit schussbereiter Waffe neben ihm gestanden hätte.

„Du musst etwas unternehmen", sagte de Winter ärgerlich zum Wirt. „Schaff die Leute hier weg!"

„Mir reicht es langsam" zischte Julius. „Wenn das so weitergeht, brechen die mir alle Knochen."

„Ist ja schon gut", sagte Steger und eilte über die Straße zu den wartenden Menschen hin. „Jetzt benehmt euch mal nicht wie Tiere", sagte er. „Der Junge wird morgen nach Frankfurt gebracht und dort eingesperrt. Vielleicht hängen die ihn dort auf. Wenn wir das aber tun, ist das Mord. Jetzt kann er uns nicht mehr gefährlich werden. Also, geht in die Krone und trinkt ein paar Bier auf Kosten des Hauses. Lasst uns feiern, dass wir den Täter erwischt haben."

Nach kurzem Widerspruch ließ sich die Meute von dem Angebot des Wirtes überzeugen. Schließlich kam es nicht oft vor, dass Steger einen ausgeben wollte. Nach und nach verschwanden die Männer im Schankraum und nahmen zur Feier des Tages auch ihre Frauen mit, die dort ansonsten nicht gerne gesehen waren.

„Das ist gerade noch einmal gut gegangen", schimpfte Julius, als er mit de Winter alleine war. „Ich habe von Anfang an gesagt, dass es keine gute Idee ist, mich gefangen zu nehmen. Wie soll ich mich hier jemals wieder frei bewegen?"

„Stell dich nicht so an, Junge. Wenn wir deine Mutter erwischt haben und den Menschen hier die echte Mörderin präsentieren können, lassen sie dich in Ruhe."

„Ich hoffe, dass Sie recht haben. Zumindest werde ich immer der Sohn einer Mörderin bleiben. Das werden die Leute niemals vergessen."

„Ich bringe dich jetzt in den Keller der Krone. Wenn die Gräfin uns gesehen hat - und davon bin ich überzeugt - wird sich bald etwas tun."

61

„Du musst wissen, was du tust", sagte Jan Bergmann und sah Maria nachdenklich an. Die beiden saßen in der Küche vor dem Ofen. Die junge Frau hatte den Anführer der Inspirierten um ein Gespräch unter vier Augen gebeten. Bereits Marias Eltern hatten zu der Gruppe gehört und das Mädchen war als Inspirierte geboren worden. Jan hatte sich geschworen, immer ein offenes Ohr für seine Schützlinge zu haben. Genauso wie German Weiland vor ihm. „Ich kann dich nicht zwingen, hier zu bleiben, aber ich fürchte, dass du einen Fehler machst, wenn du die Burg jetzt verlässt."

„Ich ertrage das nicht mehr", sagte Maria mit Tränen in den Augen. „Dieser furchtbare Mensch aus Belgien ist schuld am Tod unseres Anführers. Und jetzt sitzt du hier mit ihm am Tisch, als wäre nichts gewesen. Und ich musste ihm auch noch etwas zu Essen bringen."

„So ist das nicht. Germans Verletzungen waren sehr schlimm. Er hatte keine Chance zu überleben."

„Vielleicht hat dieser Kerl ihn nicht umgebracht. Beschleunigt hat er Germans Tod aber ganz sicher. Ich kann ihm das nicht verzeihen."

„Das musst du auch nicht. Wir müssen dafür sorgen, dass keine weiteren Menschen getötet werden. Deshalb arbeiten wir mit de Winter zusammen, was aber nicht bedeutet, dass wir ihn auch mögen müssen. Wenn die Mörderin gefasst ist, wird der Belgier wieder verschwinden und wir sehen ihn nie wieder."

„Mörderin?"

„Hildegard zu Büdingen-Ronneburg ist die Täterin."

„Die ist doch seit zwanzig Jahren tot."

„Nein. Wir haben ihr Grab geöffnet. Es war leer. Es gibt einige Hinweise darauf, dass die Gräfin noch lebt."

„Das ist unglaublich."

„Ja. Ich bitte dich aber, mit niemandem darüber zu sprechen, bis wir die Mörderin gefasst haben. Versprich mir das."

„Ich werde nichts sagen."

„Gut. Was de Winter angeht, so wird er demnach nicht mehr lange hierbleiben. Geh ihm einfach aus dem Weg."

„Das kann ich nicht. Mein Entschluss steht fest. Ich werde die Burg morgen früh verlassen."

„Ich weiß, wie sehr du German gemocht hast. Trotzdem denke ich, dass du noch eine Nacht darüber schlafen solltest. Triff keine voreiligen Entscheidungen."

„Ich habe bereits lange nachgedacht und werde mich nicht mehr umstimmen lassen."

„Und du bist dir wirklich ganz sicher?" Jan wollte die junge Frau nicht verlieren. Sie war im Schutz der Inspirierten aufgewachsen und hatte die Burg noch nie in ihrem Leben verlassen. Sie ahnte ja nicht, welche Gefahren in der Fremde auf eine hübsche, junge Frau lauern konnten.

„Das bin ich."

„Wohin willst du denn gehen?"

„Das weiß ich noch nicht. Zunächst mal möglichst weit weg von hier. Ich werde mit der nächsten Kutsche von Hüttengesäß aus nach Büdingen fahren. Dort suche ich mir eine Arbeit."

„Hast du Geld?"

„Ein paar Taler."

„Komm morgen früh zu mir. Ich werde dir noch etwas geben."

„Danke!" Maria stand auf und verließ die Burgküche.

Jan blieb noch einen Moment am Feuer sitzen und kratzte sich an der Stirn. Er verstand Maria. Dennoch hatte er Angst um sie. Fraglich war auch, wie die anderen Menschen der Gruppe auf den Weggang der jungen Frau reagieren würden. Belügen wollte Jan sie nicht, sollten sie sich nach Marias Verbleib erkundigen.

Bergmann stand auf und ging schweren Herzens in seine Gemächer, wo ihn sein Weib sicher schon erwartete und sich Sorgen machte, weil er wieder so spät zu Bett kam. Es standen ihm schwere Zeiten bevor. Wie so oft in den letzten Tagen wünschte er sich, German wäre noch am Leben.

62

„Verdammter Mistkerl", fluchte Julius. Die Tür zu seinem Verlies war gerade geschlossen worden, und de Winter hatte ihn wahrscheinlich nicht mehr gehört.

Julius setzte sich an der Wand des Kellerraumes auf den Boden und streckte die Beine aus. Die Stellen, an denen ihn die Steine getroffen hatten, schmerzten, und ihm war kalt. Auch wenn der Belgier der Meinung war, dass seine Gefangenschaft nur von kurzer Dauer sein würde, konnte sich Julius nicht mit der Situation abfinden. Gestern noch war er von Jan Bergmann als Nachfolger des Grafen bezeichnet worden. Jetzt saß er in diesem feuchten Loch, das dennoch im Moment der sicherste Ort war, an dem er sich aufhalten konnte.

Die Reaktion der Menschen aus Hüttengesäß hatte Julius geschockt. Wie sollte er sich jemals wieder frei in der Gegend bewegen können? Er wusste, dass ihn die Meute vor der Gaststätte am liebsten aufgeknüpft hätte. Selbst wenn nun seine Mutter gefasst wurde, wer gab ihm die Garantie, dass die Leute nicht trotzdem versuchen würden, ihn zur Rechenschaft zu ziehen? Es brauchte ja nur einer der Männer nicht an die Schuld der Gräfin zu glauben. Julius war enttäuscht von Steger und Bergmann. Beide hätten verhindern können, dass der Belgier ihn einsperrte, hatten es aber nicht getan. Sie mussten doch einsehen, dass de Winter völlig verrückt war. Wie konnten sie diesem wahnsinnigen Plan bloß zustimmen? Er glaubte auch nicht an einen Befreiungsversuch durch seine Mutter. Natürlich wusste die Gräfin, dass ihr Sohn hier war. Die Botschaft auf der Hardeck hatte dies bewiesen. Aber warum sollte sie auf seiner Seite stehen, wo er doch selbst bei der Jagd nach der Mörderin geholfen hatte?

Am härtesten hatte ihn aber Evas abweisende Haltung getroffen. Sie war einfach zurück zum Hof ihrer Eltern gegangen. Bedeutete er ihr denn gar nichts mehr? Hatte sie die letzten gemeinsamen Tage vergessen, waren sie ihr unwichtig geworden? Julius konnte und wollte das nicht akzeptieren. Er musste so schnell wie möglich aus diesem verfluchten Keller heraus und mit Eva reden. Würde ihn de Winter aber freilassen, wenn sich die Nacht über nichts tat? Und wie wollte dieser Kerl den Leuten im Dorf erklären, warum Julius nun doch nicht der Mörder war? Nein. Die einzige Chance, die er hatte, war ein Befreiungsversuch durch seine Mutter. Unternahm die Gräfin diesen nicht, würde Julius vermutlich nichts anderes übrig bleiben, als die Gegend bei Nacht und Nebel zu verlassen.

Und wenn schon, dachte Julius. *Hier hält mich sowieso nichts mehr.* Natürlich würde er versuchen, Eva davon zu überzeugen, mit ihm zu kommen. Wenn sich das Mädchen aber weigerte, musste er alleine von hier weggehen. De Winter hatte ihn in eine Situation gebracht, aus der es keinen Ausweg gab. Es sei denn, die Männer erwischten die wirkliche Mörderin.

Genau das wollte Julius aber nicht. Der Belgier würde nicht zögern, die Gräfin zu erschießen. Julius glaubte nicht, dass er den Versuch unternehmen würde, die Frau zu verhören. Was damals passiert war, schien dem Mann egal zu sein. Für de Winter war der Fall aufgeklärt. Er musste die Täterin nur noch unschädlich machen. Am liebsten würde Julius seine Mutter warnen und vielleicht sogar mit ihr fliehen. Geld hatte er schließlich genug. Wie sollte er Hildegard aber davon überzeugen, dass sie den Ort verlassen musste? Selbst wenn er sie fände und alleine mit ihr sprechen könnte, würde sie sicher nicht auf ihn hören und womöglich sogar versuchen ihn umzubringen, weil sie ihn für einen Verräter hielt.

Je länger Julius in dem Keller zubrachte, umso deutlicher wurde ihm, wie ausweglos seine Situation war. Es war ein Fehler gewesen, nach Hüttengesäß zu kommen. Er hätte in Frankfurt bei seinen Freunden bleiben sollen. Dafür war es jetzt aber zu spät.

Plötzlich hörte Julius einen Schuss. Dann einen Schrei.

63

Josef Steger hatte im Schankraum alle Hände voll zu tun. Selten war es in der Krone so voll gewesen wie an diesem Tag. Er bereute es jetzt, die Leute zu einem Freitrunk eingeladen zu haben. Dies würde ihn ein Vermögen kosten. Schuld daran war de Winter. Er hätte den Jungen nicht abführen dürfen. Anfangs war Josef noch der Meinung gewesen, dass Julius die Sache nicht schaden konnte, und er hatte es ihm gegönnt, wie ein Verbrecher abgeführt zu werden. Der Stachel, dass Johanna ihn damals mit dem Spross des Grafen verlassen hatte, saß noch immer sehr tief, auch wenn er dem Jungen natürlich keinen Vorwurf machen konnte. Steger war nicht dumm. Ihm war klar, dass er sich mit Meyer arrangieren musste, wenn er sein Lehen behalten wollte.

Der Wirt zapfte weiterhin einen Bierkrug nach dem anderen voll. Die beiden Gehilfinnen, die er kurzerhand für den Abend eingestellt hatte, brachten die Getränke zu den Gästen. Die Stimmung wurde zunehmend ausgelassener und den ersten Männern waren die Auswirkungen des genossenen Alkohols in die Gesichter geschrieben. Josef hoffte, dass de Winter die Gräfin ohne großes Aufsehen ausschalten konnte, sollte sie wirklich versuchen, ihren Sohn zu befreien. Wenn die Leute aus dem Dorf in das Geschehen eingriffen, würde das sicher für den ein oder anderen, der zu tief ins Glas geschaut hatte, gefährlich werden. Es durfte nicht zu einer Panik kommen.

Steger sah, wie sich der Pfarrer einen Weg durch die Menge bahnte und zu ihm an den Tresen kam.

„Machen Sie mir jetzt bitte keine Vorwürfe“, begrüßte der Wirt den Geistlichen. „Es war de Winters Idee, den Jungen als Köder für die Gräfin zu nehmen.“

„Du hättest das niemals zulassen dürfen.“

„Warum nicht? Meyer ist doch nichts geschehen.“

„Bisher nicht. Aber du kennst die Männer aus dem Ort genauso gut wie ich. Es wird schwer werden, sie davon abzuhalten, in den Keller zu stürmen, wenn sie sich weiter so volllaufen lassen.“

„Ich musste sie von der Straße holen.“

„Da hast du recht. Aber so weit hätte es niemals kommen dürfen.“

„Es war geplant, den Jungen in den Keller zu bringen und abzuwarten. Wir konnten ja nicht ahnen, dass sich die Nachricht von seiner Ergreifung so schnell herumsprechen würde. Niemand wusste davon.“

„Du kennst die Menschen hier. Vermutlich hat euch einer der Wachposten gesehen und ist in das Dorf gerannt.“

„Das wird wohl so gewesen sein“, gab Josef zu. Er füllte ein Gläschen Kornbrand und schob es dem Geistlichen hin. Dieser kippte die Flüssigkeit hinunter. Es kam selten vor, dass der Mann Alkohol trank. Es gab aber Tage, da war er einem Schnäpschen gegenüber nicht abgeneigt.

In diesem Moment fiel ein Schuss.

Josef sprang wie von der Tarantel gestochen hinter der Theke hervor und rannte zum Ausgang. „Aus dem Weg!“, schrie er einem der Gäste zu, der gerade aufgestanden war, und stieß ihn einfach beiseite. „Ihr bleibt im Schankraum“, sagte Steger. Er riss die Tür auf und stürmte hinaus. Dort sah er, wie de Winter mit dem Gewehr im Anschlag auf eine schwarz gekleidete Person zuging, die auf dem Boden lag und sich nicht rührte. „Was ist los?“

„Die Bestie ist plötzlich an der Hausecke aufgetaucht“, antwortete de Winter. „Geh hin und sieh nach, ob sie noch lebt.“

„Warum ich?“

„Weil ich dir mit dem Gewehr Deckung gebe. Nun mach schon.“

Steger ging langsam auf die Gestalt zu. Die versuchte aufzustehen, knickte aber mit dem Bein ein. Als er näher herankam, erkannte er die Bettlerin, die er schon oft auf dem Marktplatz gesehen hatte. Josef schüttelte den Kopf und starrte auf die Frau herunter. Nie hätte er diese Person für eine Mörderin gehalten. Obwohl Hildegard ihnen jetzt nicht mehr entkommen konnte, blieb Steger sehr vorsichtig. Er hatte den Überfall auf sich nicht vergessen und wusste, wie kräftig die Frau war.

„Sie ist es", sagte Steger und drehte sich zu dem Belgier um.

„Fessel ihr die Hände auf den Rücken. Dann schaffen wir sie in den Keller."

Steger ging zu de Winter und nahm ein Seil entgegen. Dabei achtete er darauf, nicht in die Schusslinie zwischen dem Belgier und der Bestie zu gelangen. Dann schritt er wieder auf die Verletzte zu. Ein Blick zur Eingangstür der Krone zeigte ihm, dass die Leute das Gebäude mittlerweile verlassen hatten. Sie bildeten einen Pulk vor dem Gasthaus, kamen aber nicht näher an die beiden Männer und die Gefangene heran.

„Bleib mir vom Leib, Steger", keifte die Alte. „Denk daran, dass ich dich schon einmal besiegt habe."

„Diesmal hast du keine Chance, Hildegard. Das Spiel ist aus. Du wirst niemanden mehr ermorden." Josef wurde flau im Magen. Vor Jahrzehnten hatte er dieser Frau gedient. Jetzt musste er sie wegen mehrfachen Mordes einsperren. Der Wirt schob den Gedanken beiseite. Diese Bestie war nicht mehr die Gräfin.

„Sei dir da mal nicht so sicher, du Wurm. Du hast keine Ahnung. Ich hätte dich umbringen sollen, als du wehrlos vor mir lagst."

„Red nicht so viel und fessel die Alte endlich!", sagte de Winter.

„Fass mich nicht an", zischte die Gräfin.

„Halt den Mund", antwortete Steger und schlug der Frau mit der Faust gegen die Schläfe.

Hildegard zu Büdingen-Ronneburg sank benommen auf den Rücken. Sofort drehte Steger sie auf den Bauch und bog ihre Arme nach hinten. Fieberhaft knotete er die Hände zusammen und zog die Gefangene auf die Beine. Mit einem Schmerzensschrei knickte die Frau wieder ein.

„Sie kann nicht gehen", sagte Steger. „Du musst mir helfen."

„Nein“, sagte de Winter. „Die Frau ist noch immer gefährlich. Ich decke dich mit dem Gewehr. Hol dir einen der Männer aus dem Schankraum. Und lass die Alte von einem deiner Mädchen nach Waffen durchsuchen.“

Steger ließ die Gräfin einfach los und ging zum Eingang der Krone. Die Mörderin konnte ihr Gleichgewicht nicht halten und ging erneut zu Boden. Zusammen mit seinem Helfer schaffte es der Wirt problemlos, die Gefangene in Richtung Hintereingang zu zerren. De Winter hielt weiterhin das Gewehr im Anschlag und beobachtete jede Bewegung der drei Personen. Die Männer führten Hildegard die Treppe hinunter in den Keller des Gasthauses. Dort wurde die Gräfin von einem Schankmädchen nach Waffen durchsucht. Die Frau wehrte sich nicht mehr und grinste ihre Peiniger sogar an. Josef lief ein eiskalter Schauer über den Rücken.

64

Plötzlich hörte Julius ein Poltern auf der Kellertreppe. Mehrere Männer sprachen, aber Julius konnte die Worte nicht verstehen. Er stand auf und ging einen Schritt auf die Tür zu. Endlich wurde sie geöffnet und eine schwarz gekleidete Gestalt wurde in den Raum gestoßen. Sie konnte sich nicht halten und fiel zu Boden. Obwohl sie sicher Schmerzen haben musste, gab sie keinen Laut von sich.

Es war zu dunkel im Raum, um das Gesicht der Person erkennen zu können, aber Julius war sich sicher, dass es sich dabei nur um Hildegard zu Büdingen-Ronneburg handeln konnte. Steger und ein weiterer Mann bückten sich über die Frau. Sie zogen sie in eine Ecke und verknoteten das Seil, mit dem die Hände der Frau hinter ihrem Rücken zusammengebunden waren, um einen Eichenpfosten. Jetzt saß Hildegard auf dem Boden und hatte so wenig Bewegungsspielraum, dass sie sich unmöglich befreien konnte.

Julius stellte sich neben de Winter, der den Vorgang von der Tür aus beobachtete und weiterhin sein Gewehr im Anschlag hielt. Die Männer gingen nicht zimperlich mit der Gräfin um, die ihre Widersacher nur böse anschaute.

Die Gräfin spie Steger gegen den Oberschenkel als dieser an ihr vorbei zum Ausgang ging. Sein Helfer beeilte sich nun, den Kellerraum zu verlassen.

„Ich möchte mit meiner Mutter reden", sagte Julius. „Alleine."

„Das kommt nicht in Frage", widersprach de Winter. „Wir lassen den Raum bewachen und ich werde dieses Biest morgen mit zwei von Stegers Männern nach Frankfurt überführen. Dort wird sie dann verhört werden."

„Trotzdem muss ich vorher mit ihr reden. Nach allem, was ich mir heute von Ihnen gefallen lassen musste, ist dies das Mindeste. Ich habe ein Recht darauf."

„Julius hat recht", sagte Josef Steger. „Die Gräfin ist gefesselt und kann nichts unternehmen. Wir sollten ihm die Chance geben zu erfahren, was damals passiert ist. Auch mich würde brennend interessieren, was die Alte zu den Morden zu sagen hat. Wir können uns dann später mit ihm darüber unterhalten und sollten ihn jetzt für ein paar Minuten mit seiner Mutter alleine lassen."

„Also gut. Aber ein Mann muss vor der Kellertür Wache halten. Der Raum wird abgeschlossen. Julius soll sich bemerkbar machen, wenn er heraus will."

Keiner widersprach dem Belgier. Die Männer verließen den Raum, nur Julius blieb im Kellerraum stehen. Hildegard zu Büdingen-Ronneburg schien das Ganze nicht zu interessieren. Sie saß an dem Pfosten und schaute stur geradeaus. Als die Tür verschlossen war, richtete sie ihren Blick auf Julius und sah ihn mit ihren braunen Augen an.

„Du hast mich verraten", zischte die Gräfin.

„Das habe ich nicht."

„Die Männer aus dem Ort machen seit Wochen Jagd auf mich. Du hast ihnen geholfen."

„Mir blieb nichts anderes übrig, sie haben mich dazu gezwungen. Außerdem wusste ich anfangs nicht, wer du bist."

„Ohne dich hätten sie mich nie geschnappt." Die Gräfin sah ihren Sohn mit hasserfüllten Augen an.

„Ich konnte mich nicht gegen den belgischen Jäger wehren", verteidigte sich Julius.

„Du bist nicht besser als all die anderen", sagte Hildegard.

„Was hast du denn erwartet? Du hast mehrere Menschen ermordet. Denkst du wirklich, die Leute in der Gegend lassen sich das so einfach gefallen und warten ab, bis es den nächsten von ihnen erwischt?"

„Du verstehst überhaupt nichts. Genau wie der Rest der Bauern. Es war schon immer so, dass sich die Menschen hier nicht für die Wahrheit interessiert haben. Ich habe gehofft, dass du anders bist. Aber das ist nicht so. Du bist nicht mehr wert als Steger und seine Vasallen."

Die Worte trafen Julius schwer. Wie konnte die Gräfin nur so zu ihrem eigenen Sohn sprechen? Aber war sie jemals wirklich seine Mutter gewesen? Nein. Auch wenn sie ihn natürlich geboren hatte. Gemeinsamkeiten gab es zwischen ihnen nicht.

„Was ist damals passiert?", fragte Julius.

„Ist das jetzt noch wichtig?"

„Für mich schon."

„Also gut. Du sollst die Wahrheit erfahren, bevor du stirbst."

„Du willst mich umbringen?"

„Du hast es nicht verdient zu überleben. Die Wahrheit werde ich dir sagen, aber nützen wird dir das nicht mehr. Du wirst sterben. Genau wie Steger, das Sangwaldmädchen und dieser wahnsinnige Belgier."

Eva!, schoss es Julius durch den Kopf. Er beruhigte sich aber sofort wieder. Seine Mutter konnte keinem Menschen mehr etwas antun, auch wenn sie das selbst noch nicht einsah.

„Rede. Warum hast du die Morde begangen?"

„Das war nicht ich", sagte die Gräfin.

„Was soll das? Fang nicht an dich herauszureden und sag endlich die Wahrheit!" Julius verstand die Frau nicht. Eben sprach sie noch davon, dass er sterben sollte und jetzt behauptete sie, unschuldig zu sein.

„Ich wollte damals Albert zu Büdingen-Ronneburg nicht heiraten", zischte Hildegard. „Ich musste mich aber dem Wunsch meiner Eltern fügen. Anfangs lief es sehr gut zwischen meinem Gatten und mir. Ich war überrascht, wie liebevoll sich Albert um mich kümmerte. Er las mir jeden Wunsch von den Lippen ab.

Nach kurzer Zeit wurden ihm aber andere Dinge zunehmend wichtiger. Er wandte sich von mir ab, ohne mir einen Grund dafür zu nennen. Ich glaube, er hatte eine Geliebte. Beweisen kann ich das aber nicht.

Als ich Albert dann sagte, dass ich ein Kind erwartete, änderte sich alles. Er behandelte mich wie eine Gefangene und erzählte den Leuten, ich hätte den Verstand verloren. Er muss mir irgendetwas in das Essen gemischt haben. Ich habe sehr viel geschlafen und wenig von meiner Umgebung mitbekommen. Nach einigen Monaten sperrte mich mein Gatte schließlich in ein Verlies. Kurz nach der Geburt präsentierte er mir dann ein totes Baby. Ich blieb weiterhin gefangen, und ich bin mir sicher, dass mich Albert irgendwann getötet hätte. Nachdem ich etwa eine Woche nichts gegessen hatte, war ich fast verrückt vor Hunger, aber wieder so weit klar im Kopf, dass es mir gelang, Albert zu überraschen. Ich überwältigte ihn und floh."

„Wie konnte dir das gelingen?"

„Dein Vater kam außer sich vor Wut in meine Zelle. Er erzählte mir, dass du noch lebst und von Johanna entführt wurdest. Er behauptete, ich würde mit ihr gemeinsame Sache machen, und schlug wie ein Irrer auf mich ein. In meinem Zorn gelang es mir, deinen Vater zu überraschen. Als er nicht mehr mit einer Gegenwehr rechnete, sprang ich auf und hämmerte ihm beide Fäuste gegen die Stirn. Dann sperrte ich ihn im Verlies ein, wo er dann elendig zugrunde ging."

„Wie kommt es, dass man den Grafen nie gefunden hat?"

„Der Weg in die Kammer wurde von einem schweren Schrank versperrt. Es gab einen geheimen Mechanismus in der Rückwand, den nur dein Vater kannte. Ich habe beobachtet, wie er ihn benutzt hat."

„Dir ist Schlimmes widerfahren", sagte Julius. „Ich verstehe nur nicht, was den Grafen dazu gebracht hat, dich so zu behandeln. Wollte er mich nicht?"

„Es ging nicht um dich", antwortete Hildegard und spie auf den Boden.

„Worum dann?"

„Um Geld."

Julius sah seine Mutter überrascht an. Konnte das wirklich stimmen? Der Graf war ja kein armer Mann gewesen.

„Albert zu Büdingen-Ronneburg hatte Schulden und hätte sein Land ohne meine Mitgift nicht halten können. Meine Familie war sehr wohlhabend. Ich weiß jetzt, dass dein Vater auf eine große Erbschaft spekuliert hat. Irgendwann hatten meine Eltern dann beschlossen in Indien zu investieren. Auf der Reise dorthin sank ihr Schiff mitsamt dem Großteil ihres Vermögens und sie kehrten nie wieder zurück. Albert hat mir den Tod meiner Eltern verheimlicht, und seit er wusste, dass das Erbe auf einen verschwindend geringen Bruchteil geschrumpft war, wollte er auch nichts mehr von mir wissen."

„Du glaubst also, dass der Graf dich nur wegen des Geldes geheiratet hat?", fragte Julius und schüttelte den Kopf. „Ich kann mir das beim besten Willen nicht vorstellen."

„Genau so war es aber. Nach meiner Flucht bin ich zunächst in meine Heimat zurückgekehrt. Dort habe ich dann vom Tod meiner Eltern erfahren."

„Warum hat er dich für tot erklärt?"

„Möglicherweise hatte er Angst, dass mich doch noch ein Bote zur Beerdigung meiner Eltern abholt und ich von dort nicht zurückkehren würde. Er wollte mich auf jeden Fall loswerden, aber erst nach deiner Geburt", antwortete Hildegard. „Ich hatte gehofft, dass sich Albert wieder ändern würde, wenn du erst einmal auf der Welt wärest. In seinen Zukunftsplänen habe ich aber keine Rolle mehr gespielt."

„Was ist mit mir?"

„Johanna ist mit dir geflohen. Warum, habe ich nie verstanden. Vielleicht wollte sie dich beschützen oder einfach nur für sich haben. Ich wusste nicht, dass sie überhaupt noch in der Nähe der Burg war."

„Wie hätte mein Vater meine Existenz erklären wollen, wenn er dich vor meiner Geburt für tot erklärte?"

„Ich weiß nicht, was er mit dir vorhatte, und es spielt für mich auch keine Rolle mehr."

„Warum hast du nie nach mir gesucht?", fragte Julius und sah seine Mutter vorwurfsvoll an.

„Wie hätte ich dich finden sollen? Ich wusste nicht, wohin dieses Miststück Johanna Meyer mit dir gegangen war. Sie hat mich betrogen. Genau wie die Menschen in Hüttengesäß."

„Deshalb hast du diese ermordet. Aus Rache."

„Ich habe sehr lange darauf gewartet, es denen heimzuzahlen, die mich damals im Stich gelassen haben. Jetzt bin ich wieder hier und werde mich nicht so einfach meinem Schicksal ergeben. Nutze deine letzte Chance und verschwinde von hier. Du bist nicht mehr mein Sohn. Wenn ich dich das nächste Mal sehe, werde ich dich töten."

„Nachdem man dich vor zwanzig Jahren beerdigt hat, gehören die Burg und die Ländereien jetzt rechtmäßig mir", stellte Julius fest.

„Du wirst nichts mehr davon haben, weil du nicht mehr lange genug lebst, um dich daran zu erfreuen. Und jetzt verschwinde! Wir haben genug geredet. Genieß die letzten Stunden in deinem Leben."

„Eine Frage habe ich noch. Warum hast du zwanzig Jahre gewartet?" Die erneute Morddrohung seiner Mutter ignorierte Julius. Sie würde sicher bald von alleine darauf kommen, dass sie keine Chance mehr hatte und ihr Rachefeldzug vorüber war.

„Die Antwort darauf werde ich dir in der Stunde deines Todes geben. Und jetzt lass mich endlich alleine."

Julius sah seine Mutter traurig an. Trotz ihrer schrecklichen Taten hatte er gehofft, dass die Gräfin sich ihm gegenüber anders verhalten würde. Sie war jedoch zu verbittert. Mit hängendem Kopf drehte er sich um, ging zur Tür und hämmerte dagegen. „Lasst mich raus."

65

Eva saß im Wohnzimmer vor dem Kamin und fror trotz des Feuers. Wohl war ihr nicht dabei, alleine in dem Haus zu sein. Es kam ihr vor, als würden die Wände immer ein Stückchen näher auf sie zu rücken. In den letzten Tagen war sie immer mit Julius zusammen gewesen. Jetzt wurde ihr wieder deutlich bewusst, wie einsam sie seit dem Tod ihrer Eltern war. Sie hatte Angst vor der Zukunft. Steger würde auf ihrer Zusage bestehen und sie zwingen den Hof zu verkaufen. Eva wusste nicht, was sie dann tun sollte. Wohin sollte sie gehen?

Natürlich würde sie am liebsten bei Julius bleiben und mit ihm den Rest ihres Lebens verbringen. Aber wollte er das noch? Eva hatte längst eingesehen, dass sie ihm gegenüber falsch reagiert hatte. Ihn traf keine Schuld an den Taten seiner Mutter. Leider war es ihr nicht möglich gewesen, sich bei Julius zu entschuldigen. Zu viel war an diesem Tag passiert.

Eva konnte ihre Tränen nicht zurückhalten, als sie an ihren Freund dachte. Was würde er jetzt alleine im Keller der Krone tun?

Würde er ihr verzeihen können, dass sie so abweisend gewesen war? Konnte zwischen ihnen wieder alles gut werden?

Am meisten Angst hatte Eva davor, dass sich Julius auf die Seite seiner Mutter stellen würde. Wie würde der junge Mann reagieren, wenn es wirklich um das Leben der Gräfin ging? Was sollte Eva tun, wenn Julius nicht mehr mit ihr zusammenleben wollte? Sollte sie dann trotzdem in der Burg bleiben? Bergmann wäre dies sicher recht. Er würde sie in den Kreis der Inspirierten aufnehmen. Aber wollte sie das?

Eva wusste einfach nicht mehr, was sie machen sollte. Vor dem dummen Streit mit Julius war alles gut gewesen. Er hatte ihr gesagt, wie sehr er sie liebte, und sie hatte ihm geglaubt. Je länger sie über Julius nachdachte, umso dümmer kamen Eva ihre Ängste vor. Sie schalt sich selbst eine Närrin. Warum sollte sich an Julius` Gefühlen zu ihr etwas geändert haben? Sicher litt er genauso unter ihrem Streit wie sie selbst. Eva hoffte, dass zwischen ihr und Julius wieder alles ins Reine kam. Wenn er sie wirklich liebte, würde auch er das wollen. Eva sah jetzt wieder etwas freudiger in die Zukunft. Sie durfte sich mit ihren Zweifeln nicht selbst das Leben schwer machen. Morgen würde Julius wieder frei sein und der Spuk würde zu Ende sein. Dann konnten die beiden gemeinsam entscheiden, ob sie in der Burg blieben oder die Gegend verließen. Geld hatten sie schließlich genug.

Plötzlich hörte Eva ein schepperndes Geräusch. War da jemand draußen auf dem Hof? Julius vielleicht? Das Mädchen lauschte angespannt, aber der Krach wiederholte sich nicht. Eva stand auf und schlich zur Haustür. Von draußen blieb alles ruhig. Sie bekam Angst. Was, wenn die Mörderin sich Eva als nächstes Opfer ausgesucht hatte? Wenn sie die Gruppe auf dem Weg von der Ronneburg nach Hüttengesäß beobachtet und verfolgt hatte, musste die Gräfin wissen, dass Eva alleine in dem Haus war. Ein Kratzen an der Tür ließ das Mädchen erstarren.

66

Julius ging die Treppe, die in den Küchenbereich der Krone führte, nach oben. Aus dem Schankraum hörte er das Lachen und Johlen der Männer. Die Stimmung hatte nach der Ergreifung der

Mörderin den Siedepunkt erreicht. Julius blieb vor der Tür zur Theke stehen und holte tief Luft. Dann stieß er sie auf.

Für einen Moment herrschte Totenstille, als die Leute im Schankraum Julius sahen. Dann ging das Geschrei los.

„Was macht der Kerl hier oben?“, rief einer der Männer.

„Sperrt ihn wieder in den Keller!“, forderte ein zweiter. „Der steckt doch mit der Alten unter einer Decke.“

Steger schien mit der Situation überfordert zu sein und warf de Winter einen hilfesuchenden Blick zu. Der stand auf und ging zu Julius.

„Der Junge ist unschuldig“, sagte der Belgier so laut, dass ihn jeder im Raum hören konnte. „Er hat nichts getan und ist nur in die Gegend gekommen, um etwas über seine Vergangenheit zu erfahren. Mit den Morden hat er nichts zu tun. Die Bestie sitzt im Keller und wird sich nicht befreien können. Julius war nur der Köder, den wir brauchten, um sie zu erwischen.“

„Er gehört trotzdem nicht zu uns“, sagte einer der Männer.

„Ich werde euch nicht länger stören“, sagte Julius und trat in die Mitte des Schankraumes. „Ich bin der Sohn von Albert zu Büdingen-Ronneburg und werde ab morgen wieder in der Burg wohnen.“

Lautes Gelächter brach aus und Julius konnte an den Gesichtern der Männer erkennen, dass sie ihm nicht glaubten. Sicher hielten sie ihn für einen dahergelaufenen Taugenichts, der nur versuchte sich zu bereichern.

„Komm mit mir an den Tresen“, sagte Josef und stellte Julius ein Bier hin. Der setzte sich auf einen der Hocker und achtete darauf, eine möglichst große Entfernung zu de Winter zu haben, der sich am anderen Ende der Theke befand.

Julius konnte die Blicke in seinem Rücken spüren. Die Gäste unterhielten sich leise. Er verstand aber nicht, was sie sagten. Lediglich seinen Namen hörte er einige Male heraus. Die ausgelassene Stimmung war wie weggeblasen. Durstig waren die Menschen aus Hüttengesäß aber noch immer. Steger hatte hinter dem Tresen alle Hände voll zu tun und Julius konnte sich nicht mit ihm unterhalten. So saß er alleine an der Theke und aß eine Bohnensuppe, die ihm eine der Gehilfinnen servierte. Dabei dachte er an die Reaktion seiner Mutter. Sie machte auf ihn nicht den Eindruck einer gebrochenen Frau – im Gegenteil. Trotz ihrer Gefangennahme war sie sich ihrer Sache sehr sicher und sprach sogar noch Morddrohungen aus. Wie konnte sie glauben, dass sie auch nur die geringste

Chance hatte, sich jemals wieder befreien zu können? In Frankfurt wartete der sichere Tod auf sie. Julius verstand auch nicht, warum seine Mutter behauptete, die Morde nicht begangen zu haben. Sie gab lediglich die Tat am Grafen zu. Aus welchem Grund?

„Was hat die Alte gesagt?", sprach de Winter Julius an, der so in seine Gedanken vertieft gewesen war, dass er nicht gehört hatte, wie sich der Belgier ihm näherte.

„Sie will mich umbringen."

„Du brauchst jetzt keine Angst mehr vor diesem Biest zu haben."

„Sie ist kein Biest, sondern ein Mensch."

Das Lachen des Belgiers verursachte eine Gänsehaut auf Julius` Rücken. Er wollte nicht weiter mit de Winter reden. Steger würde er sagen müssen, was er von Hildegard zu Büdingen-Ronneburg erfahren hatte. Das musste er schon alleine deshalb, weil der Wirt der Gutsherr der Gegend war und Julius mit ihm die Besitzverhältnisse klären musste. „Lassen Sie mich einfach in Ruhe."

„Wie du willst. Für mich ist die Sache hier erledigt. Morgen bringe ich die Mörderin nach Frankfurt. Dort wird sie ihre gerechte Strafe erhalten. Ob du hierbleibst oder nicht, ist deine Sache."

Plötzlich wurde die Tür hinter der Theke aufgestoßen und eine der Gehilfinnen trat bleich wie ein Bettlaken aus der Küche. „Fritz ist tot", sagte sie und fiel Steger in die Arme.

67

Dicht gefolgt von de Winter rannte Julius die Kellertreppe nach unten und wäre dabei fast auf den glatten Stufen ausgerutscht. Vor dem Raum, in dem er vor weniger als einer Stunde noch darauf gewartet hatte, dass etwas geschah, blieb er stehen. Der junge Mann, der die Gräfin bewachen sollte, lag mit durchschnittener Kehle in seinem eigenen Blut auf dem Boden. Während Julius geschockt vor dem Toten stoppte, drängte sich de Winter an ihm vorbei in den Kellerraum.

„Godverdomme, sie ist weg", fluchte der Belgier. Wütend kam er zurück in den Flur und lief zum Ausgang.

„Hört das denn nie auf", stöhnte Steger, als er seinen Helfer sah. Hinter dem Wirt drängten sich weitere Männer auf der Treppe. Jeder versuchte einen Blick auf die Leiche zu erhaschen.

„Ich habe doch gesagt, dass der Junge mit der Mörderin unter einer Decke steckt", sagte einer der Männer. „Wie hätte sie sonst fliehen sollen?"

„Das ist Unsinn", entgegnete der Wirt.

„Warum bist du dir da so sicher? Wir sollten ihn einsperren, damit er uns nicht mehr in die Quere kommt."

„Nein, das werden wir nicht. Legt eine Decke über Fritz und geht dann zurück nach oben." Josef schlug dem Sprecher leicht auf die Schulter. Dieser schaute nur böse zurück, sagte aber nichts mehr.

Julius hielt ebenfalls nichts mehr in dem Keller. Auf keinen Fall wollte er sich auf eine Diskussion mit dem Dorfmob einlassen. Er ging hinter dem Wirt nach draußen und blieb dort neben ihm stehen.

„Ich würde zu gerne wissen, wie sie das geschafft hat", sagte Steger.

„Die Tür war fest verschlossen, als ich nach oben kam."

„Ja, Junge. Das glaube ich dir sogar. Auf Fritz konnte ich mich immer verlassen. Dennoch muss ihn die Gräfin überrascht haben."

„Oder sie hat einen Helfer."

„Wer sollte das sein?"

„Woher soll ich das wissen? Wenn es aber so ist, würde dies erklären, wie es meiner Mutter möglich war zu fliehen." Nun fiel es Julius wie Schuppen von den Augen. Er hatte sich die ganze Zeit über gefragt, was ihn an seiner Mutter irritiert hatte. Es waren die Augen gewesen, die eine andere Farbe hatten als die der Angreiferin, die ihn vom Pferd gezogen hatte.

Ein Geräusch hinter der Hausecke ließ die beiden Männer herumfahren. Erleichtert sahen sie, dass es nur de Winter war, der mit hochrotem Kopf zu ihnen zurückkam.

„Sie ist weg", sagte der Belgier und schlug mit der Faust gegen die Wand.

„Jetzt fängt alles von vorne an."

„Nicht ganz", entgegnete de Winter auf die Befürchtung des Wirtes. „Diese Frau will sich an ihrem Sprössling rächen. Wir müssen Julius bewachen. Irgendwann wird sie kommen."

„Ich setze mich nicht wieder in den Keller."

„Das verlangt auch keiner. Aber egal wohin du gehst, sie wird dich finden."

„Du glaubst, dass der Junge in Gefahr ist?“, fragte Steger.
„Allerdings“, antworte de Winter. „Wir dürfen ihn nicht mehr alleine lassen.“
Plötzlich durchlief Julius ein eisiger Schauer. „Eva“, flüsterte er und wurde bleich.
„Was sagst du da?“ De Winter wollte Julius an der Schulter festhalten, doch der riss sich los.
„Eva ist alleine auf dem Hof ihrer Eltern. Ich muss sofort dorthin.“
„Warte, ich hole das Pferd.“
Doch Julius hörte nicht auf den Belgier und rannte los. Er lief so schnell wie noch nie in seinem Leben zum Sangwaldhof. Hoffentlich kam er nicht zu spät. Julius bekam kaum noch Luft, als er vor sich endlich die Umrisse des Gebäudes sah. Alles war dunkel.
Am Haus angekommen starrte er im ersten Licht der Dämmerung voller Entsetzten auf die drei Worte, die mit roter Farbe auf die Haustür geschrieben waren: „Komm zur Burg“.
Julius rannte zum Stall und führte das Pferd heraus. Die Zeit, es zu satteln, musste er sich nehmen. Er war bisher nie alleine geritten und würde sich sonst nicht auf dem Rücken des Tieres halten können. Jetzt war er froh darüber, dass Eva ihm gezeigt hatte, wie man die Riemen befestigte. Als er den Hof verließ, kamen de Winter und Steger mit ihren Pferden auf ihn zu. Hinter ihnen hörte Julius die Schreie der Männer, die wohl zu Fuß die Verfolgung aufnehmen wollten.
„Sie ist in der Burg“, sagte Julius und galoppierte los.

68

„Nein!“, schrie Julius und starrte auf den Bergfried der Burg. Dort sah er Hildegard und einen Unbekannten. Der Fremde trug einen schwarzen Umhang und hatte eine Kapuze über den Kopf gezogen. Er stand hinter Eva und hielt sie im Würgegriff. Eine Messerklinge blitzte in der Sonne auf.
„Warte“, rief de Winter. „Du darfst nichts überstürzen. Denk an das Mädchen.“

Julius dachte an nichts anderes. Und gerade deshalb hieb er seine Fersen in die Seiten des Pferdes. Das Tier machte einen Satz nach vorne. Fast wäre Julius gestürzt. Schon auf dem Weg hierher hatte er mehrfach Probleme gehabt, sich im Sattel zu halten. Dennoch schaffte er es, sein Pferd vor dem Eingang zur Vorburg zu stoppen, und sprang sofort ab.

„Bleib stehen!", schrie de Winter. Er war dicht hinter dem Jungen und riss ihn am Arm herum. Steger war noch einige Meter zurück.

„Lass mich los!", brüllte Julius. Er versuchte sich zu befreien, aber der Griff des Belgiers war so fest wie eine Eisenklammer.

„Nein, mein Junge. Wir gehen zusammen."

In seiner Wut trat Julius nach de Winter, traf ihn aber nicht. Er versuchte sich loszureißen, erreichte damit aber nur, dass seine Schulter schmerzte. Es half nichts. Er musste den Weg mit dem Belgier gemeinsam gehen.

Sie traten durch den Eingang in den Burghof. Dort lag Jan Bergmann von seinen Leuten umringt auf dem Boden. Steger war inzwischen ebenfalls vom Pferd gestiegen und kam atemlos durch den Torbogen gelaufen. Prinz stand bellend auf der Treppe zum Palas. Seine Kette war straff gespannt.

„Was ist hier los?", fragte de Winter und hielt Julius weiterhin fest in seinem Griff.

„Sie kamen über uns wie ein Unwetter", stöhnte Jan. Der Inspirierte blutete aus einer Wunde an der linken Schulter. Eine Frau hielt ein Tuch darauf gepresst.

„Ich muss auf den Turm", rief Julius und versuchte erneut vergeblich, sich gegen die Umklammerung des Belgiers zu wehren.

„Du wartest", sagte de Winter.

Plötzlich schoss Prinz auf die Treppe zum Bergfried zu. Seine Kette lag mit zerrissenem Halsband auf dem Boden.

Julius sah gebannt nach oben. Eva wurde noch immer von der fremden Person festgehalten. Hildegard stand tatenlos daneben und blickte stumm nach unten in den Burghof.

Prinz erreichte die Spitze des Turmes und sprang sofort an der Gräfin hoch. Diese schlug auf ihn ein, packte den Hund am Hals und schleuderte ihn herum. Wie ein Stück Holz flog das Tier über die Mauer. Julius hörte ein Jaulen, einen dumpfen Aufschlag und dann nichts mehr. Er selbst, de Winter, Steger und die Inspirierten standen stumm vor Schreck auf dem Pflaster und schauten nach oben. Wie nebenbei hatte die Gräfin den Hund abgewehrt und getötet.

„Wenn du das Mädchen wiederhaben willst, komm hoch und hol sie dir“, schrie Hildegard. „Die anderen sollen verschwinden, sonst werfe ich die Kleine nach unten.“

„Nicht, Jul....“ Evas Schrei erstickte in ihrer Kehle. Ihr Peiniger schlug ihr gegen die Schläfe. Reglos sackte sie in den Armen des Fremden zusammen.

De Winter hielt Julius immer noch am Arm fest und schüttelte den Kopf.

„Ich muss etwas tun.“

„Nein, Junge“, entgegnete der Belgier. „Wenn du jetzt da hoch gehst, bist du tot.“

„Und wenn ich hier bleibe, stirbt Eva.“

„Das wird sie sowieso. Hildegard wird das Mädchen niemals freilassen. Im Moment wird sie ihr aber nichts tun. Sie weiß, dass sie dann keine Chance mehr hat zu entkommen. Sie braucht Eva lebend. Noch.“

„Du willst also nichts tun?“, fragte Josef überrascht.

„Doch. Ich gehe hoch.“

„Dann wird Eva sterben.“

„Möglich. Vielleicht kann ich sie aber auch retten.“

„Das lasse ich nicht zu“, schrie Julius und zerrte mit aller Kraft an seinem Arm. Diesmal gelang es ihm, den Belgier zu überraschen. Er kam frei und stürmte sofort in Richtung Bergfried. De Winter wollte ihm folgen, wurde aber von Steger festgehalten. Wütend drehte er sich zu dem Wirt um und schlug ihm mitten ins Gesicht.

„Was soll das?“, schrie Josef vor Schmerz.

„Wegen dir wird der Junge sterben! Er hat keine Waffen und wird sich nicht gegen zwei Gegner wehren können.“

69

Julius stürmte die Wendeltreppe des Bergfrieds nach oben. Dabei nahm er zwei Stufen auf einmal. Auf der Plattform, die damals der Lieblingsplatz seiner Mutter gewesen war, blieb er stehen. Jetzt trennte ihn nur noch eine Holzleiter von Eva, die auf dem obersten Ring des Turmes stand.

„Warum wartest du? Komm endlich nach oben“, rief Hildegard und stieß ein höhnisches Gelächter aus.

Erst jetzt fiel Julius ein, dass er keinerlei Waffen bei sich trug. Bisher hatte er sich keine Gedanken darüber gemacht, wie er seine Freundin befreien konnte. Das rächte sich nun. Der Blick durch eine Schießscharte zeigte ihm, dass die Männer aus Hüttengesäß die Burg fast erreicht hatten. Sie mussten zwischendurch gerannt sein, sonst wären sie nicht schon so weit.

„Soll ich dich holen?“, rief Hildegard spottend und zog damit seine Aufmerksamkeit wieder auf sich.

„Nein. Ich komme.“

„Nicht, Julius“, wimmerte Eva.

Julius hörte ein Klatschen, auf das ein Schmerzensschrei folgte, der nur von seiner Freundin stammen konnte. „Halte deinen Mund“, befahl eine fremde Frauenstimme.

Entschlossen ging er zur Leiter und stieg die Sprossen nach oben. Sofort wurde er gepackt. Hildegard drehte ihm den Arm auf den Rücken, sodass er sich nicht mehr wehren konnte.

„Lass Eva frei“, zischte er unter Schmerzen. Julius sah zu dem Mädchen. Sie hing nach wie vor im Griff der Kapuzengestalt, tatsächlich war es eine junge Frau, die ihr ein Messer an die Kehle gesetzt hatte. Evas Gesicht war nass von ihren Tränen und die Augen waren rot umrandet.

„Nein“, antwortete die Gräfin. „Die Kleine brauche ich noch. Ohne sie würden die Männer aus dem Ort nicht zögern, auf mich zu schießen."

„Warum bist du überhaupt hierhergekommen? Du musstest doch wissen, dass du hier nicht mehr weg kannst.“

„Hier hat alles begonnen. Hier wird es auch enden. Zumindest für dich. Die Männer aus dem Dorf sollten nicht hier sein. Du solltest alleine kommen.“

„Sie sind mir gefolgt.“

„Wie auch immer. Noch habe ich das Mädchen. Diese Bauern werden nichts unternehmen.“

„Nimm mich an ihrer Stelle.“

„Warum sollte ich das tun? Ich habe euch schon beide. Du bist hier fremd. Dein Tod wird die Leute aus der Gegend nicht stören.

Das Mädchen aber gehört zu ihnen. Auf sie werden sie Rücksicht nehmen."

Julius versuchte sich zu befreien, doch Hildegard drehte seinen Arm noch weiter nach oben. Eine falsche Bewegung würde ihm die Schulter auskugeln. „Warum tust du das alles?", stöhnte er.

„Du wirst heute sterben. Ich habe dich mehrfach gewarnt. Jetzt ist es zu spät."

„Gib auf", sagte Julius. „Es hat keinen Sinn mehr. Wenn du dich stellst, werden sie dir einen gerechten Prozess machen." Er versuchte in den Burghof hinunterzuschauen, auf dem es sehr still geworden war, konnte in seiner Lage den Kopf aber nicht weit genug drehen.

„Das glaubst du doch selbst nicht", entgegnete Hildegard. „Die einzige Möglichkeit, hier mit Karin lebend wegzukommen, ist Eva."

„Karin?"

„Meine Tochter."

Julius schaute die Fremde verblüfft an. Wie war es möglich, dass seine Mutter ein weiteres Kind hatte? Bisher war er sich sicher gewesen, dass sie sich nach ihrer Flucht versteckt gehalten hatte. Für den Moment vergaß er seine und Evas Situation und musterte Karin, die ihn mit funkelnden Augen ansah. Sie waren grün wie Gras. Nun verstand Julius auch, warum er seine Mutter nicht als die Angreiferin wiedererkannt hatte. Die Tatsache, dass er eine Halbschwester hatte, schockierte ihn. Er war nach Hüttengesäß gekommen, um seinen Vater zu finden. Die Überraschungen, die die Wahrheit seiner Herkunft mit sich brachten, wurden immer größer. „Dann hat Karin all diese Morde begangen?", vermutete er.

„Ja. Ich habe lange auf meine Rache warten müssen", sagte Hildegard. „Aber jetzt ist es so weit. Mein kleiner Engel ist erwachsen und kräftiger als die meisten anderen Menschen."

„Da ist die Bestie", schrie einer der Männer aus dem Ort. Die Gruppe hatte den Eingang zur Vorburg erreicht und stürmte weiter in den Innenhof. Die Lage spitzte sich zu. Dabei hatte Julius noch so viele Fragen, die er seiner Mutter stellen wollte.

Sekunden später fiel der erste Schuss. Hildegard stieß Julius von sich und duckte sich auf den Boden. Aus den Augenwinkeln sah er, wie Karin Eva ebenfalls herunterzog.

„Nicht schießen!", schrie de Winter in das Krachen des zweiten Schusses hinein.

Julius hörte die Kugel direkt über sich einschlagen. Staub rieselte auf seinen Kopf. „Seid ihr wahnsinnig?“, schrie er nach unten.

„Wir wollen die Bestie endlich tot sehen“, rief einer der Männer.

„Hört auf, verdammt“, entgegnete Steger. „Ihr trefft noch Eva oder den Jungen.“

„Der steckt doch mit der Mörderin unter einer Decke.“

„Das ist nicht wahr, Walter. Nimm das Gewehr runter. Die Lage ist schon schwierig genug.“

Julius konnte die Männer nicht sehen, hörte aber jedes Wort, da beide sehr laut sprachen. Er stand auf, schaute nach unten und suchte den Burghof ab. Die Menschen versammelten sich nach wie vor um Jan Bergmann. Nur de Winter konnte Julius nicht entdecken. Wo war der Belgier? Julius hatte keine Zeit, sich weiter mit dieser Frage zu beschäftigen. Die Gräfin erhob sich ebenfalls, blieb aber etwa zwei Meter von ihm entfernt stehen.

„Du hast also deine Tochter gezwungen, für dich zu morden“, warf Julius der Gräfin vor.

„Ich musste sie nicht zwingen. Deine Schwester hat aus freien Stücken gehandelt.“

„Du meinst Halbschwester.“

„Nein. Sie ist deine Schwester.“

Die Antwort traf Julius wie ein Schlag ins Gesicht. Karin war seine Schwester? Das konnte nicht stimmen.

70

„Halte deine Männer ruhig“, sagte Luuk de Winter zu Steger und schlich, ohne eine Antwort abzuwarten, in Richtung Bergfried. Nach den Schüssen waren die Personen oben auf dem Turm in Deckung gegangen und konnten dadurch nicht sehen, was im Hof vor sich ging. Diese Chance wollte der Belgier nutzen. Er konnte hören, wie Steger mit seinen Leuten diskutierte. Wenigstens schossen sie nicht mehr.

De Winter war klar, dass die Entscheidung oben auf dem Bergfried fallen musste. Die Mörderin würde Julius und Eva nicht am Leben lassen. Die Bestie musste sterben. Heute. Oben auf dem Burgturm. Wenn er die jungen Leute nicht retten konnte, wäre das tragisch. Wichtiger war aber der Tod der Verrückten. Rücksicht durfte er hier nicht nehmen. Wenn der Gräfin die Flucht gelang, würden noch sehr viel mehr Leute sterben.

Der Belgier machte nicht den Fehler, hoch zum Bergfried zu stürmen. Er ging die Stufen zügig hinauf, achtete dabei aber darauf, möglichst keine Geräusche zu verursachen. Er erreichte den Übergang zwischen Steintreppe und Holzleiter, blieb stehen und nahm das Gewehr von der Schulter. Er konnte Julius und die Gräfin reden hören. De Winter richtete den Lauf seiner Waffe nach oben und beobachtete die Ausstiegsluke, durch die die Sonnenstrahlen auf die Stufen der Leiter fielen.

„Ich musste sie nicht zwingen. Deine Schwester hat aus freien Stücken gehandelt", sagte die Gräfin.

Die Worte irritierten den Belgier. War Hildegards Helfer ihre Tochter? Das würde sie zur Halbschwester von Julius machen. Den gleichen Vater konnten die Kinder der Gräfin unmöglich haben. Oder doch? Auf den Stufen der Holzleiter tauchte ein Schatten auf. *Geh noch einen Schritt weiter, dann habe ich dich*, dachte de Winter.

„Karin kann nicht meine Schwester sein", sagte Julius mit ächzender Stimme.

„Was macht dich da so sicher?", wollte die Gräfin wissen.

Auch der Belgier war gespannt, wie sich dieses Geheimnis auflösen würde. Er hoffte, dass Hildegard noch lange genug auf ihrem Platz stehen blieb, um auch die letzten Fragen zu beantworten.

„Du hast meinen Vater getötet, als du geflohen bist."

„Ja, das habe ich. Vorher habe ich mir aber noch seinen Samen genommen. Es war das letzte Geschenk des Grafen." Hildegards Gesicht verzog sich zu einem irren Grinsen.

De Winter wollte sich nicht vorstellen, wie diese Zeugung damals abgelaufen sein sollte. Die Leiche des Grafen hatte er nicht selbst gesehen. Er erinnerte sich aber daran, wie ihm Julius erzählt hatte, dass der Leichnam Alberts mit Ausnahme des Oberkörpers unbekleidet gewesen war, als sie ihn fanden. Konnte Hildegard zu Büdingen-Ronneburg wirklich so verrückt gewesen sein, den Grafen, nachdem sie ihn ans Bett gefesselt hatte, zu zwingen, ein Kind mit ihr zu zeugen?

„Das glaube ich dir nicht", sagte Julius.

„Es ist aber die Wahrheit. Karin ist deine leibliche Schwester."
„Warum hast du das alles getan?"
„Nachdem man mir damals sagte, du seist direkt nach der Geburt gestorben, war der letzte Funken an Lebenswillen in mir fast erloschen. Als Albert mir aber eröffnete, dass du noch lebst, schwor ich ihm und seinen Helfern Rache. Ich wollte einen zweiten Sohn, der mir helfen sollte, es meinen Widersachern heimzuzahlen. Die Tatsache, dass ich schließlich ein Mädchen zur Welt brachte, änderte nichts an meinen Plänen. Ich bildete Karin zu einer Helferin aus, die niemand so leicht besiegen wird. Ich habe sie gegen wilde Tiere kämpfen lassen und zugeschaut, wie sie diese in Stücke gerissen hat. Dann wusste ich, dass der richtige Zeitpunkt für meine Rache gekommen war."
„Du bist wahnsinnig", sprach Julius aus, was auch de Winter dachte.
„Wie auch immer", sagte die Gräfin. „Ich habe dir versprochen, dass du in der Stunde deines Todes die volle Wahrheit erfahren wirst. Du weißt nun, was damals geschehen ist. Jetzt wirst du sterben."
„Karin hatte schon die Chance mich zu töten. Warum hat sie es nicht getan?"
„Ich hatte die Hoffnung, dass du hierher zurückkehrst, nie aufgegeben. Deshalb hatte ich Karin von dir erzählt und ihr das Wappen auf deinem Amulett gezeigt. Jetzt, da du dich nicht als würdiger Sohn gezeigt hast, wird sie nachholen, was sie vor einigen Tagen versäumt hat."
Die Nerven des Belgiers waren zum Zerreißen gespannt. Der Schatten in der Luke wurde ein Stück größer. Es konnte nur noch Sekunden dauern, bis die Gestalt der Gräfin in der Öffnung erschien.
„Gib auf", sagte Julius. „Das ist deine letzte Chance. Denk an Karin. Willst du, dass sie heute hier oben auf der Burg stirbt?"
„Steger und seine Vasallen werden uns nicht bekommen. Noch haben wir das Mädchen. Dich brauchen wir aber nicht mehr." Die Gräfin trat einen Schritt vor und damit in de Winters Schusslinie.

71

„Der steckt doch mit der Mörderin unter einer Decke."

„Das ist nicht wahr, Walter. Nimm das Gewehr runter. Die Lage ist schon schwierig genug." Steger kochte vor Wut. Die meisten Männer aus dem Dorf fühlten sich durch den genossenen Alkohol stärker, als sie waren. Sie wurden leichtsinnig und übermütig. Oben auf dem Bergfried waren Freund und Feind in Deckung gegangen. Vom Burghof aus war keine der Personen zu sehen, die das Finale in diesem schrecklichen Fall unter sich ausmachten.

„Wir müssen warten, bis sich eine günstige Gelegenheit ergibt", sagte Steger zu seinen Leuten. „Es wird nicht mehr geschossen, bis ich es befehle."

„Willst du diese Bestie etwa entkommen lassen?", schrie Walter empört.

„Nein. Aber ich will das Leben von Eva und dem Jungen aus der Stadt retten."

„Wenn der Kerl der Sohn der Gräfin ist, gehört er zu ihr", sagte einer der Männer.

„Bis vor ein paar Tagen wusste er nicht einmal, dass Hildegard seine Mutter ist. Er kam hierher, weil er zum Grafen wollte. Er ist dessen Sohn."

„Und das glaubst du?"

„Es ist wahr", mischte sich Jan Bergmann ein, der mit dem Rücken an die Wand gelehnt auf dem Boden saß und weiterhin von einer der Frauen versorgt wurde. Der Inspirierte hatte es abgelehnt, sich in die Burg bringen zu lassen, und wollte die Entscheidung auf dem Bergfried miterleben. „Julius ist der Sohn von Albert und Hildegard zu Büdingen-Ronneburg. Damit ist er der neue Graf und rechtmäßiger Besitzer der Burg."

Steger sah Bergmann mit gemischten Gefühlen an. Auch wenn das alles zutraf, war sich der Wirt nicht sicher, ob es sinnvoll war, die Menschen aus dem Dorf jetzt über diese Dinge zu informieren.

Steger beobachtete, wie Julius oben auf dem Bergfried aufstand und nach unten blickte. Wenige Sekunden später tauchte auch Hildegard zu Büdingen-Ronneburg auf. Dabei hielt sie ihre Position so, dass sich Julius zwischen ihr und den Männern im Burghof befand. Von Eva und dem Helfer der Gräfin war nichts zu sehen.

Walter richtete sein Gewehr auf die Gräfin, aber Steger drückte den Lauf nach unten. „Ich habe doch gesagt, dass niemand schießt, bevor ich es sage."

„Wir sollten zumindest das Ziel anvisieren."

Steger überlegte einen Moment. Walters Einwand war sicher berechtigt. Es fiel dem Wirt jedoch schwer, dies zuzugeben. „Also gut", sagte er schließlich. „Richtet eure Waffen auf die Gräfin. Es schießt aber niemand, bis wir nicht genau wissen, was oben los ist."

Die Männer hörten, dass Julius mit seiner Mutter sprach. Um was es ging, verstanden sie jedoch nicht. Von Eva war noch immer nichts zu sehen. Steger war sich aber sicher, dass sie sich noch oben auf dem Bergfried befand. Er fragte sich, wo de Winter steckte. Der Belgier musste den oberen Teil des Burgturms längst erreicht haben.

Hildegard zu Büdingen-Ronneburg trat einen Schritt nach vorne. In diesem Moment hörten sie den Schuss. Die Männer aus Hüttengesäß kannten jetzt kein Halten mehr. Krachend entluden sich die Gewehre. Steger konnte nur hoffen, dass Eva und Julius nicht von den Kugeln getroffen würden.

72

Julius sah, wie seine Mutter einen Schritt nach vorne ging und plötzlich zurückgeworfen wurde. In das Echo des ersten Schusses mischte sich das Krachen von weiteren Gewehren. Er spürte einen Schlag an der Schulter und ging zu Boden.

Im selben Moment stieß Karin einen wütenden Schrei aus, gab Eva einen Stoß zur Seite und stürzte sich auf ihre am Boden kauernde Mutter. Die starrte mit vor Schreck geweiteten Augen de Winter an, der langsam mit seinem Gewehr im Anschlag die Treppe heraufkam.

„Nicht schießen", sagte Julius mit krächzender Stimme. Er spürte die Schmerzen in seinem Arm und starrte entsetzt auf die Blutstropfen, die zu Boden fielen. Neben ihm ging Eva in die Knie und klammerte sich zitternd an ihn.

„Es ist vorbei", sagte de Winter. Sein Gewehrlauf war auf die Gräfin gerichtet, die sich vor Schmerzen auf dem Boden wand.

Karin hockte neben ihrer Mutter und sah den Belgier mit blutunterlaufenen Augen an. Würde sie aufgeben? Julius wollte nicht, dass seine Schwester starb. Die junge Frau hatte bisher nie eine Chance auf ein eigenständiges Leben gehabt, war von ihrer Mutter zu einer mordenden Bestie erzogen worden. Konnte man ihr dafür die Schuld geben?

Da griff Hildegard nach dem Arm ihrer Tochter und drückte ihn schwach. „Du musst fliehen", sagte sie mit kaum hörbarer Stimme. „Sie werden dich nicht am Leben lassen." Dann sank ihr Kopf zur Seite. Ihr gebrochener Blick war auf Julius gerichtet. Der konnte deutlich den Vorwurf darin ablesen, den ihm seine Mutter in der Sekunde ihres Todes machte: Du bist Schuld.

„Du verfluchter Bastard!" Karin sprang auf und schlug mit der rechten Hand den Gewehrlauf des Belgiers zur Seite. Dann stürzte sie sich auf Julius. „Das ist alles deine Schuld."

Eva versuchte Karin in den Weg zu treten, doch die holte aus und schlug dem Mädchen mit beiden Fäusten gegen die Brust. Eva taumelte zurück und kam der Brüstung gefährlich nahe. Die Mörderin setzte ihr nach und stieß sie weiter nach hinten. Dann verpasste sie Julius einen Tritt gegen die Schläfe und ging auf de Winter los.

In die Schreie der Männer auf dem Burghof mischte sich das Echo eines weiteren Schusses.

„Hilf mir!", schrie Eva. Das Mädchen lag rücklings auf der Mauer. Ihr Oberkörper hing über dem Abgrund, ihre Arme ruderten hilflos in der Luft, ohne Halt zu finden.

Julius sprang auf die Brüstung des Bergfrieds zu. Im letzten Moment schaffte er es, mit seiner unverletzten Hand nach dem Mädchen zu greifen. Er bekam sie am Knöchel zu packen und zog sie mit aller Kraft zurück. Ihr Körper landete auf seiner verletzten Schulter. Er stieß einen langgezogenen Schmerzensschrei aus und verlor das Bewusstsein.

73

„Trotz allem tut mir Karin leid“, sagte Julius eine Stunde später im Speisesaal des Palas.

„Sie hat mindestens sechs Menschen getötet“, entgegnete de Winter.

Beide saßen zusammen mit Jan Bergmann, der genau wie Julius einen Verband um die Schulter trug, Josef Steger und Eva abseits von den anderen in einer Ecke am Tisch.

Jan Bergmann hatte die Leichen von Hildegard zu Büdingen-Ronneburg und deren Tochter vom Bergfried holen und im Viehstall aufbahren lassen. Am nächsten Morgen sollte die Bestattung auf dem Friedhof der Burg stattfinden.

„Dennoch konnte sie nichts für ihre Taten. Sie wurde von unserer Mutter ein Leben lang auf deren Rache vorbereitet und hatte niemals eine Chance auf ein normales Leben.“

„Sie ist die Mörderin meiner Eltern.“

„Ich weiß Eva. Und du weißt, wie leid mir das tut. Ich schäme mich für das, was meine Familie den Menschen in der Gegend angetan hat.“ Julius legte seinen Arm um Eva und zog sie dicht an sich heran.

Das Mädchen sah ihm liebevoll in die Augen und strich ihm eine Haarsträhne aus dem Gesicht. „Du kannst doch nichts dafür“, sagte sie.

„Werdet ihr in der Burg bleiben?“, fragte Steger.

„Nein“, antwortete Julius und auch Eva schüttelte den Kopf.

„Warum nicht? Du bist der rechtmäßige Besitzer.“

Julius sah den Wirt einen Moment an, bevor er antwortete. „Es ist zu viel Schreckliches geschehen, seitdem ich hier angekommen bin. Die Menschen in der Gegend wissen zwar, dass ich nichts mit den Morden zu tun habe, aber es wird immer ein Rest von Misstrauen bleiben. Ich gehöre nicht hierher.“

„In unserer Gemeinschaft wirst du immer willkommen sein“, sagte Jan.

„Ich weiß und bin euch dafür auch dankbar. Aber mein Entschluss steht fest. Morgen nach der Beerdigung werde ich die Gegend zusammen mit Eva verlassen.“ Julius hielt einen Moment die Luft an und hoffte, dass seine Gefährtin jetzt nicht widersprach.

Sie drückte sich aber noch fester an ihn und zeigte ihm damit, dass sie zusammengehörten.

„Kommt zu mir in die Amtsstube, bevor ihr geht", sagte Steger. „Ich gebe euch dann das Geld für Evas Hof."

Julius stimmte nickend zu. Damit und mit dem kleinen Vermögen, das sie in den Gemächern des Grafen gefunden hatten, würden sie sich irgendwo eine neue Existenz aufbauen können.

„Was ist mit der Burg?", fragte Jan.

„Ich werde nach Büdingen reisen und mit dem Landgrafen die Formalitäten klären. Er wird das Land hier verwalten. Ich werde dafür sorgen, dass die Inspirierten so lange hier wohnen können, wie sie es möchten. Josef soll der Lehnsherr bleiben. Er kennt die Geschäfte hier."

Steger sah Julius überrascht an. Sicher hatte der Wirt nicht damit gerechnet, dass ihm der junge Graf seine Machtstellung in Hüttengesäß und Umgebung lassen würde.

„Eine Bedingung stelle ich allerdings an dich."

„Welche?", fragte Josef misstrauisch.

„Die Abgaben werden gekürzt. Die Menschen hier sollen von ihrer Arbeit leben können und nicht ausgebeutet werden."

„Das verspreche ich dir", sagte Steger sichtlich erleichtert, dass keine weiteren Bedingungen an seine zukünftige Stellung geknüpft waren.

Es regnete in Strömen als Julius die Burg am nächsten Morgen gemeinsam mit Eva verließ. Dennoch wollten sie nicht länger in diesen Mauern bleiben als unbedingt nötig. Die Bestattung der beiden Frauen war ohne große Zeremonie abgehalten worden. Jan Bergmann hatte ein kurzes Gebet für Hildegard und Karin gesprochen, ansonsten war es auf dem Friedhof unterhalb der Burg sehr ruhig geblieben.

Luuk de Winter war noch am Vorabend mit Steger und den anderen Männern aus Hüttengesäß in den Ort zurückgekehrt. Er hatte angeboten, Julius und Eva nach Büdingen zu begleiten, was die aber schnell abgelehnt hatten. Beide hofften, dass sie den Belgier niemals wiedersehen würden.

Der Abschied von Jan Bergmann war kurz aber schmerzhaft gewesen. Der Inspirierte hatte es sich nicht nehmen lassen, Julius und Eva das Pferd zu schenken, das sie in den letzten Tagen schon häufiger genutzt hatten. Von Steger würden sie neben dem Geld für den Hof ein zweites bekommen.

Julius spürte eine innere Unruhe, als sie zum letzten Mal auf die Krone zuritten. Die Einwohner von Hüttengesäß zeigten sich nicht. Sicher waren sie alle froh, wenn Julius Meyer wieder aus der Gegend verschwunden war.

Steger erwartete sie bereits, und es dauerte nicht lange, bis Julius und Eva die Gaststätte wieder verlassen konnten.

„Jetzt sind wir frei", sagte Julius.

„Und wir werden immer zusammenbleiben."

„Ja. Das werden wir."

ENDE

Bereits erschienen

Raumpatrouille Orion

Als im Jahr 1966 die Fernsehserie Raumpatrouille Orion erschien, wusste niemand, welchen Erfolg die Reihe einmal haben würde. Als Straßenfeger begonnen, erlebte sie in der Literatur mehrere Anläufe. Begonnen mit den Taschenbüchern zur Serie, bis zum Heftroman mit 145 Abenteuern. Nach vielen Jahren erscheinen die sieben Fernsehfolgen nun in drei Hardcoverbüchern.

Raumpatrouille Orion 1

1. Angriff aus dem All
2. Planet außer Kurs

Angriff aus dem All

Entgegen einer anderslautenden Alphaorder landet Cliff McLane auf dem Saturnmond Rhea. Seine Verfehlung sorgt dafür, dass er disziplinarisch wegen Befehlsverweigerung belangt wurde. Jedoch nicht allein, sondern mit der kompletten Mannschaft. Dies hat eine Strafversetzung zur Raumpatrouille als Folge. Zusätzlich erhält er vom Galaktischen Sicherheitsdienst Tamara Jagellovsk zur Seite gestellt, die ihm behilflich sein soll, die Befehle zu befolgen.

Planet außer Kurs

Der Raumkreuzer Hydra von Generalin Lydia van Dyke ist in einen Magnetsturm geraten und dadurch nicht mehr steuerbar. Die Besatzung entdeckte eine Supernova die auf die Erde zurast. Zufällig empfängt die Hydra unbekannte Impulswellen, die auf die Frogs hindeuten. Trotz seiner GSD-Agentin kommt McLane zur Hilfe.

Saphir im Stahl

Bereits erschienen

Raumpatrouille Orion

Der zweite Band wird fortgesetzt mit den Fernsehfolgen drei und vier. Als die Folgen ausgestrahlt wurden, galten sie schnell als Strassenfeger.

Raumpatrouille Orion 2

3. Die Hüter des Gesetzes
4. Deserteure

Hüter des Gesetzes

Während eines Fortbildungskurses über die neuen Arbeitsroboter der Alpha CO-Serie wird die komplette Mannschaft zur TRAV abkommandiert, um im Raumsektor 12M8 Raumsonden zu kontrollieren. Am Einsatzort angekommen, verlassen Helga Legrelle und Atan Shubashi mit einer Lancet die Orion und fliegen die entsprechenden Sonden an. Gleichzeitig erhält Cliff McLane Kontakt mit Commodore Ruyther, Kommandant des Raumfrachters Sikh 12. Er erzählt McLane von Ungereimtheiten auf dem Planetoiden Pallas. Statt Erz erhält in letzter Zeit nur Abraum.

Deserteure

Die Orion testet die von Prof. Rott neu entwickelte Superwaffe *Overkill.* Auf der Erde wird gleichzeitig Commander Alonzo Pietro vorgeworfen zu den Frogs desertieren zu wollen. Er war mit seinem Raumschiff bereits unterwegs, konnte jedoch abgefangen werden. Pietro kann sich daran überhaupt nicht erinnern. Die Orion erhält Befehl den Overkill zu installieren, gerät aber ebenfalls in den Verdacht zu desertieren.

Saphir im Stahl

Bereits erschienen

Raumpatrouille Orion

Raumpatrouille Orion 3

5. Der Kampf um die Sonne
6. Die Raumfalle
7. Invasion

Der Kampf um die Sonne

Auf der Erde steigen die Temperaturen, die Pole schmelzen, die Erde droht zu versteppen. Man vermutet, dass die Sonne künstlich angeheizt wird. Die Orion erhält den Befehl, den gesamten Planetoidengürtel zu untersuchen.

Die Raumfalle

Die Orion erhält den Auftrag, Sporen im All zu sammeln mit dem Science-Fiction-Autor Pieter Paul Ibsen als Gast.

Invasion

Cliff McLane erhält einen Notruf vom Raumschiff Tau, auf dem sich auch Oberst Villa und acht wichtige Mitglieder des GSD befinden. Man spricht von einem Angriff der Frog, doch die Wirklichkeit sieht anders aus.

Die Bücher sind gebunden und besitzen eine Seitenzahl von 300 - 450 Seiten. Der Preis beträgt 15,95 Euro. Alle sieben Folgen wurden durch den Autor überarbeitet. Durch die gelungenen Titelbilder von www.Crossvalley-design.de wirken sie modern und zeitgemäß.

Saphir im Stahl

In Vorbereitung

Im Schatten des Blutmonds

Mit dem Roman Im Schatten des Blutmonds erscheint ein Dark Fantasy-Roman, weitab der üblichen Fantasy. Die beiden Autoren, die unter einem gemeinsamen Pseudonym schreiben, präsentieren eine Geschichte um Gewalt und Krieg, um Sex und Liebe, über Hass und Gewalt.

Das Schiff der Wakanda kämpfte sich durch die schäumende See. Nass vom Blut der Wunden und der Gischt fochten die überlebenden Krieger mit knirschenden Riemen den ewigen Kampf zwischen Woge und Planke. Sie befanden sich am Rande der Erschöpfung.

Mit leeren Augen bewegten sich ihre Oberkörper vor und zurück. Die Welt, die sie kannten, war in Feuer und Blut vergangen. Schmerz und Leid lagen hinter ihnen und was ihnen folgte war der Tod.

Im Schatten des Blutmonds

Erscheint Anfang des Jahres 2012 als Hardcover im Verlag Saphir im Stahl. Das Buch wird eine Reihe von Dark Fantasy Romanen eröffnen, die alle in sich abgeschlossen sind.

Im Schatten des Blutmonds

Abenteuer in einer fremden Welt, mutig und furchterregend. Hier werden Schwerter dafür eingesetzt, wofür sie geschaffen worden, zum Töten. Krieger im Kampf gegen übermächtige Feinde, die über das Meer kommen.

Über 200 Seiten, gebunden, 12 Euro statt 15,95 Euro

Saphir im Stahl

Leseprobe

Im Schatten des Blutmonds

Schritte schwerer Kampfstiefel, die laut auf den steinernen Boden widerhallten, rissen Gainas aus seinem leichten Schlaf. Er hatte sich auf einer Liege in der Halle bequem gemacht, um endlich ein paar Stunden zu ruhen.

Er sah, wie Arwed, einer der jungen Männer, die vor der Mission zusammen mit Arahad gerade erst zum Krieger erhoben worden waren, durch den langen Saal lief und vor Hernak stehen blieb, der sich an einem Kaminfeuer die Hände wärmte.

Was trieb den jungen Gutani zu dieser Eile an? Neugierig schlüpfte Gainas in seine Stiefel, schnappte sich seinen Waffengurt, und trat an die beiden Männer heran.

„Kriegsherr! Erkmar verlangt nach dir", stieß Arwed atemlos hervor. „Draußen, vor den Mauern. Er sagt, dass Eile geboten ist."

Gainas spürte formlich den brodelnden Zorn, der in Hernak aufbrandete. Der alte Mann bat nicht, nein, er befahl Hernak förmlich zu sich. Erkmar hatte einst mit dem Kriegsherrn in der Uriadh des Stammkönigs gedient. Für den alten Krieger war Hernak noch immer nicht mehr als ein Gefolge. Der Treueeid band Erkmar an Wigmar und an Ragna. Und die Krieger, die Ragna zum Schutz Arahads auserwählt hatten, waren Erkmar blind ergeben. Der Bulle von Halga wurde in den Augen Erkmars niemals vertrauenswürdig genug sein.

Hernak richtete seine stechenden schwarzen Augen auf den jungen Krieger und schluckte seinen Zorn hinunter. „Was ist so wichtig, dass Erkmar ohne meine Anwesenheit nicht klar kommt. Ist es wieder zu einem Streit mit den Skilurern gekommen?"

„Nein, Herr, ein Bote der Nachtschatten ist eingetroffen."

Überrascht neigte Hernak sein helmloses Haupt. „Bei Durgas Brüsten, die Nachtschatten werden doch nicht einen neuen Shan gefunden haben?"

Gainas fühlte eine wachsende Unruhe. Er konnte sich nicht vorstellen, dass dieser Machtkampf schon entschieden war.

„Leider kann ich dies nicht beantworten. Der Bote erklärte nur, dass die Seras das Erscheinen der Gutani wünschen."

„Das könnte nichts Gutes verheißen“, sagte Hernak nachdenklich.

„Die Seras sollen sieben Frauen und Männer sein. Vielleicht treffen sie ihre Entscheidungen jetzt gemeinsam?“ Auf Gainas Gesicht lag ein zweifelnder Ausdruck.

„Dies könnte zumindest die Erklärung dafür sein, warum wir in den Palast kommen sollen“, erwiderte Hernak und eilte an dem verdutzten Arwed vorbei aus der Halle hinaus und auf das innere Tor zu. Der junge Krieger hatte Mühe mit dem raumgreifenden Schritten Hernaks Schritt zu halten.

Erkmar wartete bereits mit zwei Dutzend schwer bewaffneter Krieger, den Helm in der linken Hand, vor dem Tor. Nur Gainas, der Erkmar fast so lange kannte wie Hernak, konnte erahnen, wie es hinter der Stirn des alten Kämpen aussehen mochte.

Hernak erfasste schnell, dass ihm keine Zeit bleiben sollte, seine eigene Uriadh zu rufen. Er war sich sicher, dass Erkmar ihm deutlich machen wollte, dass er als Schwertträger Wigmars das Vorrecht besaß, mit Hernak die Gutani vor die Nachtschatten zu führen.

Hernak würde sich jedoch keine Blöße geben. Selbstzufrieden warf er einen Blick auf die Schar der Krieger, die ihm schneller als erwartet, waffenklirrend aus der Halle gefolgt waren. Er musste nicht lange darüber nachdenken, wen er sich als Begleitung erwählen würde. Suarta straffte sich unwillkürlich, als wartete er nur darauf, dass Hernak seinen Namen nannte, aber Hernak kannte Suartas Schwäche, die ihn daran zweifeln ließ, ob er für diese schwierige Aufgabe, die ihnen bevorstand, geeignet war. Suarta war ein hervorragender Kämpfer, der aber aus seiner Abneigung gegen die Nachtschatten keinen Hehl machte. Daher setzte Hernak lieber auf die Unerfahrenheit der Jugend und auf Krieger, die sich noch bewähren wollten.

„Arwed und Arahad, ihr werdet mich in den Palast begleiten!“

Die beiden Krieger erstarrten für einen Herzschlag, ehe sie an seine Seite traten.

Hernak von Halgaland wusste das diese beiden, kaum den Knabenalter entwachsenen Krieger, schon mehrmals bewiesen hatten, dass sie ihren Verstand benutzen konnten und die besten Ansätze zeigten, sich den Verdienst zu erwerben, eines Tages in die Uriadh des Königs aufgenommen zu werden. Außerdem konnte es bei den Verhandlungen mit den Nachtschatten nur hilfreich sein, wenn ein Sohn Wigmars an seiner Seite stand. Er konnte ein Lächeln nicht unterdrücken, als er sich Erkmar zuwandte: „Offensichtlich wollt ihr in einen Kampf ziehen, Erkmar. Doch ich glaube nicht, dass ihr den Shan oder jeden anderen Nachtschatten mit eurer Aufmachung beeindrucken werdet. Und dies erst recht nicht, wenn ihr mit einer so mächtigen Leibgarde aufmarschiert."

Auf Erkmars Stirn bildeten sich Zornesfalten. Er zügelte seine Wut sofort wieder und stieß nur hervor: „Das Banner der Finsternis weht über Skiluros und Verrat und Hinterhalt waren schon immer die wahren Herrscher in den Straßen dieser Stadt. Ich werde nicht leichtsinnig den Worten der Nachtschatten vertrauen."

Gainas, der die Auseinandersetzung aufmerksam verfolgt hatte, zurrte seinen Gurt fester um die Hüfte und wollte gerade seinen Helm aufsetzen, als Erkmar ihn zurückhielt. Leise sagte er zu ihm: „Auch wenn du es nicht weißt, aber ich stehe mit meinen Kriegern für die Sicherheit Arahads bei der Königin im Wort. Darum ist es besser, wenn du Arahad an Arweds Stelle begleitest. Vergiss nicht, du bist sein Bruder, auch wenn du ein Bastard bist. Es nützt uns nichts, wenn wir inmitten der Nachtschatten die Schwäche der Zwietracht zeigen."

Gainas stieß einen tiefen Seufzer aus. Er wusste, dass Erkmar das Wohlergehen seiner Gefolgsleute und besonders der Söhne des Königs über das seiner Ehre stellte. „Vertrau mir, Erkmar. Ich weilte zwar die letzten Jahre in fernen Landen, aber meine Treue gehört den Menschen, die mich erzogen und als Kind angenommen haben. Ich diene Ragna ebenso wie du."

Erkmar zögerte, doch dann nickte er zufrieden. „Du hast schon immer über mehr Ehre verfügt, als manch einer von diesen erbberechtigten Abkömmlingen."

Gainas fürchtete, dass ihnen kein einfacher Gang bevorstand. Während er hinter Hernak und Arahad und ihrem Gefolge her schritt, knetete er die Hände, um sie geschmeidiger zu machen. Er wollte nicht unvorbereitet den Nachtschatten gegenübertreten. Jedoch wollte er auch nicht unbedingt die Klinge mit ihnen messen, denn er hatte die mächtigen Äxte der Braghains gesehen, die einen Mann mit einem Hieb in zwei Hälften teilen konnten. Mit dieser Waffe wollte er auf keinen Fall Bekanntschaft machen.

Der riesige Palast, den eine innere Mauer von den restlichen Gebäuden trennte, war aus weißem Granit errichtet worden. Hunderte von Säulen ragten rund um das Gebäude bis zum Dach empor und waren mit kunstvollen Friesen, die mit Gold und Silber belegt waren, verziert. Unterhalb des Daches waren mehrere Balkone angebracht worden, die den Herrschern, Kaisern wie Archonten, einen prachtvollen Ausblick über die Stadt bis zum Meer boten.

Vor dem Palast standen zwei Braghains Wache, die ihre gewaltigen, todbringenden Äxte mit den Doppelklingen in den Klauen hielten. Einer der beiden Braghains gab den eintreffenden Gutani durch einen Wink zu verstehen, dass sie ihm folgen sollten. Er führte sie durch eine große Vorhalle, die von Leuchtsteinen erhellt wurde und deren stetiges Licht an den Wänden riesige Fresken gewaltiger Schlachten aus der ruhmreichen Zeit des Imperiums enthüllte. Sie durchquerten einen gewaltigen Gerichtssaal mit Marmorsäulen, die blutrot im Licht schimmerten und den Eindruck vermittelten, dass niemand, der ein Unrecht begangen hatte, auf Gnade hoffen durfte.

Gainas wagte angesichts der Größe kaum zu atmen und versuchte sich vorzustellen, über welche Macht die Kaiser von einst verfügt hatten. Dagegen verblasste selbst die Größe des Stammkönigs von Halgaland zu einem Kieselstein neben einem Monolith.

Es blieb ihm keine Zeit zum Luft holen. Weiter ging es über eine Galerie, unter der sich ein Schwimmbecken befand, dessen Länge sich in der Schwärze des Raumes verlor. Die Wände waren mit spiegelndem Mondstein verkleidet, die jede Bewegung wiedergaben und den Raum riesig erscheinen ließen.

Nachdem sie eine Arena und einen weiteren Vorhof passiert hatten, erreichten sie ein zwei Speerlängen hohes Tor, dessen riesige Flügel mit zwei Köpfen eines Gai-Tarans verziert waren, an denen armdicke Eisenringe hingen.

Der Braghain ergriff einen Ring und zog mühelos den rechten Flügel des Tores auf. Gainas konnte nur über die Kraft des Echsenwesens staunen, denn als er durch das Tor schritt, konnte er erkennen, dass es die Dicke einer Handspanne besaß. Keine Macht würde dieses Tor jemals einrammen können, wenn es verschlossen war. Vor den Gutani breitete sich der Thronsaal aus. Im hinteren Bereich konnten sie den großen Thron erkennen, der auf einen Podest aus reinem Marmor stand. Vor ihm waren mehrere Mosaiken in den Boden eingelassen worden, die in allen Farben schimmerten. Sie symbolisierten die Sonne und die beiden Monde, die sich zyklisch um den Thron bewegten und jedem zu verstehen geben sollten, dass Skiluros der Mittelpunkt der Welt war.

Gainas stellte sich neben Hernak und richtete seinen Blick auf die einsame Gestalt auf dem Thron, die dort irgendwie verloren wirkte.

Der Hintergrund des Saales lag im Schatten und Gainas konnte nicht erkennen, ob sich dort weitere Krieger der Nachtschatten aufhielten. Er befürchtete es, da er von den Fähigkeiten der dunklen Fürsten vernommen hatte, sich unerkannt vor menschlichen Augen verbergen zu können. Für einen flüchtigen Augenblick hatte er das Gefühl, als könnte er einen Schatten vor dem dunklen Wandbehang wahrnehmen, der hinter dem Thron von der Decke bis zum Boden reichte. Doch er tat es als ein Trugbild ab. Wahrscheinlich rief das Licht die Täuschung auf den Wellen des Behangs hervor.

Es verging ein Moment, in dem niemand sich rührte. Zwei Augen, die funkelten, als beständen sie aus unzähligen Juwelen, die zu einer Einheit verschmolzen waren, zogen alle Blicke der Gesandtschaft auf sich. Ihnen entströmte eine Kälte, die alle Gutani unwillkürlich frösteln ließ. Nachtschwarze Haare umhüllten ein Gesicht, dessen weiße Haut wie ein Leuchtfeuer in der Finsternis gleißte. Die roten Lippen schimmerten darin, als wären sie gerade in Blut getaucht worden. Sie verzogen sich zu einem Lächeln, welches ein Versprechen enthielt, das nur eines bedeutete: Tod und Vernichtung der Menschheit. Mit einer ruhigen Bewegung erhob sich der Fürst der Nachtschatten von dem Thron und ging gemessenen Schrittes auf die Gesandtschaft zu. Er überragte selbst den größten Gutani noch um die Länge eines Hauptes. Die grausame Schönheit des Nichtmenschen, erinnerte Gainas an die Begegnung mit einem Angehörigen des Volkes der Beag. Zwischen den schwarzen Haaren ragten die spitzen Ohren hervor, die typisch für die Angehörigen dieses Volkes war. Und doch wirkten die Nachtschatten weit mehr wie Menschen als das schöne Volk.

„Ich bin Taywaz, der erste Seras der W'Ing'Tiu, der höchste Nestherr dieser Stadt und somit der legitime Herrscher bis ein neuer Shan erwählt wird." Er sprach die Worte in der Sprache der Pferdegeborenen aus und auch wenn sie aus diesem Mund im ersten Augenblick fremd klangen, waren sie gut verständlich.

Dicht blieb er vor Hernak, Gainas und Arahad stehen, so dass die Männer gezwungen waren, zu ihm aufzusehen. Abschätzend musterte er die Gutani. „Ich bedauere, dass ich die Boten des Herrschers der Gutani nicht früher empfangen konnte, aber leider mussten wir erst für Ordnung in dieser Stadt sorgen, um eure Sicherheit gewährleisten zu können."

Hernak nahm seinen Helm ab und sein schwarzes Haar lag dicht an seinem Kopf an. „Wir sind durchaus in der Lage, selbst für unsere Sicherheit zu sorgen", grollte er.

Gainas zog kurz die Augenbrauen hoch. Er hielt die Äußerung nicht für klug. Sollte Hernak den Nachtschatten verärgern, würden sie den Palast nicht mehr lebend verlassen. Hernak schien inzwischen zu der gleichen Auffassung gekommen zu sein, denn Gainas konnte erkennen, dass selbst dem Bullen von Halga der Angstschweiß auf der Stirn stand.

„Ich zweifle nicht an eurer Tapferkeit, Hernak von Halgaland. Doch solltet Ihr Bedenken, dass Skiluros immer ein Moloch gewesen ist, der auch durch die Ah'tain nicht richtig befriedet worden ist. Hier können an jeder Hausecke Gefahren lauern."

Bevor Hernak zu einer weiteren unbedachten Äußerung ansetzen konnte, trat Gainas einen Schritt vor und warf schnell ein: „Wir überbringen die Grüße Ragnas und ihre besten Wünsche für Eure Ankunft in Turia. Möge Skiluros unter Eurer Weisheit wieder zur neuen Blüte gedeihen."

Taywaz neigte leicht den Kopf. „Ein Mann von Ehre und ein Krieger voller Mut. Wir erinnern uns", er lächelte leicht spöttisch bei diesen Worten, „noch an den Tag, da ein Gutanikönig Eide und Schwüre mit den Herren der Finsternis getauscht hatte."

Gainas Kopf fuhr überrascht hoch, als er Taywazs Worte vernahm. *Schon einmal hatte er von diesem Blutschwur gehört, aber er konnte sich nicht mehr erinnern, wo das gewesen war. Was hatte es sich damit auf sich? Waren die Gutani wirklich einst ein Bündnis mit den Urgor eingegangen? Wusste Hernak mehr darüber, da er bei der Erwähnung des Schwurs mit keiner Wimper gezuckt hatte?*

Hernak, der sich offenbar darüber ärgerte, dass Gainas sich in den Vordergrund gedrängt hatte, ließ von den Gefolgen zwei Truhen nach vorne bringen. „Es sind nicht nur Wünsche, die wir von Ragna überbringen. Sie sendet Euch auch diese Geschenke, um damit ihren Dank für ihre zukünftige Unterstützung zu bezeugen, sollten wir uns einig werden."

Taywaz betrachtete kurz die beiden Truhen, ohne sie zu öffnen. „Ihr könnt eurer Herrscherin ausrichten, dass die W'Ing'Tiu niemals einen Schwur brechen würden, solange das schwarze Banner der Einigkeit über Halgaland weht."

„Dann dürfen wir davon ausgehen, dass Eure Krieger die Weidegebiete Halgalands nicht angreifen werden?", fragte Hernak.

Der W'Ing'Tiu beugte sich vor und in seinen Augen brannte ein Feuer, welches den Kriegsherrn zu versengen schien. Er musste all seinen Willen aufbieten, um nicht vor dem Nachtschatten zurück zu weichen. Gainas erkannte schnell, dass Hernak seine Angst nicht zeigen durfte, denn dann wäre er der Willkür des Nichtmenschen ausgeliefert und das Leben seiner Männer verloren.

„Unsere Feinde sind diejenigen, die einst den Verrat begingen. Der Befehl des Shan lautete, die Verräter zu jagen, und jedem, den wir habhaft werden können, die Haut vom Leib zu ziehen. Ihr wisst selber, wie zuverlässig Verbündete sein können? War Halgaland nicht vor einigen Sommern durch Verrat gefallen? Ich will ehrlich zu Euch sein. Ihr beschimpft uns als Nichtmenschen, als ein Volk, welches nur eines kennt, die Vernichtung aller Menschen. Doch jeder kann erkennen, dass wir nie stark genug sein werden, um alle Nain zu töten, die in dieser Welt leben, denn sobald wir dies tun würden, wären wir von Feinden umzingelt. Um die Stadt halten zu können und um eine Zukunft zu besitzen, sind wir auf Verbündete angewiesen. Und wir werden sie niemals verraten."

Taywaz richtete sich langsam auf, ging gemessenen Schrittes an den beiden Kriegern vorbei, steuerte die Uriadhkrieger um Arahad an und schlenderte dann gemächlich zwischen ihnen hindurch. Bei Gainas verharrte er und ließ seinen Blick kurz über den Dolch schweifen, den der Gutani unbewusst mit seinen Händen zu verbergen suchte. Er lächelte kurz, dann nahm er wieder seinen Platz auf dem einstigen Thron der skilurischen Herrscher ein. Es schien, als hätte er in diesen kurzen Augenblicken den Wert jedes einzelnen Mannes abzuschätzen versucht

„Vor Jahren leistete Uruzh, kaum zum Seras ernannt, den Blutschwur mit den Gutani und den Orana. Wir haben nicht vergessen, wer unsere Freunde waren und sind. Wir haben auch nicht vergessen, dass dieser Schwur niemals von uns gelöst wurde. Jetzt schickt Euch die Witwe Wigmars zu uns, so wie wir einst um Hilfe ersuchten. Sie braucht uns und wir brauchen Halgaland, seine Treue, seine Krieger. Doch sind wirklich alle unter Euch bereit, Eurer Königin zu folgen? Oder steckt schon jetzt der verdorbene Keim des

Verrates in einem von euch? Wir senden Ragna unser schwarzes Banner der Freundschaft. Wie Wigmars Ahne steht sie in diesen Tagen vor der Entscheidung es zu ergreifen. Und wird Halgaland mit uns streiten? Wird es als Einheit bestehen bleiben? Oder wird es zerrissen werden, sollte der Schwur erneuert werden?“

Taywaz musterte die Krieger mit funkelnden Augen. Gainas hatte das Gefühl, als würde sein Innerstes offen vor dem W'Ing'Tiu liegen. Über welche Erkenntnisse verfügte Taywaz? Es war kein Geheimnis, dass unter vielen Kriegern keine Freude über Hernaks Absicht herrschte, das schwarze Banner der Urgor über die Zinnen von Halgaland aufziehen zu lassen. Besonders bei den Reiks, die noch immer treu zu Wigmar und Ragna standen, stieß Hernaks Vorhaben auf Ablehnung. Daher war es unter den Reiks schon zu einem offenen Streit gekommen, der beinahe dazu geführt hatte, dass die Gesandtschaft nicht nach Skiluros reiste. „Die Nachtschatten stehen bereit und werden den unterstützen, der den Thron inne hat. Unsere Reiche können gegen die Ah'tain und deren Verbündeten nur bestehen, wenn sie sich gegenseitig ihre Grenzen sichern und zueinander stehen.“

„Die Herrscherin von Halgaland wird über diese Worte erfreut sein, Seras“, erklärte Hernak. Taywazs Präsenz beeindruckte ihn, und er war davon überzeugt, dass die Gesandtschaft bald den Heimweg einschlagen konnte. „Dürfen wir davon ausgehen, dass Ihr der zukünftige Shan der Nachtschatten sein werdet?“

Taywaz drehte kurz den Kopf zur Seite, als erwartete er, dass jemand aus der wallende Schwärze hinter dem Thron treten würde. Doch nichts rührte sich in der Finsternis, und Taywaz lehnte sich entspannt zurück.

„Die Rückkehr des Shans steht kurz bevor. Uruzhs Macht wird schon bald wieder den W'Ing'Tiu zur Seite stehen. Doch dafür benötigen wir euer Blut.“

Taywaz suchte Gainas, der am weitesten von ihm entfernt stand.

Gainas spürte, wie alles ihn ihm erstarrte und ein kalter Schauer über seinen Rücken lief. Eiseskälte breitete sich von seiner Wirbelsäule über den ganzen Körper aus und unwillkürlich umschloss seine rechte Hand den Griff des gekrümmten Dolches.

„Wir werden keinen Krieger in Skiluros zurück lassen“, stieß Arahad aufgebracht hervor. „Kein Gutani wird geopfert werden, damit Ihr sein Blut nehmen könnt.“

„Ihr vergesst, dass damals die Gutani den Blutschwur geleistet haben, genauso wie die Orana. Doch wir verlangen kein Leben, sondern nur das Einhalten eines Versprechens. Wollt ihr euren Eid brechen?"

„Ich werde niemals einem Schwur untreu werden, Seras", erwiderte Hernak. „Ich bin nicht so alt geworden, um dies in den letzten Jahren meines Lebens geschehen zu lassen. Sende deine Todesboten zu uns in die Halle, in der wir die Gastfreundschaft der Nachtschatten dankbar genießen. Dort wirst du die Geschenke finden, die ich, Hernak von Halgaland, für dich auserwählt habe."

Schweigend musterte Taywaz den Kriegsherrn der Gutani lange, dann verzog sich sein blutroter Mund zu einem grausamen Lächeln. Er wandte sich an Gainas und fragte: „Steht Ihr auch zu diesen Worten? Seid ihr euch diesmal einig? Oder wollt ihr Eure wahre Seite verleugnen?"

Irritiert verdüsterte sich Gainas' Gesicht. Er fragte sich, was der W'Ing'Tiu andeuten wollte? Was wusste Taywaz über die Gesandtschaft, was ihm bisher verborgen geblieben war? Wollte er die Treue Halgalands in Frage stellen? Sie durften jetzt keinen Fehler begehen, denn sonst war die Gesandtschaft verloren. Welche Absichten verbarg Hernak? Oder galten die Worte Tywahzs jemand anderen unter ihnen? Verbarg wirklich ein Gutani seine wahren Absichten? Vielleicht sogar im Auftrag der Königin?

Es war Hernak der einen Schritt nach vorne trat. Er befeuchtete seine Lippen, ehe er erklärte: „Wir kamen als Gesandte, und wir werden diese Stadt verlassen, wenn ihr zu einer Entscheidung gekommen seid. Ich werde mich Euren Willen beugen und betrachte es als ein Zeichen unserer Verbundenheit, dass wir, gleichgültig was in der Vergangenheit geschehen ist, dies sich nicht wiederholen wird. Nicht, solange ich atme."

Taywazs blutrote Lippen öffneten sich und ermöglichten den Blick auf seine schneeweißen Zähne, die dem Aussehen eines Raubtieres ähnelten.

„Wir werden eure Geschenke nehmen, denn so will es der Brauch der Pferdegeborenen. Doch seid Ihr auch bereit, unsere Bräuche zu achten und dafür Euer Blut zu geben? Wahrscheinlich nicht. Was könnt Ihr uns sonst dafür anbieten? Wertlosen Tand? Eure Schwerter? Eure Rüstungen? Eure Schilde? Nichts, was uns wirklich interessiert. Es gibt nur eines, was wirklich zählt. Eure Treue zu

Eurem Versprechen. Wir werden sehen, ob Ihr wirklich dazu stehen werdet. Steht zu Eurer Ehre, zu Eurem Blut. Besitzt Ihr soviel Mut? Wir werden Euch eine Nachricht senden, sobald unsere Entscheidung feststeht. Der Blutring wird sich beraten. Aber bedenkt, der Weg ist ab jetzt voller Gefahren. Halgalands Blut ist nicht rein. Und nun geht."

Gainas ahnte, dass der Preis, den sie für den Griff nach der Macht über Halgaland durch Hernak entrichten mussten, hoch ausfallen würde. Doch jetzt hieß es für alle, die Nerven zu behalten.

Plötzlich war wieder diese Wispern in seinem Kopf. Für einen Wimpernschlag zögerte er weiter zu gehen. Sein Blick irrte zu Taywaz zurück. *Verdammt, was geschieht mit mir? Verschwindet aus meinen Kopf!*

Doch die Stimme, die das Wispern erzeugte, verstummte nicht. Warum konnte er die Worte nicht verstehen. *Sprich deutlicher oder geh!*

Es war, als hätte man sein Flehen erhört, denn auf einen Schlag war alles stumm in seinem Kopf. Erst jetzt fiel ihm auf, dass er stehen geblieben war. Die Gutani hatten bereits den Ausgang erreicht. Mit langen Schritten, aber so, dass es nicht wie eine Flucht aussah, eilte er hinter ihnen her und drängte sich nach vorne. Seite an Seite verließ er mit Arahad und Hernak den Palast. Die jungen Krieger Arahads, denen man die Nervosität deutlich ansah, und die Männer Hernaks folgten ihnen auf dem Fuße.

Taywazs Juwelenaugen bohrten sich in den Rücken der abziehenden Krieger. Aus der Dunkelheit des Thrones schälte sich eine Gestalt. Ohne sich ihr zuzuwenden, sagte Taywaz: „Befolgt eure Befehle. Wir werden uns das Blut nehmen. Fordert die Krieger Halgalands heraus. Holt Euch den Träger des Sangorn. Er besitzt scheinbar weitaus mehr Mut in seinem Blut als alle anderen. Ihr Anführer wird derjenige sein, der unser Geschenk nehmen wird. Er wird der Versuchung nicht widerstehen können. Sie werden nicht wissen, dass sie den Frieden brechen müssen, um ihre Ehre zu retten und uns das Blut zu überlassen, trotz ihrer Geschenke. Am Ende sind sie auch nur Menschen mit all ihren kleinen Schwächen. Doch sendet erst die Roki aus."

Ein kaltes Lächeln umspielte sein Lippen, als der W'Ing'Tiu wie ein Schatten aus dem Thronsaal huschte und der Gesandtschaft folgte.Hernak sog die frische Luft tief in die Lungen, als sie wieder ins Freie traten. Zu Gainas Überraschung ergriff Hernak ihn am Arm und sagte: „Ich danke dir für deine Unterstützung. Ich hatte beinahe angenommen, dass du diese Mission nicht mehr erfolgreich beendete wolltest. Was meinst du, werden sie dem Bündnis zustimmen? Und wenn nicht, werden wir freien Abzug erhalten?

Gainas seufzte, ehe er antwortete: „Die Nachtschatten werden ihr Wort halten, wenn sie es für richtig erachten, doch ich befürchte, dass wir bis dahin noch einen beschwerlichen Weg zurück legen müssen."

„Du sprichst von dem Blut, welches die Nachtschatten verlangen?"

„Ja", erwiderte Gainas, „aber es ist nicht so einfach, wie wir es vermuten. Geht es nur um das Blut? Muss wirklich jemand dafür sterben?"

„Wir hätten Taywaz fragen sollen. Es könnte sich noch als Fehler herausstellen, dass wir voreilig seine Bitte abgeschlagen haben. Ich frage mich, wie sie das Blut verwenden wollen? Hängt wirklich davon unser Heil ab? Oder dient es einem unbekannten Zweck?"

Gainas rieb sich nachdenklich über das Kinn. „Ich bin mir über eines bewusst: Wenn die Nachtschatten nach Blut gieren, wird jemand geopfert werden müssen. Und dies kann ich nicht zulassen."

Hernaks Miene verdüsterte sich. „Natürlich. Es wird Blut fließen, aber es muß nicht unbedingt unser Blut sein. Ich würde gerne mehr über die Geheimnisse der Nachtschatten in Erfahrung bringen. Was geht bei ihnen wirklich vor?"

„Was ist deine Absicht?"

Hernak presste die Lippen zusammen. „Kehrt ohne mich zur Festungshalle zurück. Ich werde mich ein wenig umsehen und dies kann ich nur, wenn ich mich unter die Bevölkerung mische. Vielleicht finde ich einen Weg in die Katakomben, um unbemerkt in die Unterwelt Skiluros' vorzudringen. Dort befindet sich das wahre Reich der Nachtschatten. Es wäre hilfreich, wenn wir mehr darüber wüssten, was dort vor sich geht."

„Du solltest nicht alleine gehen." Auf Gainas Stirn bildeten sich Sorgenfalten. „Nimm Arahad und mich mit. Wir können dir notfalls Rückendeckung geben. Außerdem habe ich schon einmal die Katakomben betreten."

Hernak nickte zustimmend, gab der Uriadh den Befehl zur Halle zurück zu kehren und tippte Gainas und Arahad kurz auf die Schultern.

Als sie die äußere Festungsmauer passierten, wandten sie sich blitzschnell nach links und verschwanden in einer Gasse. Schon nach wenigen Schritten waren sie aus der Sichtweite der Festungsanlage und eilten die verwinkelten Gassen entlang.

Hernak war froh, dass er nur einen leichten Harnisch trug. Auch Gainas und Arahad hatten nur eine Brünne, ein ärmelloses Kettenhemd übergestreift.

Dies erleichterte ihr Fortkommen und das Laufen in der mittlerweile hoch stehenden Sonne erschöpfte sie nicht so schnell.

In den engen Gassen kamen ihnen immer wieder Händler entgegen, die ihre Ware zu den Marktplätzen trugen. Dazu Gläubige, die die verschiedenen Tempel aufsuchten, und Handwerker, die das Baumaterial auf den Rücken trugen, da die großen Wagen nicht weiter vordringen konnten. Den drei Kriegern wurde nur wenig Aufmerksamkeit geschenkt. Zu viele verschiedene Völkergruppen lebten seit Jahrhunderten mittlerweile in Skiluros und aus diesem Grund wurden selbst die Gutani nicht als Fremde angesehen. Nur wenn sie in voller Rüstung durch die Stadt marschierten, schenkte man ihnen ein verwundertes Kopfschütteln, da keiner der Einheimischen verstand, wie man sich freiwillig in soviel Stahl und Eisen hüllen konnte.

Hernak wollte gerade einen Platz überqueren, als plötzlich vor ihm die Gestalt eines Nachtschattens aus dem Boden wuchs. Er blieb so abrupt stehen, dass Gainas auf seinen Rücken prallte. Mit großen Augen starrte er auf den W'Ing'Tiu. Arahad riss den Dolch aus seinem Waffengürtel und stellte sich kampfbereit neben sie.

Hernak hatte anhand seiner Beobachtungen heraus gefunden, dass die Seras goldene Bänder um ihre Handgelenke, die rund eine Handspanne breit waren trugen, während die unter ihnen stehenden Krieger bloß einen Reif aus Gold oder, wenn sie offenbar nicht dem Adel zugehörig waren, silberne und bronzene Bänder besaßen.

„Ich bin Nuil", stellte sich der Nachtschatten vor, „ein Otan, ein Brutherr.

Taywaz hat mir befohlen, Euch zu einem Nest zu führen, da er annimmt, dass dies Euer sehnlichster Wunsch ist. Er ist der

Meinung, dass Verbündete keine Geheimnisse voreinander haben sollten."

Gainas führte seine Lippen dicht an Hernaks Ohr und flüsterte: „Dies kann nur eine Falle sein. Warum sollte Taywaz uns diese Freundlichkeit erweisen?"

„Ich glaube nicht, dass dies eine Falle ist. Ich vermute eher, dass er uns mit etwas beeindrucken will", flüsterte Hernak zurück, um anschließend laut zu sagen: „Mit Freuden wollen wir uns dieses Nest ansehen."

„Wir sollten dennoch vorsichtig sein", knurrte Arahad
misstrauisch. Aber er steckte den Dolch in die Scheide zurück, da er der Erfahrung des älteren Kriegers vertraute. Offensichtlich sah Hernak in der Einladung des W'Ing'Tiu keine Bedrohung.

Der dunkle Krieger wandte sich wortlos um und hielt auf einen Turm zu. Aus einem Mauervorsprung neben dem Eingang entnahm er drei Leuchtsteine, die er an die Krieger verteilte.

Als sie den Eingang passierten schlug ihnen ein fürchterlicher Gestank nach Blut und Verwesung entgegen. Er erinnerte Hernak an ein Schlachtfeld, auf dem die Gefallenen schon tagelang verwesten. In dem schummerigen Licht konnte er erst nur schwache Umrisse ausmachen. Doch dann schälten sich bald die Wände eines Saales heraus. Junge Braghains tauchten im hinteren Teil des Raumes auf einer Wendeltreppe auf, die von den oberen Ebenen des Turmes in die Tiefe führte. Sie trugen eiförmige Gebilde in ihren Klauen und eilten mit ihnen nach unten. Der Nachtschatten ging den noch nicht voll ausgewachsenen Echsenkriegern hinterher, und Hernak beschloss, ihm weiter zu folgen. Er wollte unbedingt wissen, was im Untergrund des Turmes vor sich ging.

Der Brutherr schien nicht darauf zu achten, ob die Gutani noch hinter ihm waren. Als sie einen schwach beleuchteten Raum erreichten, gab er mit kurzen Zischlauten den Braghains Anweisungen, und Hernak sah, wie die Gebilde an den Wänden abgelegt wurden. Die Echsenwesen nahmen trockenes Stroh, welches auf der Erde verteilt wurde und rieben sie damit ab. Erst jetzt erkannte Hernak den feuchten Film, der auf ihnen lag. Nachdem sie mehrere dieser seltsamen Gegenstände auf diese Art und Weise behandelt hatten, häuften sie einen Berg Stroh darüber und zogen sich zurück.

Hernak spürte, wie er zu schwitzen begann. In der Aufregung war ihm nicht aufgefallen, was für eine große Hitze in dem Raum herrschte. Und er fühlte noch etwas. Eine unheimliche Präsenz. In diesem Turm gab es etwas, was ihm Furcht einflößte. Es griff nach seinem Geist und hinter seinen Schläfen konnte er seine Adern pochen hören. Verzweifelt schüttelte er den Kopf, um den Bann, der von ihm Besitz zu ergreifen drohte, abzuwehren. Mit aller Kraft konzentrierte er sich auf das, was um ihn herum geschah.

Auf einmal wurde ihm klar, was hier vor sich ging. Diese Gebilde waren Eier, und sie wurden hier unten ausgebrütet. Schnell überschlug er die Anzahl, die er zu Gesicht bekommen hatte und ein großer Schrecken durchfuhr ihn. Sollte aus diesen Eiern jeweils ein Braghain schlüpfen, würde ihre Anzahl in kurzer Zeit rasch anwachsen. Er fragte sich, wie schnell diese Echsen heranwuchsen. Plötzlich brach eine große Hektik aus, denn sechs Braghains tauchten mit schwarzfarbenen Eiern auf, welche erheblich größer als die bisherigen waren und legten sie zu den anderen Eiern. Woher kamen diese Eier? Welches Lebewesen brachte sie hervor? Braghains konnten es nicht sein. Die Erkenntnis stürzte wie ein Wasserfall auf ihn nieder. Es waren die Eier eines Labghinns. Diese geflügelten Wesen stellten das größte Geheimnis der Nachtschatten dar. Sie waren weitaus gefährlicher als die Echsenwesen. Mehrere massige Braghains erschienen und näherten sich den Strohhaufen.

Ein Wutschrei drang an sein Ohr. Hernak richtete seine Aufmerksamkeit auf den Brutherrn. Der W'Ing'Tiu stürmte auf einen jungen Braghain zu, der sein Ei ungeschickt zu Boden hatte fallen lassen. Sein Arm schnellte vor und schleuderte den jungen Braghain mit erstaunlicher Kraft durch den Raum. In diesem Moment erkannte Hernak die Möglichkeit, etwas über die Völker der Nachtschatten zu erfahren, was vielleicht noch niemand vor ihm gelungen sein mochte. Blitzschnell bückte er sich, griff nach einem schwarzen Ei, das in einem Strohhaufen ruhte, der direkt neben ihm angehäuft worden war und schob es unter seinen Mantel. Hastig blickte er sich um, aber der Brutherr war noch immer mit dem Braghain beschäftigt. Auch Gainas sah in dessen Richtung. Der Gutani wirkte wie jemand, der sich plötzlich an einem Ort wiederfand, der nur in seinen Albträumen bestand. Seine Hände krampften sich ununterbrochen zu Fäusten, als wollte er jeden Augenblick nach seinem Schwert greifen.

Auf Arahads Gesicht dagegen nahm er einen Ausdruck von Besorgnis wahr. Hatte er Hernaks Tat mitbekommen oder war er nur darüber verwundert, dass die Braghains sich so rasend schnell vermehren konnten? Vorsichtig zupfte Hernak ihn am Arm. „Wir sollten von hier verschwinden."

„Du hast recht, Hernak. Mir ist es nicht geheuer hier unten. Ich habe ständig das Gefühl, als würde diese Horde uns als Futter ansehen."

Sie liefen zur Treppe und nahmen auf ihrem Weg nach oben drei Stufen auf einmal. Hernak umklammerte fest das Ei und sprang hinter Gainas und Arahad ins Freie. In ihrer Hast nach draußen zu gelangen, bemerkten sie nicht, wie der Brutherr ihnen mit einem zufriedenen Gesichtsausdruck nachsah.

Unbehelligt erreichten sie die Festungshalle. Hernak schickte Arahad zu Erkmar, damit er ihm ihre Rückkehr meldete und eilte sofort in sein Gemach, öffnete eine Truhe und legte vorsichtig das Ei hinein. Es besaß nicht die feste Schale eines Vogeleies, sondern die Hülle fühlte sich eher wie eine ledrige Haut an, die leicht Feuchtigkeit aufsaugen konnte.

Sorgfältig bedeckte er es mit mehreren schwarzen Leintüchern und schloss den Deckel. Zusätzlich zog er zwei Lederriemen um die Truhe und verknotete sie mehrmals. Erst dann ließ er sich erschöpft auf einen Hocker fallen.

Was hatte er getan? Wenn die Nachtschatten herausfanden, dass er ein Ei entwendet hatte, war die Gesandtschaft verloren. Doch daran durfte er nicht denken. Er musste sich von seiner Verpflichtung frei machen, wenn er jemals mehr als nur ein Vasall sein wollte. Zärtlich strichen seine Hände über den Rand der Truhe. Tief drinnen glaubte er ein kraftvolles Pochen zu spüren. Wuchs der Labghinn weiter oder würde er eingehen? Starb er, wenn er nicht mit Blut versorgt wurde? Würde das Ei aufbrechen oder sollte er es vorher öffnen, um zu erfahren, ob der Labghinn wirklich lebensfähig war?

Er wusste, dass der Labghinn eine große Bedrohung darstellte, wenn er wirklich schlüpfen würde. Sollte er ihn mit Blut versorgen? Doch dies würde nicht einfach werden. Er konnte schlecht einen seiner Krieger töten und das Ei mit dem Blut tränken. Außerdem würde das Verschwinden eines Gutani sofort bemerkt werden, wenn ihm keine gute Idee kam, wie er die Schuld auf die Nachtschatten laden konnte. Vielleicht würde es aber auch ausreichen, wenn er täglich einige wenige Tropfen von seinem eigenen Blut geben würde. Ein kleiner Schnitt an seinem Arm würde niemandem auffallen, schon gar nicht, wenn er ihn unter der Kleidung verbarg. Doch was würde er tun, wenn der Labghinn wirklich aus dem Ei brach und sich auf ihn und die Gutani stürzte? Er bleckte die Zähne, als ihm durch den Kopf schoss, dass er dies unmöglich verhindern konnte. Er schob den Gedanken zur Seite. Mit diesem Problem würde er sich befassen, wenn es wirklich soweit war. Bis dahin würde er seine Getreuen erneut auf sich einschwören lassen. Ewige Treue bis zum Tod. Dennoch durften sie niemals erfahren, was er hier verbarg.

Ein unbändiges Verlangen zwang ihn plötzlich, die Truhe noch einmal zu öffnen. Er zerrte an den Bändern und schlug den Deckel auf. Unruhig hob er die Tücher an und verlor sich in der Betrachtung des Eies. Gier trat in seine Augen und alle seine Bedenken verflüchtigen sich angesichts der Vorstellung, dass er durch geschicktes Verhalten sogar die Herrschaft über die Gutani für sich beanspruchen konnte. Hastig schlug er den Deckel nieder und verzurrte mit zitternden Händen die Bänder wieder so fest er konnte.

Dabei hatte er das Gefühl, als lauerten seine Bedenken hinsichtlich der Einhaltung des Versprechens der Nachtschatten und dem Zustandekommen des Bündnisses in seinem Hinterkopf wie düstere Schemen.

Lesen Sie weiter in:

Im Schatten des Blutmonds

Saphir im Stahl